海之子风采录 第五辑

——中国海洋大学 2020—2021 年国家奖学金、国家励志奖学金
获奖学生事迹选编

主编 范其伟

中国海洋大学出版社
·青岛·

图书在版编目(CIP)数据

海之子风采录. 第五辑 / 范其伟主编. —青岛：
中国海洋大学出版社，2023.3
ISBN 978-7-5670-3377-1

Ⅰ.①海… Ⅱ.①范… Ⅲ.①中国海洋大学—模范学
生—先进事迹 Ⅳ.①K828.4

中国版本图书馆 CIP 数据核字(2022)第 244556 号

出版发行	中国海洋大学出版社			
社 址	青岛市香港东路 23 号		**邮政编码**	266071
出 版 人	刘文菁			
网 址	http://pub.ouc.edu.cn			
电子信箱	zhanghua@ouc-press.com			
订购电话	0532-82032573(传真)			
责任编辑	张 华		**电 话**	0532-85902342
印 制	青岛国彩印刷股份有限公司			
版 次	2023 年 3 月第 1 版			
印 次	2023 年 3 月第 1 次印刷			
成品尺寸	170 mm×230 mm			
印 张	19.5			
字 数	336 千			
印 数	1～2500			
定 价	58.00 元			

编 委 会

前　言

　　中国海洋大学自 2013 年起,从历年国家奖学金、国家励志奖学金获奖学生中遴选优秀事迹材料,编辑出版了《海之子风采录》的第一辑至第四辑,出版后得到了广大师生的充分肯定。

　　近年来,学校积极创新资助模式,强化育人导向,充分发挥国家奖学金、国家励志奖学金优秀获奖学生的示范引领作用,坚持由"点"及"面",努力影响和带动更多的学生点燃梦想、播种梦想、成就梦想,激发了广大学生勤奋学习、专心科研、积极探索和实践的热情,坚定了广大学生求真务实、追求卓越、立志成才、报效祖国、服务社会的信念。

　　信念指引人生方向,理想影响价值追求,行动决定事业成败。为进一步展示中国海大学子积极进取、奋发有为的精神风貌,学校组织人员编写了《海之子风采录》的第五辑。编者从我校 2020 届、2021 届国家奖学金、国家励志奖学金获奖本科生和研究生中择优选取了 87 篇优秀事迹材料,经反复精心修订和编辑后,汇编成集出版。这些获奖者是中国海大优秀学子的一个缩影,更是广大学子身边的榜样。他们年轻,却拥有坚定的理想和信念;他们稚嫩,却不乏青春的朝气和激情,他们怀着青春的梦想,在海大园中苗壮成长,以自己的实际行动谱写着一曲曲不畏困境、立志图强、攻坚克难、奋发拼搏的青春之歌。他们在学业上求知求新,探索不止;在生活中知恩感恩,乐观向上;在学术和实践探索中孜孜以求,谦虚慎行;在逆境中坚韧顽强,矢志不渝。他们的成长经历和感悟能够给同行者以及后来人以启示和启迪。希望广大学生从这一个个生动、鲜活、真实的成长故事中,感受优秀学子们自强自立、积极进取、追求卓越的青春正能量,体会他们在取得一个个荣誉和光环背后付出的艰辛努力,并以此激励自己进一步树立高远志向,担负起自我成长与发展的重任,踏实走好自己的成长之路。

习近平总书记在党的二十大报告中指出,青年强,则国家强。当代中国青年生逢其时,施展才干的舞台无比广阔,实现梦想的前景无比光明。广大青年要坚定不移听党话、跟党走,怀抱梦想又脚踏实地,敢想敢为又善作善成,立志做有理想、敢担当、能吃苦、肯奋斗的新时代好青年,让青春在全面建设社会主义现代化国家的火热实践中绽放绚丽之花。希望广大中国海大学子牢记党的教诲,立志民族复兴,不负韶华,不负时代,不负人民,在青春的赛道上奋力奔跑,争取跑出当代青年的最好成绩!

目　录

外国语学院

文学与新闻传播学院

法学院

国际事务与公共管理学院

数学科学学院

不忘初心,不负韶华

海洋与大气学院　苟睿健

苟睿健,男,汉族,1998 年 5 月出生,中共预备党员,海洋科学(中外合作办学)专业 2016 级本科生。曾获国家奖学金、杰出学生奖学金、学习优秀一等奖学金;获山东省优秀毕业生以及校优秀学生标兵、优秀学生干部、优秀团干部等荣誉称号。

苟睿健将全部的精力、热情和思考投入学业和科研工作中,从海气学院脱颖而出。作为一个科研型学院的学生,他是模范,是标杆,更是中外合作办学专业的骄傲。

学业——仰望星空,脚踏实地

中外合作办学专业课程单周多达 44 学时,全英文教学的 32 学时专业课压缩到两周时间授课,且每个教学日都安排英语课,课程整体强度、难度极高。苟睿健的高考成绩并不理想,基础相对薄弱。他有志成为优秀的学生,然而面对海气学院的优秀学子,他内心忐忑、缺乏自信。

面对学业压力,他并没有迷茫不前,不甘人后的他暗下决心,一定要成为最好的自己。他刻苦钻研,每一个假期,他都会要来下学期的课程录像,查阅晦涩的英文专业词汇,逐词听录音,认真比对课件内容。此外,他也努力享受学习的过程,英语课上,他积极回答老师提出的问题,踊跃参加老师布置的活动,与外教建立了深厚的友谊。

耕耘、拼搏,从衣带渐宽到蓦然回首,苟睿健的综合成绩达到 94.18 分,不仅位列专业第一,而且是本学院中外合作办学专业创立以来的历史最高分,同时在整个海气学院,也是数一数二,其中6门全英文专业课的平均分为办学以来最高的97分。

中外合作办学的高强度学习模式,让多数同学在学习上困难重重,感到力不从心。身为团支部书记,针对这种情况,苟睿健率先垂范,摸索出"氛围营造——重点讲授——信息反馈"三步学习帮扶法。"氛围营造"方面,他每学年组织"我带外教看青岛""中澳班话剧汇演·新年狂欢"等活动,增进同学们与外国专家、澳大利亚学生间的了解,为同学们营造英语交流的氛围。"重点讲授"方面,在每周44课时的情况下,苟睿健仍然在课余时间主动归纳整理学术词汇和重要知识点,供同学们课后温习巩固。作为学院"学霸讲堂"讲师的一员,他连续两年开展"一对一"帮扶活动,所帮扶同学成绩从一学年5门不及格提高到全部及格。对于全英文专业课上的重点、难点,他组织"一对多"的"学霸讲堂",到讲台上为全体同学仔细讲解。"信息反馈"方面,他向外国专家及时反馈收集到的同学们的问题和学习情况,与外国专家共同拟定教学进度,讨论教学内容,争取让每一位同学都能跟上进度。针对班级同学对专业情况不了解,对未来感到迷茫的情况,他积极与学院和澳大利亚教育集团沟通,从出国同学和国内同学两方面情况考虑,举办专业讲坛。大学二年级末,他协调出国同学的提前考试工作,并开展"师生面对面"学习座谈会,班级中超过一半的同学与任课老师面对面沟通,解决了学习上的各类问题,减轻提前考试的压力。

在他的努力下,自入学以来,所在班级学习成绩创历届新高,入学以来班级英语课总及格率高达99%,平均分接近80分,全英文专业课总及格率则接近93%,全英文专业课不及格数已从一学期28科次降至1科次,所在团支部也被评为中国海洋大学先进团支部。

科研——心无旁骛,追求卓越

苟睿健所在专业的培养目标是从事物理海洋学研究的人才,作为团支书,他深知仅有专业知识的积累是不够的,只有将书本知识落实到科研训练中,才是进行科研工作的必经之路。因此,他以"SRDP——国创——实习——会议——论文"为科研进阶的主线,努力推进班级科研工作。目前,全班累计以第一作者发表学术论文5篇,其中2篇(EI、ISTP)被四大检索系统收录,参加学术会议5人次(国际会议3人次),其中做学术报告2人次,3名同学主持并结题国家级大学生创新训练计划,3 名同学参加受全额资助的国际科研实习,7 名同学主持 SRDP 项目,超过一半的同学接受过科研训练。

苟睿健有志于从事科学研究,他认为本科生参与科研的最大意义,在于提高对科研流程的认知,以及在阅读、合作、分析、总结中强化基本素质。自大二起,他开始主持 SRDP 项目,经过学校答辩升级为国家级大学生创新训练计划"核心海洋类期刊载文作者及研究热点分析",配套经费 14300 元。他以第一作者的身份撰稿完成英文研究报告"*A study on categories and themes of Chinese marine periodicals and in comparison with foreign ones*"。该论文的投稿并非一帆风顺,投出后多次被拒稿。从自我怀疑、否定到深刻思考、总结,在他的努力下,文章在经过反复商讨和修改后,最终被 EI 目录期刊录用。

功夫不负有心人,他因此受邀在教育部第十二届全国大学生创新创业年会对课题做口头报告,通过与全国大学生中佼佼者的比较,他充分意识到自己的不足和差距,更加明确未来努力的方向。他还在 2018 年地球科学与测量国际学术论坛(IFGG 2018)上进行了国创课题的全英文学术报告和海报展示,作为会议上仅有的本科生,他赢得专家们的一致肯定。此外,通过实验研究,他独立写作完成的论文《第一栅压对 F-H 实验曲线的影响》《光照强度对太阳能电池特性影响的实验研究》,分别发表在中国核心期刊数据库收录的《大学物理实验》2018 年第 4 期和 2019 年第 1 期上,在中国知网上被引 2 次,下载量超过 500 次。

他下定决心走出舒适区,抓住国外科研实习的机会,争取看到更广阔的世界。2019 年 12 月至 2020 年 3 月,他由国家留学基金委全额资助,作为该项目近几年中国海大唯一入选者(全国"双一流"高校选拔 30 名),赴加拿大阿尔伯塔大学进行本科生科研实习,师从 Paul G. Myers 教授进行高纬度海洋研究。在此课题的准备工作中,他坚持阅读专业文献,召集同学定期讨论国内外研究进展,并多次接受国内外导师指导。实习期间,他圆满完成各项实习工作,得到国外导师的高度评价,研究的初步成果已在 2020 年 Ocean Science 会议上进行展示,为下一步的科研工作奠定了坚实的基础。

在建设海洋强国的进程中,他深受曾呈奎、赫崇本等老一辈科学家淡泊名利的精神、严谨的治学态度和投身海洋事业的情怀的感染。作为后辈,他将脚踏实地,扎扎实实地走好每一步;他会仰望星空,不断突破自我,为海洋科学事业上下求索。在继往开来的新时代,苟睿健将追随吴立新院士进行科学研究,不忘初心,砥砺前行。

铸剑海大,建功深蓝

海洋与大气学院　贤鹏飞

贤鹏飞,男,汉族,1998年1月出生,中共党员,海洋科学专业2016级本科生。曾获国家励志奖学金、校学习优秀奖学金、校基地班奖学金、校社会实践奖学金;获校优秀学生干部、优秀学生、优秀团员等荣誉称号。

大学四年时光匆匆,经历过失败、体会过伤痛,但始终一往无前;回首往事历历在目,挥洒过汗水、付出过努力,定不负青春年华。

2016年8月26日,全国各地105名同学汇集于中国海洋大学崂山校区北区3号楼,在此我们领取了军装、被褥等物资,同时领到了干净清爽的"小平头"。那时,我们每个人的内心都是拒绝的,我们的新发型成为国防新生最独特的名片,这或许就是改变的开始吧。

携笔从戎历千帆,不忘初心仍少年

未来作为祖国海军的一员,我深知使命光荣,责任重大。

"身体是革命的本钱",要想做成一件事,必须具备过硬的身体素质,军人更是如此。我自小身体素质一般,刚刚进入大学时,耐力不足、力量不够,样样都比不过、跟不上。我也曾气馁、埋怨,但当时区队长的一句话振聋发聩,点醒了迷茫中的我:"在每次要坚持不住的时候再坚持一会儿就是进步!"既然体力不够就去拼毅力,此后我认真对待每一次的跑步机会,做好力量训练的每一个动作,并利用课余时间加练。经过短短一年的时间,便靠着自己的毅力把体力慢慢提了上来,2017年荣获国防生大队军事训练先进个人的称号。

但凡要求别人做到的，首先自己必须得做到，而且要做得更好。大二时，我参加了班长的竞选。当时中队长问我应该如何当好班长，我坚定地回答：以身作则！正人先正己，作为一只"领头羊"，要切实起到先锋模范作用，正向激励同学们共同进步。担任班长三年来，我始终坚持规范带队组训、严格管理全班学员的训练生活、积极完成大队和区队分配的任务。怀着对五星红旗的热爱，大二时，我通过选拔进入国旗中队。那时的国旗中队里都是尖兵强将，是全大队体能尖子的聚集地，体能"菜鸡"的我只能仰望，但学长们并没有戴有色眼镜看低我，反而在训练的时候一直给我加油鼓劲。有了大家的帮助和支持，我在国旗中队的表现愈发优秀，先后在校运动会、军训演习等校内重大升旗任务中担任升旗手，行远楼前的日常升降旗任务也同样风雨无阻。为了提高军政素质，我报名参加了2019年的军训任务，担任鱼山校区海洋生命学院教官。14天的军训生活不会总是一帆风顺的，起初，方队的队列效果并不如人意，和其他学院相比仍有差距，一同带队的教官们也都非常头疼，但我并未因此退缩，而是努力改善训练方法、调整训练时间。慢慢地，队列效果能够接近所有方队的平均水平了，最后分列式检阅，我带领新生们作为第一方队以近乎完美的姿态通过学校主席台时，一股自豪感油然而生，成为我大学生涯的一次宝贵回忆。

立身以立学为先，立学以读书为本

作为一名携笔从戎的国防生，不仅要有过硬的军政素质，还需要有过硬的专业素质，只有这样，才能服务海洋强国战略，助力海军走向深蓝。

由于大学与高中学习方式的差异以及国防生大队紧张的训练氛围，大一刚开始我没有有效地调整状态，导致学习压力比较大，期末考试各科成绩也很一般。我明白虽然学习不是大学生活的全部，但它是大学生活的基础。既然选择了付出，为什么不全力以赴呢？我及时调整状态，改善学习方法，把大学生活的重心放在专业知识的学习上，把大部分的时间花在图书馆和自习室中，学习没有捷径可走，大二、大三学年，我的成绩稳步提升，荣获多项奖学金，最后也取得了推免资格，成为海军工程大学的一名准硕士研究生。

课本知识固然重要，但是实践操作也必不可少，在"东方红2"科考船上，在胶州湾近海实习中，在国家海洋局温州海洋环境监测站里，我将书本知识付诸实践，在实践中收获新的知识。为了提升自己的专业素养，我还和队友一同申请了国家级创新创业训练计划项目,在研究操作中我们发现并讨论解决问题,为日后的科研道路做储备。

业精于勤荒于嬉,行成于思毁于随

忙碌是一种幸福,让我们没时间体会痛苦;奔波是一种快乐,让我们真实地感受生活;疲惫是一种享受,让我们无暇空虚。大一入学的第一次班会,班主任便告诫我们:"大学是个大舞台,从来都不只有学习。"三年来,我一直秉持着这一思想,尽力让自己"忙"起来,力争全面发展。

刚入学时,我便加入了学院大学生中国特色社会主义理论学习研究会,从干事做起,我认真对待工作任务,慢慢认识和摸索社团工作的方法。后来,担任社团部长,指导学弟学妹们的学习和工作,带领队伍成功完成一个个活动,也渐渐有了自己对社团发展的思考,看到了社团管理方面诸多亟须解决的问题。但大二结束要竞选社团主席时又犯了难:"参选还是不参选?"如果参选,必然要面对一些棘手的难题,必然要花费许多时间和精力,必然会影响到自己的休息时间;如果不参选,学习和生活自然更轻松一些,但社团已问题缠身,若置之不顾又于心不忍。一番挣扎后,我选择迎难而上。担任社团主席期间,放开手脚改善社团面貌、创新思政教育方式,策划了"走进后勤"等有口皆碑的精品活动,在全校诸多院系的研究会中脱颖而出,被评为年度"优秀分会"。这给了我莫大的鼓舞,让我心怀感激、继续前行。

我是热血的国防生,甘为建设强大的现代化海军贡献自己的青春;我是骄傲的"海之子",愿为海洋强国建设发挥自己的能量。四年前,我满怀憧憬走进大学校门,现在毕业了,我满腔热血地走向万里海疆。

铸剑海大,建功深蓝,未来海疆看我们!

爱你所爱,行你所行,
听从你心,无问西东

海洋与大气学院　熊　巍

熊巍,男,汉族,1996年8月出生,海洋科学(中外合作办学)专业2017级本科生。曾获国家奖学金、综合一等奖学金、学习优秀一等奖学金、社会实践奖学金;获ASC世界大学生超算竞赛二等奖、全国大学生数学竞赛二等奖、全国大学生数学建模竞赛省级二等奖;获校优秀学生、优秀学生干部、优秀团员、优秀团干部等荣誉称号。2019年参加厦门大学MEL Undergraduate Research Fellowship项目。

大学是什么?或许不同的人有着不一样的答案。而对我来说,是求知,是自由,是理想主义,是乐于探索和思考超出自我的东西。求知欲和好奇心难能可贵,或毁于世俗的功利主义,或毁于愈发快餐化的娱乐和消费主义。而在大学之中,总能找到这么一批人不问功利而单纯地去求知。

我是一个来自五线城市的学生,教育条件相对落后,那时的互联网还不够发达,五线城市最大的知识壁垒就是信息不对称。在那里,读书成了满足我求知欲的主要途径之一。从小热爱数学的我总爱思考数学的本质,当别人在奋笔疾书地刷题时,我总喜欢查阅各种书籍去研究课本上的定理和公式的逻辑体系。在学习几何时,做题技巧常常对我的吸引力有限,但欧几里得公理体系的简洁性和自洽性总能让我惊叹不已。在课业繁忙的高中,读书往往要面对各种各样的阻力,我也常常被问到读这些书有什么用,不如多刷两道题来得实在这样的问题。我想说求知能让我快乐,这是我内心的答案,但我并没有不合时宜地说出来，因为这是繁忙的高中生活，对于问出这样问题的人来说，他们也不会理解。那时的我渴望大学，觉得大学能让我自由发展。有一天，我读了《罗马法》和《拿破仑法典》，了解到它们是以人类基本的道德原则和自然法为公理，加以逻辑推理构建出的系统性法理。我恍然大悟，原来欧几里得定理和它们的底层逻辑竟是如此的相似。我发现两个看似不那么相关的学科，在思想上却存在着显著的共性。这件事不仅让我更深刻地领会了公理化思维，也深深地影响了我之后对学习的认识。之后，我又从科技发展的角度重新学习了一遍人类文明发展史，用理科视角去看历史，收获了与原先截然不同的观点与知识。从此，我认识到了从多学科视角看问题，更容易看清事情的全貌，也为我后来选择学习交叉学科埋下了伏笔。

就这样，我来到了大学。在自由支配时间更多了之后，我就把时间都投到喜欢的事情上去。我除了认真对待每一门课业之外，还努力拓宽知识面，接触更多学科，大大小小的讲座，只要时间允许就积极参加，勇于跳出舒适区去挑战自我，尝试新事物和学习新东西一直是我的目标。刚进入大学时，我的英语口语能力比较弱，自那时起，我开始了我的英语学习计划。除了对基本能力的练习，我也会努力把握各种机会去锻炼英语应用能力。除此之外，我还在体育方面挥洒汗水，加入了学院的健美操队，并在"两操"比赛中获得了二等奖；在学院运动会中取得了跳远第三名的成绩。出于兴趣，我学习了视频剪辑与制作，并为中-澳班晚会制作了开场视频。

出于对数学的热爱，我在学习数学的时候，不仅享受着推导和证明的乐趣，也参加了与数学有关的各种竞赛。在大一时，我加入了学院的超算团队，面对一个个高性能计算机集群，我的观念受到了很大的冲击，开始了对机器学习和深度学习的涉猎。随着学习的深入，一扇扇新的大门逐渐向我敞开，计算数学、计算物理和计算流体力学等学科进入了我的视野。在不断学习的过程中，我渐渐发现交叉学科的巨大潜力，立志要在 AI，HPC 与海洋科学交叉领域做出些成就。在 2019 年 ASC 竞赛中，我努力解决 AI 的超分辨率问题，测试了多种超分辨率模型并使用 EPSR 取得了不错的效果。在竞赛结束后，我陷入了沉思：应用于图像上的超分辨率技术可不可以应用于处理海洋数据中？同样是二维矩阵结构的数据类型，理应有着相似之处。于是我就开始了在这方面的探索。

赵或言学姐曾经说过："无论周围的环境多好，待久了总不免麻木。尽可能多出去看看，经历得多了，才能拥有独闯世界的底气。"学习不能闭门造车，还要多出去看看。作为超算团队的一员,我参加了并行应用挑战赛,并受邀参加了2018年高性能计算学术年会。在年会上,我不仅听了许多国内外同行最前沿的报告,也在赛场上看到了全国各大名校竞赛队的优异成果。对比之后,深深感受到我们的差距和不足,回到实验室后更加努力地去学习。除了外出比赛,我还经常参加学术会议以了解本领域各方面的学术动态。对于一个有志于在高性能计算和海洋科学交叉学科有所成就的我,最兴奋的事莫过于见到了曾排名世界第一的超级计算机——太湖之光。暑假在国家超级计算无锡中心实习的我,不仅见识到了先进的机器,还学习了海洋气象领域最前沿的工程技术。

尽管专业所学不涉及诗和远方,但公式与代码同样可以让我拥有一些独属于理工科学生的"浪漫"。为了给女朋友一份与众不同的七夕节礼物,我学习了单片机原理、电路原理和焊接技术,用数百小时焊出一个有512个LED灯的光立方。

电影《无问西东》中有一句台词:"愿你在迷茫时,坚信你的珍贵,爱你所爱,行你所行,听从你心,无问西东。"也许世俗的力量足够强大,生活琐事难以抵挡,但我会遵从我的内心,将我的求知欲和好奇心永远地保持下去。

做"刚刚好"的人

海洋与大气学院　李昱薇

　　李昱薇,女,汉族,1995年10月出生,中共党员,气象学专业2017级硕士研究生。曾获2018年国家奖学金;获山东省优秀学生、"上合峰会"优秀志愿者以及校优秀团干部等荣誉称号。

　　2020年6月,我从母校中国海洋大学硕士毕业了,总觉得未来求学的机会有很多,还没有到可以开始总结学生时代的阶段。但是回首这段时光,依然觉得美好和难忘,有很多故事可以讲述。

　　回想2013年的盛夏,那一年我还不到18岁,站在校园门口,我不知道未来会怎样,只知道美好的大学生活就要开始了;2017年,我本科毕业,获得了珍贵的保送机会,我毫不犹豫地选择继续留在海大读书,因为这里给了我机会,让我不断变得更好;2020年,我硕士研究生毕业,踏上热爱的工作岗位。离开海大那天,阳光明媚,正如七年前我来到的那天一样。七年的时间,我在母校中国海洋大学度过,这里给了我最美的青春,给了我正确的价值观,给了我无论站在哪里都可以坦然自信的勇气,给了我面对挫折依然坚定的力量,我对这里情深似海。想说的话很多,就用三件"刚刚好"的事情,来讲述我的成长故事。

走过的路,每一步都算数

　　我曾经听过一句话:"年轻的时候,要去最美的地方,看最美的风景,看到这个世界是如此的壮丽而辽阔,看到这个世界上的人是如此不同。你只有见过一切,你才有资格选择。"很幸运,在海大我获得了很多"看世界"的机会。

2015 年，因为学校提供的"赴美社会调研"的机会，大三的我在美国加利福尼亚州的寄宿家庭中度过了难忘的新春佳节。这是我第一次来到美国，为期一个月的交流项目，我到斯坦福大学、加州大学洛杉矶分校学习和实践，看到了这些世界一流名校的不拘成规和兼容并包；在寄宿家庭中，与年龄相仿的美国学生碰撞中西方文化的不同魅力；走访了加州当地的警察局、消防队、福利机构，了解美国社会的发展现状。这次经历为我掀开了世界的一角，窥见了它的近与远，惊异于它的广大无边。

硕士研究生学习期间，我有幸曾跟随导师傅刚教授去德国小城、马克思的故乡特里尔参加国际会议。在会议上，来自世界各地的专家学者做了精彩纷呈的报告，让我认识到了学术世界的魅力。科研工作者很容易陷入自己的思维中，所以加强思想的交流碰撞显得尤为重要，在日后每一个为了科学工作而奋斗的日与夜中，我都无比庆幸早早认识到了这点。我想，后来我能有幸获得国家奖学金与这次出访的收获不无关系。

我与数学建模竞赛结缘

"一次参赛，终身受益。"数学建模竞赛改变了我。大三的时候，在机缘巧合下我参加了全国大学生数学建模竞赛，这是一个对数学和计算机思维要求很高的竞赛，虽然对自己有所怀疑，但是因为机会难得我还是参加了。

备赛是一段非常痛苦的时光，三个比赛日，不允许一丝倦怠，必须全力以赴地投入进去，三天的时间锤炼了我坚忍不拔的意志和吃苦耐劳的精神。数学建模竞赛更考验了小队的团队合作精神，一人建模，一人编程，一人写论文，找准在团队中的定位是重中之重，三个人是集中智慧还是各自为营，这是胜败的关键。

数学建模考验的不仅仅是数理知识，更与我们看待世界的角度、成熟度息息相关，这次比赛使我增加了思考问题的耐心和面对困难敢于尝试、勇往直前的勇气。我们最终获得了山东省一等奖。正因为这个竞赛成绩，我获得了保送研究生的额外收获。

上合峰会

"夏来青岛罩绿纱，朝听鸟语暮看霞。"2018 年夏，上海合作组织青岛峰会顺利举办。在校期间，能经历这样的盛会，我感到非常幸运，更荣幸的是，我被选为志愿者代表参与其中。6月9日，国家主席习近平同贵宾们前往宴会厅外观景平台，观看《有朋自远方来》灯光焰火艺术表演，我也有幸在现场的安检通道观看了这场表演。

作为一名气象学专业的研究生，我深感精准气象服务的责任重大，这场表演对天气条件要求非常高，能见度不能小于2000米。但当天眼看峰会就要开幕了，大雾还不散，令人揪心。正是因为气象部门的"精密监测，精准预报，精细服务"，最终表演时一切如气象预报描述的那样，能见度很好，没有明显降水。美妙绝伦的灯光焰火表演赢得了与会各国元首和政要的赞叹。

这一切让我对行业有了更深的理解，气象业务是意义重大的工作，"观云测雨，服务齐鲁"从此也成为我的职业追求。现在，我已经在山东省气象台预报员的岗位上工作一年了，峰会那天对我的触动依然记忆犹新。

回头看看，这些时光就是这样在不知不觉间成就了我。在我看来，世上没有最好、没有更好，只有刚刚好，因为有些看上去毫不费力的瞬间，正是我曾经拼尽全力。我就是这样努力做到"刚刚好"的平凡女孩。

问道沧海,筑梦深蓝

海洋与大气学院　耿　涛

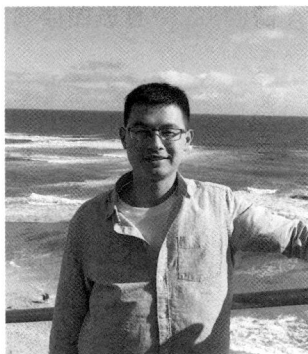

耿涛,男,汉族,1993年2月出生,中共党员,物理海洋学专业2017级博士研究生。曾获研究生国家奖学金、研究生学业一等奖学金、青岛银行优秀大学生奖学金;获山东省优秀毕业生以及校优秀研究生、优秀毕业生等荣誉称号。

人的一生中总是经历不同身份的转变,也不免被贴上各种各样的标签。身为一名海大人,从本科生、硕士生到博士生,不经意间我在美丽的海大校园已经度过了十个年头。如今我站在毕业的门槛上,回首过去,也想用三个标签来讲述自己在海大十年的成长与蜕变。

非典型"学霸"

与许多同学一样,刚进入大学的我感到十分迷茫,在尚未明确专业前景之前,并不知道自己要做些什么。好在那时我心中一直有个信念:只要努力,必有回响。人生就像航海,每个人都是一艘船,在尚未看到到岸的灯塔前,只管朝着正确的方向一直努力向前,因为一旦犹豫放弃,汹涌的波涛便会很快打乱你的航行计划,而你的后半生也将陷入浮沉。

于是,我从认真学习每一门专业必修课做起。上课时认真听讲,下课后及时总结。每天及时消化和吸收重要知识点,有问题及时在课间寻求老师的帮助,不让积存的问题过夜。事实证明,这种学习方法比较适合我。几个学期下来,我的高等数学、数学物理方法等数学必修课平均成绩95分以上,对于专业公认较难的理论力学和流体力学也分别取得了99分与96分的不错成绩。我在这漫长枯燥的学习过程中逐渐培养起浓厚的专业兴趣,立志将海洋研究作为我奋斗一生的事业。

本科期间我连续两年获得国家奖学金,连续三年获学习一等奖学金与海洋学基地班一等奖学金等奖励。大四上学期,我顺利以专业第一的综合成绩保送至本学院攻读物理海洋学的硕士学位,并于研究生二年级以初、复试第一的总成绩获得硕博连读资格。

坦白来讲,我一直都不是专业内学习最刻苦的同学,我和大多数同学不同的地方可能在于,我勤于计划,并且十分清楚自己什么时间该干什么事。每天晚上,我会拿出不到半小时的时间对当天的所学课程回顾总结。长此以往,效果慢慢凸显。所以我并不是不论寒暑、不分周末地刷图书馆、泡自习室,反倒是篮球赛、运动会、外出春游等集体活动我一样不落下,日子过得有条不紊。到了期末考试,我也不需要像大多数同学那样临阵磨枪、挑灯夜战,因为功夫早已下在平时。

"不积跬步,无以至千里",这是我们很小就懂得的道理。但是本科四年的学习生活告诉我,除了坚持与不懈努力以外,时刻保持头脑清醒并善于规划,也许是开启成功之门的另一把钥匙。

科研"苦行僧"

如果说本科四年的关键词是学习,那么研究生六年的主旋律一定是科研。倘若把科研比作一种修行,那么每位科研工作者都是这条路上的"苦行僧",而论文和实验则无疑是横亘在这条修行之路上的两座大山。

曾有同学调侃,如果你随便去学院抓住一个研究生问他,研究生的主题曲是什么,那他一定会回答:"夜太黑,尽管再危险,总有人黑着眼眶做实验。"如果你问他,研究生除了担心论文和实验,还会担心什么,那他一定会答:"当然是发际线。"这虽有几分戏谑,却也并不夸张地反映出研究生身上所背负的巨大科研压力,我自然也未能幸免。

至今犹记得自己第一篇SCI论文的艰难完成过程。那是一项自本科毕业就着手的工作,但由于数据有限,尽管我绞尽脑汁、穷尽所有可能地统计分析方法,却也始终未能找到解决问题的合适切入点。而彼时摆在我面前的只有两条路:一条路是深入理论,尝试从理论模型入手给出解释,这条路无疑困难重重而且一眼望不到头；另一条路则是放弃接近一年半的努力，尝试寻找其他的课题另做研究，这条路尽管容易，但也极其考验我的内心。纠结许久之后，我还是告诉自己不能放弃。于是我在紧张的课业之外广泛阅读近年来国内外的研究进展，由于海洋中的许多理论来自气象学，于是我不得不又从本科同学那里借来气象学专业的课本一点点研读。为了从时间海绵里挤时间，暑假我选择留校，每天顶着烈日酷暑朝八晚十地在实验室与各种公式和字符奋战，有时在梦乡中大脑仍不能停止演算。就这样持续了一年多的时间，我的研究工作在自己不懈的努力下终于有了点眉目，最终经历了两次审稿后，被专业内一个国际著名 SCI 期刊所接收。

尽管第一次投稿的结果是好的，但个中滋味至今回想起来仍不禁让我打个寒战；但凡中间任何时候我有了打退堂鼓的念头，这项工作无论如何都无法坚持下来。而正是有了第一篇文章对我的磨砺，才会有之后第二篇、第三篇的顺利产出。科研也是这样，只有经历了暴风雨的洗礼，才会有"拨开云雾见天日"的畅快。

"宝剑锋从磨砺出，梅花香自苦寒来。"五年多的硕博求学生活让我对这句话有了更深的体悟。数不清有多少个夜晚我挑灯夜战，独自在实验室里与论文和代码"纠缠不休"。为了找到合适的研究方向，我埋头苦读，从前人的研究文献中汲取灵感；为了获得最新的研究进展，我广听报告，积极勇敢地与学术"大牛"交流探讨；为了熟练学术论文写作，我在专门的备忘录上整理了上百页地道的写作表达。2019 年，我参与的研究成果入选中国海洋与湖沼十大科技进展，2020 年我合作的研究论文成功登顶国际顶尖权威期刊 Nature 正刊，2021 年我受邀与国际著名专家一同为本领域撰写研究综述。

这条注定荆棘密布的科研修行之路，尽管我刚刚踏上征程，但我对未知的前路并不感到担心，因为我坚信，只要相信自己、坚持下去，未来一定会属于我。

沧海逐梦人

沧海之大，吞吐日月。为了早日实现自己心中的海洋梦想，我很早便萌生了"出去走一走，看看外面的世界"的想法。一个偶然的机会，我受国外老师的邀请，在 2018 年接受国家留学基金委的资助，远赴澳大利亚开始了为期两年的联合培养学习。

初到国外，一切都是陌生的，一切又那么令我感到新奇，但我告诉自己，两年时间转瞬即逝，我如果将大好的时光用在游山玩水上，那么等日后回国我必定无法原谅自己。因此，到了国外的我更加努力，在周末当周围的同事都回家休息时，我独自一人在办公室工作。日复一日，我的努力换来了外方导师对我的认可。我开始频繁跟随导师前往世界各国参加各种学术会议，并有幸在会上将自己的研究成果介绍给更多的专家和学者，也因此有机会与许多之前只能在网站或文献作者列表里见到名字的学者进行面对面的交流。这些对于那个之前只知道在办公室闷头推导公式的我而言无疑是难以想象的，而这也确实对我的进步产生了巨大的助推作用。经过两年国外生活的历练，如今的我愈发明白，闭门造车是永远行不通的，要勇于到国际舞台上展示自己，博采众长。于是我在博士即将毕业之际，接受了澳大利亚科学院院士抛出的橄榄枝，将在接下来的两年前往南半球，继续追逐自己内心深处的那个蓝色梦想。

凡是过往，皆为序章。过去的十年我走过不少弯路，也取得了一点进步。从曾经别人眼中的"学霸"，到科研路上的"苦行僧"，再到如今海洋梦想的追逐者，母校中国海大见证了我一点一滴的成长。下一个十年，我定当为海洋强国建设贡献自己的一分力量，不忘初心，脚踏实地，勇立潮头，问道沧海。

舟行学海,
争做远志领航人

信息科学与工程学部　　曲麟昊

　　曲麟昊,男,汉族,1998年7月出生,中共党员,海洋技术专业2016级本科生。曾获"中国电信奖学金·天翼奖"、文苑奖学金、杰出学生奖学金、国家奖学金、春华奖学金和各类社会奖学金共18项;作为获奖学生代表入选《人民日报》"本专科生国家奖学金获奖学生代表名录"并被提名山东省"齐鲁最美青年"。成功申请2项国家发明专利;获校科技成果奖特等奖2项、全国数学建模竞赛国家级一等奖、全国海洋航行器设计与制作大赛国家级特等奖等奖项;获优秀学生标兵、山东省优秀毕业生、五四青年奖等荣誉称号。

　　刚入学的曲麟昊,在物理海技本科生党支部组织的新生入党启蒙教育中,看到"党员先锋队"总是在师生最需要的地方默默奉献,"服务同学、服务学校、服务社会"的信念也在他的心中生根发芽。

　　在四年的大学生活中,曲麟昊牢记全心全意为人民服务的宗旨,坚持以先进思想为指引,勤于专业知识学习、善于学术科研探索、敏于学生工作管理、笃于社会实践历练,综合素质得以全面提升。在文圣常院士等海洋学人的影响下,他逐渐形成崇尚学术、谋海济国的价值取向,以严谨求实、取则行远的学习态度,勇于超越、敢为人先的科研精神,不断挑战自我,争做舟行学海的领航人。

自我成长,爱国为志

　　曲麟昊自入学起就自觉坚持学习党的理论知识,积极向党组织靠拢,已成为一名光荣的中共党员。现担任物理海技本科生党支部副书记，积极带领支部成员投身"全国党建工作样板支部"建设，通过"朋辈导生""党团支部联席会议"等充分发挥党员的先锋模范作用和学生党支部的战斗堡垒作用。他广泛征询同学意见，负责运维的物理海技本科生党支部公众号"信信仰"共推出各类党建文章 350 余篇，总阅读量 3.5 万余人次，并完成党支部系列宣传视频的制作。他还积极牵头在学院其他本科生党支部推广"党建＋新媒体"建设经验，效果显著。曲麟昊积极组织支部党员帮助学业困难学生，累计帮扶学业困难学生 200 余人次，92％的困难学生不及格科目数量有所下降。他时刻将"讲政治、有信念，讲规矩、有纪律，讲奉献、有作为"的理念与自己的思想、学习和生活相结合，践行"两学一做"，努力发挥先锋模范作用。

自我提升，科学为本

曲麟昊深知，要更好地服务他人、奉献自己，还必须练就一身过硬的本领。四年来，他从未放松过对自己学习和科研上的要求，专业总成绩名列前茅。

大一下学期，他受同学邀请加入了水产学院潘克厚教授指导的微生态智慧水族箱项目，负责数学建模和数据分析等相关工作。项目融合了四个不同学科门类的同学和老师，让他体验到了学科融合的无限魅力。研发过程中，他第一次通宵搭建模型，第一次感受到作为团队一分子参与科研攻关的成就感。该项目获得了"创青春"山东省创新创业大赛铜奖和学校"春华"奖学金 1 万元的创业资金支持，基于此，他还成功申请了两项国家发明专利。从那以后，他迷上了科研这条路，喜欢上一群有志向的人为了一个目标而埋头苦干的感觉。

三年多来，他参与学校 SRDP 项目 5 项，其中 1 项成功升级为国家级大学生创新创业项目。在他参加的"深海潜标观测系统模型制作"项目中，他与来自海洋科学、船舶工程专业的同学自主构建了一套可用于实验水槽进行布放和自动回收的潜标设备模型。作为声学释放器和传感器模型的主要设计者，他不仅加深了对学科知识的理解，更学习到了深海探测方面的知识，为以后从事海洋科学研究打下坚实基础。同时，团队制作的一整套潜标系统模型服务于海洋与大气学院的海洋调查实验室，将供教学演示和学生实验长期使用。

他还积极参与各类学科竞赛，获得校科技成果奖特等奖 2 项。在全国大学生数学建模竞赛中，曲麟昊作为队长带领两名计算机专业的同学，在短短的三

得四四方方、规规矩矩；起床、洗漱、晚就寝皆以哨声为令……大家军训时的状态，就是我们四年里始终如一的常态。大一军训结束的中秋节我们没有放假，而是 100 多人分散在不同操场的不同地方进行体能训练；身边的同学因为肌肉过于酸爽，边走边笑、互相搀扶着走上二五广场的台阶；暑期集训时在浸满雨水的草地上匍匐前进，在烈日下训练考核。记忆中大一、大二好像很少有能够自主安排的周末，训练、培训、考核，这些内容和日常的专业学习一起，将我们的每一天都安排得满满当当。

这样的生活有点苦，但就跟学习一样，这份苦同样也带给了我不一样的锻炼和提升。四年下来，我的规则意识更强了，身体素质更棒了，能够有更强的抗压能力，在面对繁重的任务时能理清头绪，处变不惊。"忠诚""荣誉""责任""奉献"，在国防生大队的这四年，我深深地感悟到队训的这八个字所代表的意义，我也深深地感受到这一身"浪花白"所承载的责任。初心不改，继续向前，未来的我也一定会切实履行自己的职责和义务，投身现代化军队建设，为打造这支"听党指挥、能打胜仗、作风优良"的人民军队竭尽自己的知识与力量。

有舍有得，全面提升

经历了大一学年的辛苦努力，我重新考虑了两个问题：大学是什么？我该拥有一个怎样的大学生涯？

我个人更愿意将大学视作一个过渡的平台，大学之前我们要做的就是不停地学习、不停地做题，为了能够在高考中一鸣惊人，考上一所心仪的大学。可当我走进大学的时候，我接下来的目标又应该是什么？大学之后或工作或读研，这些都已经不再是纯粹的学习阶段了，我们需要开始慢慢向社会去过渡，与工作去接轨，除学习之外我需要更丰富的实践经历来提升自己各方面的能力。

大一到大四期间，我先后担任了班里的副班长和团支书，组织班级成员参加各项活动和任务；在国防生大队，我从最初的班成员做起，慢慢地担任了大队内部的副班长、班长、训练部参谋、区队长、16 中队副中队长，辅助选陪办进行大队的日常管理工作；先后以军训教官和军训连长的身份参加了 2017 级、2019 级新生军训工作；加入了"东乡行"西部志愿者协会，成为外联部副部长，要为西部山区孩子们的教育贡献出力；承担了"国创"项目，并把握机会，积极参加了学校组织的赛事，在学院的创新创业大赛上斩获奖项，并一步步走出学校，在青岛市和山东省组织的赛事中获得优异成绩；在大三学年担任学院水下机器人俱乐部主席，组织水下机器人的知识普及活动，激发同学们对于科研的热情。

连我自己都没想到，不知不觉中我居然做了这么多的事情，最初的我什么都不会、什么也不懂，但是我敢于做出尝试。有的时候其实缺乏的不是坚持下去的毅力，而是去选择开始的勇气，当你确定了自己想要的是什么，不妨硬着头皮去开始你想要去做的事情，至少你做过了，就不会为自己留有遗憾。

我用一段时间想清楚了自己未来要走的路是什么样子，我需要怎样的能力才能够走得更好，然后我调整了学习和生活重心以锻炼自己，虽然学习成绩不如大一的时候那般出类拔萃，但是我却锻炼了自己的组织能力、管理能力和创新能力，于我而言，这些东西比书本上的知识更加珍贵。

没有人可以告诉我们大学四年会发生什么，也没有人可以策划我们大学里应该过怎样的生活，每个人的这四年都是独一无二的，这四年会是什么样子完全取决于我们自己，有机会就去做，有梦想就去追，或许会有遗憾，但至少不会后悔。

这，才是大学四年应有的样子。

蜕变重生，不忘初心

信息科学与工程学部　张秀侦

　　张秀侦，女，汉族，1996年10月出生，中共党员，海洋技术专业2016级本科生。曾获国家励志奖学金、学习优秀奖学金、社会实践奖学金、永旺奖学金、全国大学生数学建模竞赛山东省三等奖等；获校优秀学生、优秀学生干部、优秀团干部、优秀团员、优秀青年志愿者等荣誉称号。

初　心

　　大学生活的点点滴滴在时光中流动成风，凝结在心中最珍贵的东西是否也随风而去了呢？最初的本心，可还曾记得？

　　在农村长大的我，小时候常常在田间奔跑，在林间嬉戏，大自然成了我最好的伙伴，我喜爱这份清新淳朴，却也时常向往着外面繁华的世界。随着乡村发展和乡村振兴，我见证了家乡翻天覆地的变化；在国家的资助和关怀下，我拥有了走向外面世界的机会。感恩社会、奉献芳华成为我最初的本心。

　　2016年夏天，我怀着对大学生活的美好憧憬来到了自己梦寐以求的学校。全新的环境，自由的氛围，仿佛连空气中都弥漫着快乐的气息。那时的自己，如同初生的牛犊，满怀着激动之情，每天不知疲倦地穿梭在校园里，了解各类从未接触过的活动。

　　而在这些丰富多彩的活动中，最暖心的莫过于志愿者服务。犹记得，第一次步入大学校园，就被一群面带笑容、热情服务的同学深深感染，经过询问才知道，他们是志愿者协会的志愿者。就这样，我义无反顾地加入了志愿者行列。

在志愿者协会工作的过程中，我坚持进行每周一次的青岛科技馆讲解服务并组织了"爱心直通车"捐款捐物活动，感受过小伙伴们和科技馆工作人员的热情温暖，更忘不了每次活动结束后，科技馆后勤阿姨们做的热腾腾的饭菜，仿佛有妈妈的味道。

2017 年 8 月，我有幸参加了社团组织的"三下乡"支教调研活动，到山东临沂沂水进行为期 10 天的支教和调研。那里的山清新秀丽，那里的水清澈见底，那里的人敦厚淳朴。一切的景、一切的人，都是那么让我难舍难忘。10 天的时光虽然短暂，但对于我们来说却是一笔宝贵的财富，一段永恒的记忆。我不仅收获了友谊，感受到了孩子们的天真，也明白了什么是责任担当，什么是团结互助。看着那些孩子认真学习的模样，听着他们银铃般的笑声，10 天的辛劳和付出全都变得有价值。离开时，我用相机留下了每一个孩子天真的笑脸，我想，那将会陪伴我的一生。生命需要关爱，社会需要奉献，青年志愿者工作为我提供了尽己所能体现自我价值的舞台，提供了发展自我的空间，也让我们在展现自我风貌的同时，用行动证明自己，为社会奉献自己的一分光与热。

蜕　变

人生不可能总是一帆风顺，我也遇到过挑战。从小不善言辞的我，一直都不喜欢当众发言，尤其是在正式场合更是会紧张得面红耳赤，于是内向、沉默成了大家对我的第一印象。

我坐在窗前思索、困惑、彷徨……这时一只色彩斑斓、羽翼修长的蝴蝶从窗外飞了进来，在我身边翩翩起舞。不知是对陌生环境的惶恐，还是对窗外世界的渴望，它开始朝着窗口有光亮的方向飞去。可是，蝴蝶一次次地撞在没有打开的窗口玻璃上，它似乎更加慌张了，更加奋力地飞向玻璃。出口就在旁边，可蝴蝶却坚信隔着玻璃的光明就是出口。这无形的牢笼就这样束缚着它，它却一次又一次做着徒劳无功的尝试，直至筋疲力尽。

我们又何尝不是如此呢？忙碌的生活中，太多的固化思维、固有印象约束着我们的生活。也许，改变自己、突破自己、跳出舒适圈才能发现更好的自己。于是，我毅然决然地加入了信息科学与工程学部学生会外联部。在外联部，我开始了自己大学生活的蜕变之旅，在一次次活动中，我也变得更加勇敢自信，学会了如何与他人交流。每一次的活动，从策划到实施，都在潜移默化地影响着我，有了明确的选择，便要持之以恒地朝着自己选择的方向努力。

　　渐渐褪去青涩的我，又一次自告奋勇，担任了班级团支书，搞好班级建设成为自己努力的方向。担任班级团支书期间，我积极组织丰富多彩的团课、团日活动，开展"党团知识竞答"等活动，帮助支部成员强化理论知识、明确青年的责任与担当。我还带领支部成员主动参加学校组织的各种比赛项目，在文体、科技等方面均取得了优异的成绩。为了做好班级和团委之间的沟通桥梁，我兢兢业业、认真负责，主动与同学进行思想交流，并以身作则，构建团结友爱、共同进步的班集体。除此之外，我也曾作为学生代表参加学校学生代表大会，代替同学发声，积极提交提案，维护广大学生权利，推进校园文化建设发展。我在工作中找到兼顾学习与工作的办法，更享受在工作中成长的乐趣。

成　长

　　巴尔扎克曾说过：一个有思想的人，才真正是一个力量无边的人。大学生活是人思想成长的重要阶段。2016年10月，我向党组织递交了入党申请书，并努力学习党的理论知识，那些看似有些难懂的理论知识，却在我对中国共产党深入了解的过程中，变成了自己坚定的信仰。2019年6月28日，我正式成为一名中共党员，在物理海技本科生党支部的每一天，都是我成长的见证。

　　作为首批"全国高校党建工作样板支部"，物理海技本科生党支部的每一位成员都在支部中受益匪浅。从入党申请人到入党积极分子、预备党员，加入党组织的各个阶段都有优秀的党员学长学姐们的悉心指导。从刚开始上台讲话的支支吾吾，到后面神采飞扬地为大家上党课，总有一股强大的动力助我成长，那就是榜样的力量。在党支部中，我负责宣传组和海洋技术2班党小组的管理工作，指导小组成员完成日常活动的写稿和拍照任务。同时，作为青年委员，我专注于团支部工作和青年工作，积极协助党支部和组织委员，优化推优入党机制，对接"朋辈导生"党员服务队的相关活动，帮助新生更好地解决学习和生活上的问题，充分发挥共青团作为党的后备军的作用，帮助广大青年团员在政治上取得进步。

　　2020年的新型冠状病毒疫情牵动着无数人的心，作为学生党员，我积极响应党支部号召，为疫情重灾区武汉捐款捐物，同时，参与制作"武汉加油"抗疫视频，为抗击疫情的人民英雄们加油鼓劲。一名党员就是一面旗帜，一个党支部就是一个战斗堡垒。物理海技本科生党支部教会我把初心使命有机融入支部建设中,努力发挥党员的先锋模范作用。

成长是蜕变的过程,只有经历过沧桑磨砺的蛹,才会破茧成蝶,带着自我的梦想,翩然飞向高空。

格物致理，学海开物

信息科学与工程学部　韩赵其智

韩赵其智，男，汉族，1998年12月出生，中共预备党员，物理学专业2017级本科生。连续三年获得国家奖学金并入选《人民日报》2019—2020学年度"本专科生国家奖学金获奖学生代表名录"；曾获中国大学生物理学术竞赛二等奖、全国大学生数学建模大赛二等奖；获山东省优秀学生、优秀毕业生以及校优秀学生标兵等荣誉称号。

"格"——铸就品格，思想先行

我怀着为人民服务的信念，积极向党组织靠拢，参加党支部活动磨炼品格，提升修养，增强自身责任与担当意识。为了更好地给同学们提供服务，我在支部的领导下，作为入党积极分子和社团主要负责人，加入学海开物物理社团党员服务队，给同学们展示新奇物理现象，组织各种趣味物理活动。同样，为了进一步磨砺优秀的品格，学习杰出人物精神，增强同学们的爱国意识与对物理的热情，学海开物社团党小组还集体赴郭永怀纪念馆参观学习，向老一辈科学家学习。在2020年3月"同心抗'疫'，担当作为"线上主题党日活动中，我作为支部入党积极分子代表发言，向学校党委书记田辉等领导汇报了疫情防控期间居家学习和生活的体会，与同学们分享了自己的青春故事，锻炼了自己的责任与担当意识。在身边优秀党员的感召与引领下，我于2020年11月加入中国共产党，成为一名预备党员。我会继续努力提升自己，使自己能够更好地为人民服务。

"物"——探索事物，奋勇向前

扎实的专业知识是我的科研之基。我始终铭记学习是学生的天职，在日常学习中积极思考，与老师交流讨论，力求使自己能够理解所学知识并用于解释实际物理现象。我勤学苦练，稳扎稳打，夯实专业知识基础，共有六门课程取得满分，90%以上专业课程超过90分。我坚信，物理不仅仅是一门理论学科，更是一门实验艺术，我在所有专业实验课中都取得了95分以上的成绩。

创新的实践项目是我的科研之躯。我作为负责人申请SRDP项目1项，题目为"水分子极化电荷及其拓展研究"。在项目进行过程中，我用创新性的简化模型提出了一种能够简便计算对称三原子分子体系极化电荷的方法，完成论文一篇，获得"优秀"评级。除此之外，我还主持完成中科院大学生创新实践训练计划项目1项，通过优化主要参数、计算策略，并利用基于GPU的并行处理算法，实现高速视网膜血管重建。

丰富的学科竞赛是我的科研之干。我连续两年参加中国大学生物理学术竞赛，这是国内物理学最权威的学科竞赛。我作为主力队员，与其他参赛队员一起，连续两年在这项竞赛中刷新我校参赛的历史最好成绩，并在2019年第十届比赛中获得"最佳评论方奖"，实现了我校在该项赛事中个人奖项零的突破。我还积极与同学组队参加其他学科竞赛，提高自身团队协作能力。在2019年全国大学生数学建模大赛中，我负责了题目模型的建立工作，带领小组获得了全国二等奖的好成绩；在2019—2021连续三年的美国大学生数学建模大赛中，我均取得了H奖的好成绩。我还与同学一起参与了山东省物理科技创新大赛，设计了全新的基于莫尔条纹的织物密度分析镜，具有精度高、易读数等特点，获得该项比赛测量类二等奖。除了丰富的科创比赛，我还积极参加学科基础竞赛，夯实自己的基础，获第十届全国大学生数学竞赛（非数学类）二等奖，山东省大学生物理竞赛A类一等奖等。

"致"——学以致用，青春有我

以己之力，助人所需。我一直这样要求自己。

学海开物，分享科学。大一学年，我和同学一起创立了"学海开物"物理社团，担任副社长职务，为全校师生提供一个普及物理知识的平台，也为CUPT竞赛在校内的推广提供了途径。在近两年的任期中，我累计举办活动超过 40 余次，社团的规模由 10 人发展到近百人。为了更好地为同学服务，我坚持思想引领、服务为先的理念，率先在社团内成立了党小组，社团也获得了院级优秀社团的称号。

学以致用，做好"传帮带"。我积极参加学院组织的"一对一"学业帮扶活动。在为期一年的帮扶期内，定期与帮扶对象沟通，助其树立信心、寻找学习上的漏洞、尽力跟上学习节奏，在考试前帮其梳理所学、明确重点。经过一年的努力，帮扶对象的成绩有了显著的提高，挂科率由 30% 下降到 10%。我还参加了物理海技本科生党支部大学生物理助教党员服务队，协助物理系任课教师开展相关教学工作。在疫情防控期间，我协助老师开展线上教学、统计出勤和作业情况，并在期中考试结束后进行了成绩分析，与相关同学深入交流，帮助老师了解教学质量，帮助同学寻找学业上的难点，做好师生之间沟通桥梁的工作，尽量减轻居家学习对学生学习带来的负面影响。在课程间隙，我主动分享"爱国、创新、求实、奉献、协同、育人"等科学家精神和科学家故事，帮助同学提升对科研的兴趣。

投身实践，大手牵小手。2020 年暑假期间，我参与了"三下乡"活动"先锋行动心向党，青春建功新时代"，担任物理宣讲负责人。在活动中我积极协调各方工作，采用"线上＋线下"的工作模式，累计为近 500 人次的中小学生带来了精彩的宣讲，激发他们学习物理、了解海洋的热情，该项目团队也被评为省级优秀服务队。

"理"——追寻真理，永无止境

四年的时光倏然而逝，本科生涯已然走到了终点，四年的经历与积淀也让我对"格物致理"有了更深入的理解。

物理是一门博大精深的学科，为了能够让自己获得更大的提升，为实现科技强国的"中国梦"贡献自己绵薄的力量，我决定前往中国物理的"圣殿"中国科学技术大学继续探究神奇的量子世界。

在未来的时光中，我会继续秉持"格物致理"的作风，践行"海纳百川，取则行远"的校训，时刻保持一颗开放的心，奋勇向前，为实现中华民族伟大复兴贡献中国海大人的力量。

立即行动，永远不晚

信息科学与工程学部　高云浩

　　高云浩，男，汉族，1995年1月出生，中共党员，农业信息化专业2017级硕士研究生。曾获一等学业奖学金、山东省研究生优秀成果三等奖、硕士研究生国家奖学金；获山东省优秀毕业生以及校优秀研究生干部、优秀毕业研究生等荣誉称号。

　　付出就会有收获，或大或小，或早或晚。我相信自己所做的每件事在将来都会体现出应有的价值，在学习、科研中亦是如此。2017年，我升学至海大，正式开启我的硕士研究生生涯。一切都是新的开始，我像大多数人一样在开始一个新阶段时都会认真规划自己的未来，我告诫自己要以一种全新的生活方式度过接下来的三年时光。我曾想过成为一名程序员，专注于编程；想过参加丰富多彩的校园活动去结识更多的朋友；也想过专心科研，成为一名称职的科研人员。想法多了，自然而然地陷入纠结中，我也正是在这种纠结中度过了第一个学期，我不清楚自己到底要做什么、想要什么，在学习和工作中自然也无法做到坚定信念。

　　我很幸运地遇到了高峰老师，每次在组会上，他总是敦促我们要尽早确定将来的方向，告诫我们只要朝着这个目标一步一步前进，目标总能达到。正所谓"凡事预则立，不预则废"，只有树立了坚定的目标，才会有充足的准备去迎接未来。于是，在即将踏入硕士二年级的时候，我下定决心，要走好科研这条路。

选择远方，步履坚定

　　高峰老师在教书育人方面能够因材施教，正是因为他的支持和引导，我才能一步步接近目标。当我全力以赴地为将来做准备的时候，才发现梦想落到实处，便有千难万难。在学术方面，必然首先要经历文献阅读的历练，在成百上千篇文献面前，作为一个刚入门的科研"小白"，我时常感到束手无策。这时，我选择去多读老师推荐的文献，利用好大数据平台，在知乎、微博等平台搜索领域内的文章解读。开始时自己也看得一头雾水，但还是那句话，努力不会被辜负，长时间的积累会在某个时间点突然获得灵感。也正是此时我开始在导师的指导下进行项目实践，同时也开始准备自己的第一篇文章。刚开始写文章时胸有成竹，然而真正下笔却发现写作并不是一件容易的事，从论文结构到具体内容都需要细细打磨，这时我会广泛学习并思考同一期刊会议的文章模式并积极向导师寻求帮助。功夫不负有心人，在导师的悉心帮助下，我的第一篇会议文章被IGARSS（International Geoscience and Remote Sensing Symposium）顺利接收，我也因此获得了去西班牙瓦伦西亚市参会的机会。第一次参加国际会议我内心充满了期待，在会议上第一次近距离与各国科研工作者进行学术交流，极大地开阔了我的视野，也更加坚定了我继续潜心科研的决心。

第一篇论文完成后我收获颇丰，看文献、写代码慢慢变成一件有趣的事，我充满了干劲儿，也十分愿意与老师、同学交流学习内容，对科研的兴趣也在这个过程中日益浓厚。后续的文章写作似乎更加得心应手，从创新点的构思到论文框架的确立，再到最后成稿都更加熟练。但是，当我满怀信心时，却经历了论文重投、大修又重投的挫折。收到消极的审稿意见不免沮丧，但是不能放弃也不会舍弃，于是重新再来，放平心态，好的结果自然随之而来。

奋勇前进，不骄不躁

在科研道路上，文章写作只是其中一部分，我认为通过项目锻炼自己的科研实践能力和团队协作能力同样重要。我参加了导师的科研项目。2018年，我作为项目负责人负责计算机系专业发展基金项目，在项目实施过程中锻炼了自身的科研能力，亲身体验了项目申请阶段、中期答辩和结题的具体流程。2019年，我在董军宇老师和高峰老师的指导下，参与了科技创新2030——"新一代人工智能"重大项目的申请工作，这是我第一次同领域内最优秀的团队一起合作。在这过程中，老师们对领域内前沿理论的解读，对问题需求的精确分析以及对工作一丝不苟的态度都让我受益匪浅。这次项目申请过程中，我不仅增加了知识量,思维方式也有了转变。我学会了如何分解问题,然后解决问题,这对我日后的科研工作帮助巨大。如今,我如愿以偿地在北京理工大学攻读博士学位,离自己的目标又近了一步。

硕士期间,我参加华为杯中国大学生智能设计竞赛、China MM 水下图像增强竞赛以及 CCF 大数据与计算智能大赛等多个竞赛项目,在比赛中取得了较好的成绩。在我看来,科技竞赛和学术论文是相辅相成的。学术论文需要追求模型的改进和理论的创新,然而科技竞赛是以实验结果为导向,更灵活地运用方法技巧。在学术写作过程中,我会仔细剖析前沿理论存在的关键科学问题,或者分析特定任务的难点,以此实现理论创新或者算法改进;而在科技竞赛中,更需要以实用性为主,我会尝试最新模型和经典算法,一般来说最新的模型具有更高的性能,但其任务的针对性也会更强。相比之下经典算法的稳定性和可靠性会更高,然后在此基础上针对任务做模型的改进或者多个模型结合。

科研工作没有想象中的高不可攀,当开始为之努力的时候,很多东西都会水到渠成,当你坚定要持续做科研的决心后,科研会变成一个令人享受的过程。

贴近生活,充实自我

校园生活也并不只有科研,我还没有忘记自己最初想要结识更多朋友的计划。硕士研究生期间我主动申请担任班长和德育辅导员,这是我最正确的选择之一,这两个身份也让我的硕士研究生生活如计划的那样丰富多彩。在学生工作中,与同学携手并进,与同事一起奋斗,我的沟通能力、时间规划、处事能力都得到极大提升,这些品质内化于心、外化于行,令我终身受益。与志同道合的朋友多次为学生工作而头脑风暴的时刻、在志愿者服务中为队员们欢呼雀跃的时刻、在团队拓展中互帮互助的时刻,只有亲身经历过、用心体会过,才能深刻感受到学生工作带给我的改变。

回首在中国海大的硕士研究生生活,没有遗憾,只余深深的怀念,怀念亦师亦友的老师们,怀念情真意挚的朋友们,怀念校园里的繁花草木……同学们,趁时间还早,定好未来的目标并为之努力,珍惜身边的师生好友,认真享受在校园的每一刻时光,让青春不虚度,未来不迷茫,立即行动,永远不晚!

心栖梦归处,不负韶华年

信息科学与工程学部　　吕鹏飞

吕鹏飞,女,汉族,1993 年 5 月出生,中共党员,智能信息与通信系统专业 2017 级博士研究生。曾获国家奖学金、硕士研究生优秀生源奖学金、一等学业奖学金;获山东省优秀毕业生、山东省优秀毕业研究生以及校优秀团员、优秀团干部、优秀研究生、优秀研究生干部、优秀毕业研究生等荣誉称号。

"世界上本没有路,走的人多了,便有了路。"行路难,难就难在善于发现道路、勇敢开辟道路、执着坚守道路。作为一名科研人,我始终在路上,在中国海大的十年中,我不断自我淬炼,只期待能看到自己梦里的那束光照进现实。

少年初心,与海结缘

一直以来,我是一个认真学习书本知识但缺乏自己想法的"乖"学生,最初对于学习的意义其实是模糊的,比起"为改变命运而读书"的口号,落于人后的不甘和羞愧更能催促我勤学苦练,我将其定义为"不服输的精神"。正是这份倔强,助力我突破高考的试炼,迈进了中国海大,从此与海结下不解之缘。

抬起头、睁开眼,我在实践中重新认识了这个世界。本科期间,我加入了大学生科技协会,在组织船模设计大赛期间,由于策划需要,我主动去了解各类海洋装备,还参观了海大的"东方红 2"号海洋综合调查船。我第一次不为考个好名次,只为好奇和喜欢,主动学习、研究全新的知识领域。在之后参加的虚拟机器人比赛中,我赢得第三名,这微不足道的成就,彻底激发了我对海洋机器人的兴趣。升入大四,确定了本校读研的大方向后,我毫不犹豫地选择水下机器人实验室 UVL,并跟随导师何波老师从事水下机器人无线通信方面的设计工作,最终在 2015 年成功保研到本校的信号与信息处理专业,如愿成为 UVL 的一分子,在导师的指导下进行水下航行器的系统学习。

道阻且长,行而不缀

选择了自己的兴趣作为研究方向,在很多人看来是一件幸运的事情,但当我真正进入 UVL 学习之后,才深切地体会到兴趣和研究完全是两码事,停留在舒适圈中的学习注定是低效且难有建树的,做研究就必须做好打"持久战"的心理准备。

本科的学习需要我们认真听讲和实践,收获的成效相对明显,而硕士研究生期间除了学习基础知识之外,更多的是需要自己去探索、学习和创新。我选择加入导航组,从导航相关的传感器入手,通过传感器手册了解各传感器的规格参数和使用注意事项,学习传感器的工作原理,通过实验加深对传感器工作特性和输出特点的理解,也提高了自己的动手能力。在对传感器有了初步了解之后就开始了对水下航行器软件系统 MOOS-IvP 的学习,了解系统的工作原理、传感器数据采集方式和导航系统的计算原理。对水下航行器有了自己的理解之后,在老师的指导下,我多次参与了烟台、沙子口、团岛、黄海等区域的海上试验,并参与了国家高技术研究发展计划——"863"主题项目,负责 AUV 的水下定位研究。

科研总是探索成长期和枯燥学习期交叠,在自我学习期,没有了可见的进步,学习的孤独让人常有挫败之感,甚至质疑自己究竟是不是做研究的料。面对这些,我努力捕捉每一个微小的成功,完成一个实验、搞懂一个公式、读懂一篇论文我都肯定一下自己,奖励自己一包薯片或一杯奶茶,让这样的仪式感冲淡长期学习带来的疲惫和失意。正是凭借着这些小确幸,我熬过了最艰难的瓶颈期,不知不觉中,我开始适应每天超过 10 小时的工作状态,渐渐觉得凌晨的风也暖和了起来,我开始清晰地理解我所探索的领域,开始被科学研究的精妙所打动,不断挖掘出那些令人兴奋的"未知",并一点点堆砌出清晰可见的成长。终于,我用努力把对自己科研能力的质疑扭转为自信。

科研是一条永无止境的探索之路。硕士研究生期间的学习辛苦且短暂,我深切体会到自己在专业领域中仍有太多的未知,于是申请了硕博连读。2017

年，我成功申请到智能信息与通信系统专业的硕博连读名额，在让我着迷的水下机器人导航领域继续深造。

海纳百川，取则行远

进入博士生学习阶段，我再次感到学习本身的性质在发生转变，同样是学习论文，硕士生期间需要的是读懂，而博士生期间却需要具备"挑刺"的能力。学习前人积累的知识为主、兼顾科学研究和技能训练已变成新的舒适区，一名合格的博士生，须将工作转变成通过科学研究来发掘和创造新知识，将所学的知识更好地服务于科学研究。我不能仅做一名只想着解决问题的学生，提出已经存在答案的问题变得越来越没意义，作为一名研究人员，要在问答之间，开拓全新的研究领域。

随着研究的深入，针对 AUV 实验过程中出现的问题，我投稿了一篇 OCEANS 会议论文，并于 2018 年 5 月赴日本神户参加了国际研讨会，将自己的研究内容进行了口头汇报，同时听取了国际知名专家的主题报告和其他研究人员的研究内容，与许多做水下技术方面的专家进行了面对面的交流，自己的研究也受到很大启发。2018 年 7 月，我成功申请了一项中国海洋大学自主科研项目（"对流速度辅助惯导的水下智能导航技术"，编号：201861013），基于项目和研究于 2019 年 2 月申请了 2 项国家发明专利。科研是一个日积月累的过程，当有好的想法时，应该及时将其付诸实践。做科研的过程中需要大胆假设并谨慎验证，对待实验细节、数据处理、文章撰写都要一丝不苟。

基于之前的研究，我又投稿了一篇 Underwater Technology 会议论文，并于 2019 年 4 月赴我国台湾地区参加了这次国际研讨会。有了上次的参会经验，这次参会我有针对性地听取了一些感兴趣的报告，了解了国际上水下机器人的前沿科技，学习了他人的研究思路和方法，对自己的研究有了更清晰的认识。回来后我继续开展相关研究，于 2020 年 2 月发表了一篇中科院一区 TOP 期刊论文，2021 年 5 月我的另一篇论文被中科院二区的 TOP 期刊接受。同时，我还参与了实验室的国家重点研发计划项目（"基于数据驱动技术和智慧型复合材料的自主式水下航行器研发"，编号：2016YFC0301400），负责水下航行器的导航系统研究。科研道路布满荆棘，唯有苦心孤诣方见一线通明，切不可自作聪明、投机取巧。科研既是探索，也是成长；既是未知，也是求知。希望每个走在科研道路上的人都有自己的成长故事,书写自己辉煌的诗篇。

十年恍如一梦,十载海大生活,转瞬即逝。与海大一起走过了 3000 多个日夜,灵魂深处早已植入"海之子"的基因,感恩海大的悉心培养与学术熏陶,感恩良师益友的深切鼓励与关怀。心栖梦归处,不负韶华年。为了心中的海洋梦,我将不羁前行,只争朝夕,无问西东。

行囊中关于海大的记忆

化学化工学院　王新洋

　　王新洋,男,汉族,1998 年 5 月出生,中共党员,化学专业 2016 级本科生。曾获国家奖学金、学习优秀一等奖学金、社会实践奖学金、山东省化学实验竞赛二等奖等;获山东省优秀学生干部、山东省优秀毕业生以及校优秀学生干部、优秀团干部、优秀毕业生等荣誉称号。

　　对海大的记忆是朦胧的。

　　四年过去了,大学生活已经接近尾声,但是此时此刻回忆起四年来我的大学生活,并不似学长学姐说的"恍如昨日,历历在目",而是有些许模糊的感觉。初到海大时的景象已经浑然没有记忆了,只记得那是高二的暑假,一次偶然的机会让我有幸在高中班主任的带领下参观了海大校园。根据在海大四年的生活印象,我在心中重塑了那年 7 月的海大。那时的海大在一个被复习资料搞得一团糟的高中生的眼中应该是不可触及的梦想,是让他望而却步的辉煌殿堂。想必那时的我对考入海大这件事想都没敢想,但可能在心中埋下一颗种子,2016 年的高考我取得了令人满意的成绩并顺利地进入海大校园,相信这一结果会让当时那个刚满 18 岁的少年睡觉都笑得合不拢嘴吧。

　　大一的我是对未来永远保持乐观心态的,一大堆的公共基础课并没有剥夺我白天做梦的权利。那时的"白日梦"是朦胧的,梦中的我或许也有哆啦 A 梦的记忆面包或是快乐星球多面体的记忆面包粉,总之上自习总喜欢靠窗位置的我会有一个接一个不切实际的梦想。如今的我已经对自己的人生道路和职业方向有了较为明确的规划,经过四年的成长我已经对当时"初生牛犊不怕虎"的敢闯敢干的我感到陌生,那时的记忆总是朦胧的。

对海大的记忆是踏实的。

实验室和科考船上的辛苦是我踏实的回忆。大学期间我共参与了三项科研训练项目,在海化实验室中、在浙江舟山海域"浙渔科 2"号科考船上、在中科院海洋所里都留存了我宝贵的回忆,这段回忆是踏实的。大二时为了更好地提升自己的科研能力,顶着繁重的课业压力,我自发组建了团队,申请了学校的科研训练项目 SRDP。实验开展初期我们就迎来了最为困难的一段时间,痕量元素的分析最关键的是实验之间的稳定性和准确性,然而团队五人之间的实验结果相差甚大,要想顺利完成样品的测定,五个人必须获得稳定的实验结果,于是我们开始了日复一日的重复性工作。这段回忆是枯燥的,但更是踏实的。

在浙江舟山,我第一次接受实战考验。深夜作业之余,由于晕船而不断呕吐的我甚至已经没有站起来的勇气,我一个人坐在船尾的甲板上,台风过境后产生的涌动让本就不安生的船体大幅度地晃动,望着远处邮轮和渔船的光亮与夜空中弯月和繁星在水中的倒影相互嬉戏,那一刻,幸福感油然而生,连续三十几个小时无间隙的作业带来的疲劳和晕船引起的不适也随之消失。透过甲板散发出的机舱柴油味、海水的苦涩味、船上厨房香浓的饭菜味已然成了我最美好的回忆。从那时起我就暗自下定决心以后要从事海洋科研工作。爱如海大,关于海大的这段记忆是我梦的起点。

对海大的记忆是甘甜的。

付出和奉献是幸福的。2018 年 8 月是我最怀念的一段时光,那年夏天的酷暑让我对待生活更有热情。我们组建了"三下乡"实践团,前往黑龙江省鹤岗市调研棚户区改造政策的具体落实情况。8 月的鹤岗并没有山东的酷暑,更像是青岛的秋天,温暖的阳光中也透着丝丝凉爽。我们一行在调研的同时也来到鹤岗市棚户区改造办公室,帮助接待前来咨询棚改政策的市民,我们的耐心讲解帮助很多年迈的老人知晓了政府的政策和福利。鹤岗之行是我们一行人从学校到步入社会的首次尝试,虽说调研过程中遇到的困难不计其数,但当年迈的老人听完我们讲解后不停道谢的时候,我们意识到此行的意义,一种甜蜜的感觉涌上心头。

努力之后的收获是甘甜的回忆。"涓流积至沧溟水,拳石崇成泰华岑",大二到大三两年在实验室的点滴努力终于累积出了甘甜的硕果。经过学院的层层选拔,我有幸带着两次科研训练的项目成果参加了第二届全国高校海洋与化学科技实践论坛和第六届全国化学类专业大学生科技交流会。每一项成果都离不开一次次不言放弃的大胆尝试,科研训练和社团活动成为我大学生活的不可割舍的部分,绝大多数的喜悦和荣誉也得益于对所热爱之事的坚持和努力。三年的社团工作让我有了强烈的归属感,社团也成为我引以为傲的名片,正因如此,每次活动举办的时候往往是我最激动、最紧张的时刻,但也是我最骄傲的时刻。当然,工作过程中我也常有一种无力感,每当这时我都会质疑自己的选择,质疑自己的付出。所幸的是,这种质疑最终会在自己激烈的心理斗争中被打消。

对待生活盲目乐观的我大概就是同学们口中典型的"好好先生",得笑且笑,得乐且乐。任何人、任何事在我的"好脾气"之下恐怕都是手下败将。但是好脾气的我从不会对自己妥协,无论是对待学习还是工作,我都会对自己提出最为严格的要求。身为一名学生干部,我有责任在知行合一中主动担当作为。面对班级同学学习劲头不足的问题,在班委成员的帮助下,我创建了"6+X"的班级管理模式,在班级内部组建六人学习小组,通过小组同学间的相互促进,最大限度上帮助学习困难的同学。2018年上学期,我策划了团支部创新立项活动——"化"样生活,活动以生活中的化学小知识为主题内容,帮助同学们巩固专业知识的同时,提高了班级凝聚力,取得了较好的活动效果。担任社团主席期间,我还带领社团成员先后举办了红歌会、海大讲坛、"五四"演讲及时政知识竞赛等经典活动,活动参与总人数超过3000人,打造了新的品牌活动"时事观察眼"和"牢记使命筑梦人·理论宣讲我先行"理论宣讲活动。针对社团工作开展过程中存在的社团理论学习参与度较低、积极性不高以及部门工作效率不高等问题,我进行部门结构调整,使得职能部门工作标准化;同时强化校研究会的理论性,通过部门调整,主管社团思想理论学习工作,丰富学习的方式和途径,让社团成员深切感受到理论学习的重要性,逐步克服理论学习流于表面等问题。

回忆的朦胧是恰逢少年步入青年的我面对未来的迷茫与彷徨,回忆的踏实是前行道路上青年对梦想的执着,回忆的甘甜是四年后自己提起青春时的无悔与自豪。

四年的时光对一生而言并不算长,但对一个青春正当时的青年而言,这段时光却是无比的宝贵。今天的我将要踏上新的征程,临行前翻开行囊,整理一下这段美好的记忆。行囊很重,但其中关于海大的这段记忆将会伴随我去远方。

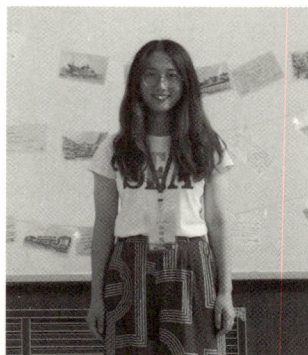

遇见海大，
遇见更好的自己

化学化工学院　刘欣芮

刘欣芮，女，汉族，中共预备党员，化学专业 2016 级本科生。连续三年获国家励志奖学金、学习优秀奖学金、社会实践奖学金；曾获山东省第九届大学生科技节——大学生物理竞赛三等奖；获山东省优秀毕业生以及校优秀团员、优秀团干部、优秀学生干部、优秀学生等荣誉称号。

青岛的 8 月依然称得上酷暑。

清早，明媚的阳光混着海风照得人充满希望，我在爸妈的陪同下来到这座陌生的城市。

初至海大，这里的一切都那样的新奇、那样的令人向往，我接连加入了院学生会学术部、院女子篮球队、学校 KAB 创业俱乐部，同时担任班级团支部书记，体验着高中老师口中"轻松、精彩的大学生活"。然而接踵而至的是无限的迷茫与困惑——从社团活动到结交朋友，从自选课程到自选专业方向，自由到一定程度上又意味着束缚，我站在岔路口感受着深深的孤独与迷茫：无法兼顾的社团、学生工作与学习任务，无法处理完美的人际关系，无法按捺的自我怀疑情绪。无数个深夜，我幻想着回到以前，回到那些按部就班的日子。但是我知道，命运是不会无故可怜所谓弱者的，在经历了一个学期昏暗的生活后，我不断地寻找自己的方向。

直到看到林清玄在散文《人间有味是清欢》中写的一段话，生命的美感来自减法，减而又减，直趋空寂，我明白了一个人是无法做到兼顾如此多事情的，要学会舍弃、学会做减法才能找到无限的花园、美丽的江山和无垠的天空。大一学年结束时的那个暑假，我和社团成员一起组队完成了"三下乡"调研活动，参观了青岛若干创客街、创业基地等，听到很多前辈讲述他们创业的故事，我的心中又重新燃起了希望的火把。

漫漫人生路，很多事情经历过就足矣。进入大二学年，我果断放弃了学生会部长和俱乐部部长职务，同时退出了篮球队，开始将重心放在学习理论知识、提高专业技能上。这一学年，我顺利地通过了英语四六级考试，参加了山东省第九届大学生科技节中的大学生物理竞赛并获得了三等奖。在学姐的带领下，我还完成了一项国家级创新训练项目，在整个项目进展过程中，我不仅提升了实验的技能，同时锻炼了团队协作能力和沟通协调能力。这一年我还作为组长完成了另一项SRDP项目，与第一次相比，这次项目从组队到前期查阅文献再到设计完成实验，我充分发挥带头作用，但稍有遗憾，我们未能在一年的时间内达到预期目标、取得预期结果。但正是这小小遗憾，让我坚定了攻读硕士研究生的信念，希望能有更充足的理论知识和时间去完成一个项目。更重要的是，我的成绩也有了明显的提高，从班级第11名上升到班级第7名。我认真对待每一门课程，不断调整学习方法，充分发挥善于自学和及时总结的优势。在学业成绩有所进步后，我期待更好的自己。因为从小受到党员爷爷的熏陶以及父母的教育，我一直想加入中国共产党，所以早在大一入学时我就递交了入党申请书，2017年9月，在经过选拔后我成为一名入党积极分子，并顺利通过了党课培训班的考试。我始终明白党员并不是我们用来炫耀的资本，而是一种需要我们时刻保持全心全意为人民服务的政治身份，我经常告诫自己不能忘记初心，要成为更好的自己，努力做一个无私奉献的人。别人照亮了我，我也要照亮别人。2018年的小学期，我积极参加青岛国际海洋科技展览会的志愿服务活动，获优秀志愿者称号；2018年10月又担任了青岛马拉松比赛的志愿者，在为他人服务时实现自我价值，遇见更好的自己。现在我已经是一名中共预备党员，并将于2020年6月转为正式党员，在今后的日子里我将会以共产党员的标准严格要求自己，向优秀的党员看齐，为国家和社会贡献我的力量。

以前看到过的卢梭的一句话，我至今记忆犹新：生活得最有意义的人，并不就是年岁活的最大的人，而是对生活最有感受的人。两年的时间里我从深邃的迷茫中一步一步找寻出口，拥抱更好的自己。我把大学的四年比作四季：大一是生机勃勃的春天，大二是恣意生长的夏天，大三是收获颇丰的秋天，大四是蓄势待发的冬天。转眼大学时光过半，我更加从容地面对三年级的生活。当看到新学期素质测评成绩的时候,我在心里暗自感谢那个曾经努力的自己。

2019 年 3 月,在学院老师的带领下,我们开展了 2016 级化学(海洋化学)专业实习——出海,半个月的时间里化学实验的美好在这个小小的科考船上展现得淋漓尽致,尽管后一阶段的连续采样过程中,晕船和昼夜颠倒使我身体倍感不适,但我依然按时保量完成了任务。我知道作为一名化学人,在以后的科研道路上会有很多类似的情况,但科研的魅力不正在于努力后收获的快乐吗?实习结束后,我时刻关注着各大高校官网上关于夏令营的通知,并做了充足的准备。当然,我算得上一个有主见的女孩,选择学校时我没有咨询父母和老师,毅然决然选择了我家乡的大学——天津大学。在 6 月底的夏令营中,我以优异的表现顺利拿到了合格证书。

那半年的时间里,我仿佛被上帝眷顾,在中国新加坡商会山东分会第四届中国海洋大学行远励志项目答辩中脱颖而出,我清楚地记得学姐和团委老师一遍一遍帮我改稿,教我答辩技巧。带着大家的期待,我十分珍惜第一次出国参观学习的机会,整个过程中我不仅开阔了眼界,还提高了英语水平,看到了中国较之新加坡的优势与不足,以一个主人的视角审视中国的发展,在与成功企业家的交谈中我同样收获满满。有时真的很庆幸自己脚下站的是中国这片土地,四年里我接受了很多来自国家、社会以及学校的资助和帮助。虽然从小就出生在一个地道的农民家庭,但生活的艰辛并没有使我成为一个自卑的女孩,我始终保持乐观的心态,在接受帮助的同时,我更加清楚要尽早帮助父母减轻经济压力,所以学有余力的同时我会做家教,同时在大四学年担任学院兼职辅导员。当第一次拿到用自己的汗水换来的工资时,我尝到了幸福的滋味。当然,这些兼职的经历更让我亲身体会到了生活的不易,增加了我的生活阅历,锻炼了我的处事能力。

时光飞逝,大学生活悄悄地到了尾声。大四的生活没有繁重的功课、没有各样的活动,更多的是自由的时光。在人生的列车上,我们终于可以驻足欣赏美好的景色。思绪将我拉回现实,突如其来的新冠肺炎疫情使我们无法按时重聚校园,也许未能赴约那片樱海是所有 2020 届毕业生心中的遗憾,但我相信我们都会更加期待与中国海大重逢的一天。

遇见中国海大,何其幸运!

在中国海大遇见更好的自己,如此幸福!

挥手作别,再启征程

化学化工学院　徐月圆

徐月圆,女,汉族,1999 年 4 月生,中共党员,化学工程与工艺专业 2017 级本科生。曾获国家奖学金、校杰出青年奖学金等;获第十四届全国大学生化工设计竞赛一等奖,山东省大学生化工过程实验技能竞赛一等奖;获山东省优秀毕业生荣誉称号。

毕业的倒计时钟在不知不觉间敲响,四载青春即将打马而过,往事浮现眼前,脑海中闪过一个个记忆碎片。始于 2017 年金秋,终于 2021 年盛夏,四年的求学时光,给我留下的是即使在多年后回想起来,还是会热泪盈眶的收获、遗憾、成长和感动。

"有一分热,发一分光,就令萤火一般,也可以在黑暗里发一点光,不必等候炬火。"
————鲁迅

2020 年的疫情来得猝不及防,它悄悄地向中华大地撒下一张看似密不可拆的网,让人无处可逃。一时间,举国上下都笼罩在疫情的阴影中。所有人都像是在黑夜里摸索前进,不知何时新冠病毒这头猛兽会向自己和身边的人伸出魔爪。

这场疫情首当其冲受到影响的城市是武汉,这个历来九省通衢、兵家必争之地,如今又一次打响了一场没有硝烟的战争。"千人同心,则得千人之力,万人异心,则无一人之用。"举国上下,众志成城,各地紧急做出疫情防控部署,还派出了一批批援鄂医疗队,更有无数的党员和群众请愿奔赴一线,他们明知前路艰险,却仍旧义无反顾地披上白衣战甲,星夜驰援。

那时人们还在调侃，待在家里不出门就能为国家做贡献的梦想竟变成现实。是啊，被迫居家隔离的我，一名青年学生党员又能做什么呢？捐款！我毅然将自己当时刚刚所得的青岛银行优秀大学生奖学金5000元捐献给了中国红十字会总会。我深知这些捐款在疫情面前无疑是杯水车薪，但想到我的这份微薄之力，能够化身抵挡病毒的一片盔甲，便觉得这才是它最好的归宿。当无数人的力量、无数片盔甲汇集起来，便足以筑成抵挡一切磨难的铜墙铁壁。这世上并没有什么超级英雄，不过是每个人都在贡献一份光和热，然后点点萤光汇聚成星河。

"骄傲自满是我们的一座可怕的陷阱；而且，这个陷阱是我们自己亲手挖掘的。"

——老舍

四年中，我曾经多次站在聚光灯下，接受荣誉和嘉奖。但对于我来讲，最难忘的是那些跌落谷底的时刻。现在想来，正是这样的瞬间教会我成长和坚强。

其中最难忘的便是我们2019年就组队参加的全国大学生化工设计竞赛，由于疫情原因我和队友被迫将备赛方式改为线上进行。线上的形式难免有时空的壁垒和交流的阻碍。即使这样，我们还是循着这条未知的道路咬牙前进，因为我们深知，这是我们共同的选择，每个人都不再仅仅是为了自己在战斗。现在回想起那段日子，我最感谢与我并肩作战的四位小伙伴。我们的团结、努力和默契，让我们翻过一座座大山，挑战了一个又一个的"看似不可能"。

我自认为坚强，从不是一个矫情爱哭的人，然而为了这个比赛，我掉过两次眼泪。第一次是华北赛区决赛时，当我看到中国海洋大学的名字后面，赫然写着"赛区特等奖、赛区第二名"的时候，我流下了欣喜、激动的泪水。我们创造了中国海大在这个比赛中的最好成绩，打败了天津大学、中国石油大学等华北赛区的化工强校，让"中国海洋大学"的名字刻在了光荣榜上。第二次，是在国赛中，当我得知由于我们作品提交时的失误而错失国赛特等奖的时候，我流下了懊悔、自责的泪水。当时我们离国赛特等奖只有一步之遥，我眼睁睁地看着它从我们的指尖溜走，那是我们离顶峰最近的时候。泪光中，我眼前浮现的是我和小伙伴们在无数个凌晨困倦难耐时，互相鼓励、加油打气，一起撑过那段最辛苦时光的模样。

眼泪过后，我开始反思那段竞赛的时光，从区赛大获成功，到国赛中的致命错误。我们从小念到大的那句"骄傲使人落后"，竟然在此时给了我当头一棒。

好在它狠狠地将我打醒，提醒我在之后飞得更高的日子里，别因为骄傲而跌落得更惨。

　　"每个人都把自己的眼界当成是这个世界的极限。"　　　　　　　　——叔本华

　　"我们都在阴沟里，却总有人仰望星空。"对我来说，成长是每一个不得不做出选择和不得不等待被选择的瞬间。在这四年中，如果不是因为经历过多次的选择与被选择，我也许会以为，我所仰望的、向往的星空，与他人并无不同。

　　2020年，我报名参加了清华大学和浙江大学的化工系夏令营，在那里，我见到了许多来自各个高校化工专业的佼佼者，他们自信从容，专业成绩、科研竞赛、社会实践样样突出，我引以为傲的一些小成绩在他们的经历面前显得微不足道。那时的我才开始明白，在青春的赛道上还有很多更卓越、更优秀的同伴，他们已经渐渐领先于前。而我也暗下决心，要仰望星空、奋勇前行。

　　2020年9月，我站在了优秀学生标兵和杰出青年奖学金答辩的现场，彼时的我比参加竞赛和夏令营时多了一份淡定与从容。我抱着学习的心态，注视着这群努力又可爱的伙伴，他们各有所长，却同样自信从容，我看到他们的头顶，是一片耀眼而璀璨的星空。虽然很遗憾没有竞选成为优秀学生标兵，但是对我而言，同龄人的优秀是更大的激励。我努力不做青春赛道上的"井底之蛙"，脚踏实地的同时，不断开阔自己的眼界，去仰望更浩瀚广阔的星空。

　　校园的樱花含苞又绽放，转眼间，我也将挥手道别挚爱的海大，奔赴新的征程。离别总是这样匆匆，时间总催促着我们启程，前往人生的下一站。我想，无论在何方，我都不会忘记，脚下这一方土地和头顶的绚烂星空。相信未来的我一定会更加成熟、坚强地面对成长道路上的风雨，沐浴人生旅途中的灿烂阳光。

十年磨一剑

化学化工学院　郭肖伊

　　郭肖伊,女,汉族,1992年8月出生,中共党员,海洋化学专业2017级博士研究生。曾获博士研究生国家奖学金、研究生一等学业奖学金、"圣武"奖学金;获校优秀研究生荣誉称号。

　　2011年9月,怀揣着兴奋与期待,我离开家乡,来到离家两千多公里的海滨城市——青岛。在中国海洋大学,我完成了四年的本科学习,并获得本校保研资格和硕博连读资格。如今,我通过了博士生毕业答辩,成为一名合格的博士。回首过往的十年,漫长而又精彩。此刻,我想和大家分享我在中国海大度过的美好时光,也希望能够给还未毕业的"海之子"们带来一些可以参考的经验。

初识科研,感受海洋魅力

　　机缘巧合,大学第二年我就进入实验室进行学习。最初只是帮助师兄、师姐做一些实验准备工作。渐渐地,我发现自己似乎对仪器比较感兴趣,于是在课题组许博超老师的带领下,我从认识仪器开始,一步步学习,我发现自己很喜欢做科研。就这样,我踏上了科研这条道路。我不是那种特别聪明的学生,甚至有时反应会很慢。但我相信勤能补拙,相信坚持的力量。与大多数学生相同,我的科研之路也充满着挑战。在中国海大,我与海洋结缘,蔚蓝的大海中蕴藏着无穷的奥秘,等待我去探索。我的科研之路,就是我和海洋的故事。我喜欢野外,喜欢出海,尽管晕船让我苦不堪言,但获得样品的喜悦和结交到新朋友的快乐永远吸引着我积极参与实践工作。在研究生期间,我参加了五次海上科学考察和六次野外调查工作,获得了大量的样品。然而我深知,工作量仅是成为一名合格博士所具备的最基本的条件。这时,我接触到了有孔虫——起源于寒武纪的古老精灵。有孔虫数量丰富、分布广泛,可生活于各种各样的海洋环境中,其壳体可反映出非常有用的环境信息,作为环境指示生物可用于许多研究领域,被誉为"大海里的小巨人"。通过阅读文献,我与导师于志刚教授和许博超教授进行了反复的讨论,最终确定了我的博士生研究课题——借助底栖有孔虫壳体元素组成建立近岸季节性低氧的替代性指标。

挑战前沿,探索科学之美

我的研究课题属于科学前沿,极具挑战性,国内暂未有相关研究成果的报道。在无研究基础的情况下,我积极与国内外相关学者联系沟通,设计并开展大量的实验研究,对比实验结果,总结经验,经历了无数次尝试后,我们最终成功建立了适于近岸底栖活体有孔虫的高空间分辨率的壳体元素分析方案和数据处理方法。在此研究基础上,我将现场采集到的样品进行分析测试后,发现了有孔虫 Mn/Ca 和 Mg/Ca 比值随有孔虫的生长呈现同步变化的趋势,反映了研究海域"夏季低氧"的季节性特征,明确了 Mn/Ca 比值作为近岸河口底层水体溶解氧含量的良好指标的可行性。实验虽然顺利完成,但投稿之路却并没有一帆风顺。"投稿——拒稿——重写——再投稿——大修——再大修——小修——接收",短短的一行字我用了两年的时间走过。在这两年里,我并不是每天都充满斗志,面对审稿专家长长的问题清单,我也曾想过放弃,但凭着对科研的热爱,我还是坚持了下来。文章有问题就修改,实验不完善就补做,坚持终于有了丰厚的回报,最终我们的研究成果发表在地学类顶级期刊(Guo et al., 2019, *Geochimica et Cosmochimica Acta*),并引起了国际同行的关注。国际期刊 *Biogeosciences* 副主编、荷兰乌特勒支大学资深教授 Caroline Slomp 以及有孔虫国际研究计划(FRESCO)副主席 Frans Jorissen 教授等在国际权威期刊 *Chemical Geology* 上发表的文章中多次引用了该成果,从样品分析、数据处理、技术手段可行性等多个角度对其相关工作提供了有力支撑。据此,我作为项目负责人成功申请了校级研究生自主科研项目(有孔虫壳体 Mn/Ca 比值对长江口季节性低氧现象的指示研究,201961012)。

海外求索，拓展工作视野

为了更好地开展科研，我积极地出国学习，去学习国外的研究方法，取长补短，不断进步。硕士在读期间，我曾作为全球唯一一位获得 DURRIDGE 奖学金的学生，于 2017 年赴美国 DURRIDGE 测氡仪（RAD7）公司总部开展带薪实习。实习期间，我以饱满的热情投入每天的工作中，虚心向公司同事请教，在短时间内掌握了仪器的生产和校正方法。此外，我结合自身的优势，设计并开展仪器湿度校正实验，为该仪器测试效率的提高提供了有效的参考依据。此外，我积极申请国家基金委提供的公派留学资格，于 2019 年—2020 年博士在读期间，赴全球顶尖的海洋科学研究机构——美国伍兹霍尔海洋研究所（Woods Hole Oceanographic Institution）进行为期一年的联合培养。起初，我的工作和生活都按照事先的计划顺利进行，学习新技能、适应新生活、结识新朋友，每天过得忙碌又快乐。与国内外导师商讨实验方案，设计并开展野外采样工作，参加研究所举行的学术研讨会，一切都让我既紧张又兴奋。疫情来临，一切都发生了变化。2020 年 3 月美国爆发新冠疫情，研究所关闭并执行全员居家工作方案。突如其来的疫情为我的工作和生活带来了前所未有的困难。我并没有懈怠，为了调整好工作状态和心态，我制订合理的工作计划并且安排每天一小时的运动，最大限度保持心理和身体处于良好的状态。疫情防控期间，我整理了之前在国内实验中获得的数据，撰写并发表了一篇科技论文，文章发表在 SCI 一区期刊 *Science of the Total Environment* 上。我申请了研究所组织的线上学术研讨会并在会上作了口头报告，锻炼了能力的同时也收获了很多启发性的意见和建议。此外，我还积极鼓励身边的同学和朋友，帮助他们一起克服疫情带来的负面影响。这一年特殊的留学经历丰富了我的阅历、开阔了我的视野，同时也极大地锻炼了我独立解决问题和对抗压力的能力，促使我更加客观、全面地认识世界并树立正确的价值观，也坚定了我学好本领、报效祖国的决心。回国后，我将经历撰写成文《我的 2020：跨越大洋彼岸的哲思》，发表在校报上。

以上是我研究生期间最难忘的三段经历。正是这些经历，教会我如何面对困难，如何解决困难，让我在经历挫折后更加热爱我所从事的科研工作，也让我能够自信从容地面对未知的人生之路。十年海大路，一生海大情。我想向十年来帮助过我的老师和朋友们表达我真诚的感谢。感谢我的老师们，你们对科研的热情与专注的工作态度深深地感染着我,我将以你们为榜样,脚踏实地地走好每一步路;感谢我的朋友们,感谢你们每时每刻的支持与关爱,让我的生活充满精彩。最后,我想深深感谢我的大学,感谢中国海大,十年的培育,我们见证了彼此的成长。感谢中国海大,把我培养成为一个不卑不亢、向善向上的人。感谢中国海大,给予我面对未知的勇气与力量。祝福你,松岭路 238 号,中国海洋大学!

眼眸有星辰，心中有山海

海洋地球科学学院　李　淼

李淼，女，汉族，1998 年 3 月出生，中共党员，地球信息科学与技术专业 2016 级本科生。曾获国家奖学金、校学习优秀一等奖学金；获全国大学生英语竞赛二等奖、校运动会学生组女子 200 米第一名、南方测绘杯科技论文竞赛一等奖；获校优秀学生、优秀团员等荣誉称号。

日本京瓷创始人稻盛和夫是我所敬佩的一位实业家，从他的著作中，我了解到稻盛和夫老先生磨砺心智的"六项精进"是：付出不亚于任何人的努力、谦虚戒躁、每日反省、对生活怀有感恩之心、积善行思利他和不为感性所困。在中国海洋大学的四年中，虽然未能完全做到稻盛和夫老先生所提倡的，但是我相信海纳百川的力量，相信滴水穿石的力量，我坚持每日反省自己，努力做到每天比前一天进步一点。

2018 年 6 月 28 日，我光荣地加入了中国共产党。我一直严格要求自己，坚定理想信念，积极参与党支部开展的各项活动，主动提升思想水平。我乐于主动掌握知识，GPA3.85，有 24 门课程超过 95 分，四六级均超过 600 分，TOEFL 阅读、听力满分。我热爱运动，运动也带给我快乐和对生活的热情，我曾担任院田径队队长，备赛校运会期间我每天早上 6 点半准时到操场训练，最终取得了校运动会学生女子组 200 米第一名的成绩。工作上，从海洋地球科学院学术部干事到部长，从参与筹备活动到独立策划组织活动，我培养了责任与服务意识。我也时常思索应该如何深入社会、拓宽自己的视野。2017 年暑假，我赴内蒙古阿拉善开展社会调研，调研成果获当地媒体报道，团队获省级优秀服务队称号；

2018年暑假，我参加了地学院首届赴新西兰海外地质实习，在提升专业技能的同时，拓展国际视野，撰写逾5000字的英文专题报告。科研方面，我参与国家级项目3项，其中国家级大学生创新创业训练2项，已发表论文1篇。回顾大学三年，时光匆匆，无限感动。我收获了许多师长对我的教诲和鼓励，也与同学们结下了深厚的友谊，我现已收到清华大学地球系统科学系拟录取通知，将在以遥感数据为主体的全球气候变化数据集生成领域进行深入学习和研究，从懵懂迷茫到逐渐找到方向，我将带着感恩，继续勇敢、坚定、脚踏实地地在地学研究道路上探索前行。

在大学时光中，我觉得积极乐观的态度、坚定执着的信念和健康的生活方式是对我影响最大的三个方面。

大一期间，受到那句"我们的努力不允许虽败犹荣"宣传语的吸引，加上自身对短跑运动的热爱，我参加了院田径队。备赛校运动会期间，我和田径队的其他队员一起每天到操场训练，带着对荣誉的追求和集体荣誉感，我在那段时间生活得尤其规律，也通过运动排解了许多烦恼，而"赢了一起狂，输了一起扛"的团队精神也带给我非凡的力量。我爱校园的每个清晨，常常是空气清凉、绿地布满白霜或露珠，喜鹊觅食，万物皆在阳光熹微里苏醒。操场上总有独自晨跑的同学，在清晨适度的运动中，规划当天的任务，运动锻炼了我的意志，也带给我对生活的热情。此外，我还参加了院辩论队，在这里我收获了珍贵的友情，也锻炼了自己的胆量。辩论给我压力，也给我带来去主动获取超越书本知识以外讯息的动力。在唇枪舌剑、你来我往的过程中，我常常感受到精神自由思想开放的意义所在。

大二期间，我担任院田径队队长和学术部部长，作为主办学院的主要负责人，参与组织了校理工八院辩论赛等大型活动，搭建理工院系思辨交流的平台。这一年，我初涉科研，与海洋与大气学院的同学合作，在"核心海洋类期刊载文作者及研究热点分析"国创项目中探究海洋类期刊的热点研究领域，合作撰写英文论文一篇。从选题到阅读文献和学习软件，再到不断地探讨，集思广益，发现问题并解决问题，在这个过程中，虽然无关本专业的学习，但是我拓展了自己的思路，也了解了科研的过程。大二暑假，我在赴新西兰海外地质实习后，回国游历了国内很多城市，体会到读万卷书、行万里路，见识不同的人情和风物，将个人置身社会环境中所带来的思索和领悟有时会胜于大学象牙塔中纯粹地读书。

　　大三期间，少了实践活动，我开始集中精力专注学业并为保研做准备。筑梦的过程从来不是等待幸运降临，而是自己主动求索。遥感地质概论课上丰富的遥感影像，深深印在了我的脑海中，那个时候我就想，我在课堂上学到的知识还不够，我想到课题组去看看真正的科研是什么样。于是，我主动联系任课老师，参与到"海岸带对海平面上升的淹没响应"的课题研究中。其间，我阅读上百篇英文文献，聚焦全球气候变化对海岸带的影响，在老师的指导下，利用高精度高分辨率地形数据和多种淹没算法，获取21世纪末胶州湾海岸带精细淹没区域，完成的英文论文已被荷兰国际会议收录。科研的道路不是一帆风顺的，在这个过程中我遇到了种种困难，经历了无数次的自我怀疑和重新振作，但我一直在想，默默地坚持，默默地走好每一步，保持着最纯粹的初心，就会不断迎来希望。

　　科学的诗意和美好将鼓励我今后一生在科研的道路上探索前进。而求索的道路上，我从来不是一个人在战斗。在烟台桃村，我们用地震、磁力、电法、测量联合勘探，叩问地下古老断裂的故事；在辽宁兴城，我们从绥中花岗岩到第四系松散堆积物，见证25亿年沧海桑田的变迁；在"东方红2"号科考船上，我们用多波束测深系统，勾绘海底地貌和建设海洋强国的梦想。

　　2020年注定是不平凡的一年，全球各个国家都面临着疫情的冲击，居家隔离无法返校的时间里，我最想念的地方就是校园，想念能够在图书馆4楼朝暮读书、想念和朋友们一起坐在教室里听老师讲课，甚至想念考试前全宿舍紧张地在阳台上一起熬夜背书的情景。这一年我将离开中国海大，但我还有太多话想对母校述说。

　　感谢母校，感谢地学院，感谢身边的每一位老师和朋友。我会带着对自然科学的敬畏和地学人特有的品质，眼眸有星辰，心中有山海，脚踏实地，仰望星空，牢记母校的教诲，争取早日为地学事业贡献自己的力量。

千磨妆成一树高

海洋地球科学学院　王　柯

王柯,女,汉族,1998年9月出生,中共党员,勘查技术与工程专业2016级本科生。曾获国家励志奖学金、天泰奖学金、社会实践奖学金;获第七届"东方杯"全国大学生勘探地球物理大赛本科生组一等奖;获山东省优秀学生以及校优秀学生、优秀学生干部、优秀团干部、优秀团员、优秀毕业生等荣誉称号。

2020年注定是不平凡的一年。这一年,全国上下万众一心打响了疫情防控战;这一年,是国家决胜脱贫攻坚战的收官之年,"贫困县"等名词将成为历史;这一年,我将离开把我从一颗小种子培育成大树的母校,而我的根始终沾着母校的尘土。

陷泥之种:别让黑暗带走你的光

我出生于河南省的一个小乡村,儿时被外婆抚养长大,5岁起在父母和几个姨母身边反复留转,成绩不下不上,总是被忽略的一个。高考大省的孩子注定要接受更多打磨,第一次高考惨淡收场,复读宣传页上的一行大字"宁迟一年,不悔一生"深深触动了我,泪水"啪啪"打在宣传页上,我当天便收拾起行囊重返高中。

破土之光:想见光明,就要努力发芽

2016年8月,不懈的努力外加国家对贫困县的高考优惠政策,我考入了中国海洋大学。曾以为破土而出、见到光明便是人生的终点,殊不知,我的人生才真正开始。开学第一天，我递交了班级临时负责人的申请。第二天军训，老师在操场上公布入选名单，念到我的名字时，我耳中一阵轰鸣。

成长之雨：风雨走过，阳光更明媚

来不及眷恋阳光的暖意，风雨匆匆而至。军训过后我当选了班级团支书，但我的能力担不起我的职位。农村的孩子，想要从一开始就有宽广的格局和眼界、高超的工作技能，几乎是痴人说梦。最基本的办公技能，我根本不会。打开表格后为什么无法直接编辑，同学告诉我要用WPS，我却问WPS是什么；发通知为什么有人没收到，同学告诉我要@全体成员，我却问该怎么操作；要求使用PPT做展示，PPT该怎么做、该从哪里学……

难堪、无助溢满心间，但这些都没有意义。零基础便从零学起，没有经验就创造经验；培训时我每次都伸长了脖子听，如饥似渴地汲取经验、总结方法，将班级的荣辱当成自己的荣辱，老师安排的任务我每次都全力去做。

两个多月的时间，我的学习、休息时间统统被工作占满，每天忙得连轴转却感觉不到充实。入学的第一次期中考试，我的高等数学考了54分，这与其说是打击，倒不如说是意料之中。但一切只是刚刚开始，我不能认输。期末考试前很长一段时间，我每天早上6点起床，在自习室学到晚上10点才回宿舍。第一次期末考试，我的高等数学得了86分，班主任说："姑娘，我没有看错你，86分虽然不是最高的，但你却是进步最大的。"

日积月累中，我开始对工作得心应手。但是明媚的阳光都不会来得太快，持续的风雨才是成长的常态。为人处世是学生干部又一必备能力，却是我自小的"短板"，我因此处处碰壁，甚至质疑自己。三言两语难道尽，总归结果是我成功克服了自己的自卑和懦弱，抛掉了那些小脆弱、小心酸，学会把精力放在改进不足而非纠结上，我改进工作方式方法，多关注支持我的同学，多包容、理解不支持我的同学。更重要的是，"视班级荣辱为己任"对我而言从非一句漂亮话，而是印在我的心里和行动中。

深根之树：养得深根，方能枝繁叶茂

2017年5月，我迎来了我的第一次小成功，我撰写的团支部建设创新项目"党情话意，演传身教"入选了校级立项。2017年11月，我收到评选"国家级活力团支部"的通知,整整几周没日没夜地准备。我一边组织同学录制视频素材,一边自学剪辑视频,最终制作出 8 分钟精美的视频。虽然,我们最终落选,可对我而言是成功的,有一种人,不计成本,不看输赢,只因这件事值得做、应该做便去做。这视频全靠"自来水"转发,播放量将近 2000 次,远超同时期同类型的视频,好评不断。

2018 年 3 月,我带头的团支部建设创新项目历时一年的运行,入选了校级"十佳立项"并获第三名;同期,两年来的踏实积淀让我带领班级荣获先进团支部称号;2019 年 3 月,由于我经常带同学去做志愿服务,我班再获"雷锋团支部"荣誉称号。

2019 年 9 月,我卸任长达三年的团支书一职,接任了学院的本科生党支部书记。负责一个班时便觉很忙、很累,如今却要负责整个学院本科生的党建事务,我深感身上的担子更重。不仅如此,我刚上任就赶上了全校积极分子材料整改的新时期、蹚进了发展党员人数骤然倍增的深水区,每走一步都不可谓不艰难。

但我没有抱怨、没有逃避,而是以要干事的信念、敢干事的魄力,以及刀刃向内的勇气,掀起了学院本科生党支部工作新的篇章。除了把各项工作做得更扎实,我也比以往任何一届本科生党支书都更注重入党积极分子的培养,我深知,他们现在只是一名入党积极分子,将来却会是学院的党员、国家的党员,从递交入党申请书那一刻便应严格把关;同时我也花很多心思为本科生党建的未来铺路建桥。我想,做好这些小事,才是真正的"功在当代,利在千秋"。

参天之梦:努力追梦,比梦想成真更有意义

没有哪棵参天大树的身上不是满目疮痍的,但那是它成长的见证。

能在艰难困苦中支撑我们走下去的,非名与利,唯有作为一名党员、一名学生干部,对党组织、对同学最朴实的情感和责任感。我们的根扎得越深,越能体会到习近平总书记所说的"我将无我,不负人民"。

从一粒种子成长为一棵大树,我的学生干部工作经历是这棵树的主干,但这主干并没有阻碍其他旁枝的生长,反而助它们生长得愈发粗壮。2019 年 9 月,我终以三年平均成绩第 2 名的表现被推免到上海交通大学硕博连读。我曾参与及组织过 10 余次志愿活动,资助过一名经济困难高中生;从多媒体"小白"

变身视频剪辑能手,我剪辑的纪念母校视频《我眼中的海大》曾获校友文化节视频作品一等奖;疫情防控期间,我向学院本科生发起抗疫作品招募、为院学生党支部制作出 18 分钟的抗疫公益视频《温暖的"地球"》。

或许是命运的安排,如今负责党建工作的老师正是当年选我做班级负责人的老师,我也将做好学生党支部工作看作对老师知遇之恩的回报。后来,老师告诉我:"其实你并不是最适合的人选,但就是你身上的认真和韧劲打动了我,让我很想给你一个机会。"谁又能想到,正是这个机会微妙地改变了我的人生轨迹。我已记不清当年我的申请书都写了什么内容,但只记得最后一句话是"给我一个机会,我将还您一个惊喜"。我没有食言。

往后,大树亦有大树的磨砺和成长,只是风雨对大树来说已不再是磨难,而是洗礼。能否长成参天大树并不重要,重要的是始终保持参天的梦想与追求。我何其有幸,能得母校栽培。不论将来生长得多高,我的根始终都会深深地扎在母校的土壤里。

如果你读到我的文章,请你也努力发芽,努力向下扎根、向上生长,无论你曾多么渺小。不要放弃生长,总有一天,你会看到那绿树成荫、那阳光飒爽,感受到那风雨沁人心脾。你真的会变成一棵大树,直至参天。

眼有星辰大海，心有繁花似锦

海洋地球科学学院　　刘思雨

刘思雨，女，中共党员，地质学专业2017级本科生。曾获国家奖学金、青岛银行优秀大学生奖学金、一等奖学金等；获山东省优秀学生、优秀毕业生以及校优秀毕业生、优秀学生、优秀学生干部、优秀团员、优秀团干部等荣誉称号。

我要一步一步往上爬/等待阳光静静看着它的脸/小小的天有大大的梦想/重重的壳裹着轻轻的仰望
　　　　　　　　　　　　　　　　　　　　　　——《蜗牛》

大学四年的宝贵时光转瞬即逝。回想2017年那个盛夏，艳阳高照，鸟语蝉鸣，带着父母的嘱托，我怀揣着梦想，拖着重重的行李箱来到中国海洋大学。

我是一个来自海边小城的姑娘，大海对我有着一种莫名的吸引力，热爱海洋使得我这滴水汇入了中国海洋大学这片海。

四年时光，我奋斗过，努力过，有过欢笑，也有过泪水，每一天都过得充实而富有意义。这四年，我走过荆棘与坎坷，也收获了鲜花与掌声。有时候，我觉得自己就像一只小小的蜗牛，虽然渺小，但满怀梦想，每一刻我都在为梦想而努力，从不放弃。

"地"砺前行

谈起地质，很多人都对这个专业有偏见，觉着很苦很累，不适合女生。刚进入大学时，我的心中也有过些许动摇。但一位专业课老师的话坚定了我的选择：地质思维十分重要，由现今看到的现象推断几亿年前发生的事情，这种逆向思维和其他专业是不同的。这引发了我的好奇心，这个传说中又苦又累却与众不同的专业，我要试试看。

投入地质专业的学习中，我竟收获了意想不到的快乐。地质专业有很多野外实习课程，每到暑假来临，我们就开始了野外踏勘的旅程。2018年夏天的地质认识实习，是我第一次真正地了解地质勘探工作。迎着朝阳，我们背着军绿色的地质包，戴着草帽，拿着地质锤、罗盘、放大镜和野外记录本，紧跟着老师的步伐，翻山越岭。看褶皱断层、岩石层理，辨别岩性，敲取标本，绘制剖面图，写野外记录，是我们日复一日的工作。炎炎夏日，衣服或许已经湿透了，但地质人的脚步从未停歇。地质人的快乐也很单纯，或许是野外考察结束时喝到冰凉的橘子汽水，或许是看到自己的笔迹落满手中的野外记录本。2019年夏天，秦皇岛下了一场暴雨，我们由基地去往目的地的必经之路上很多段道路都被水淹没了，于是我们挽起裤腿，蹚着水过去。在湍急的水流中，同学们互相搀扶、一起过河。地质实习不仅将书本知识与大自然课堂结合起来，丰富了我的专业知识，培养了我吃苦耐劳的精神，同时也增强了我们地质班的凝聚力，同学之间深厚的情谊是多年以后也永远无法忘记的。

在前行过程中，难免会有一些困难和烦恼，但每当在地质实习旅途中看到大自然壮阔的景色，总让我有豁然开朗的感受。地球经历了46亿年的变迁和5次生物大灭绝，但最后仍然出现了人类和现代文明的光芒。天地宽阔，我仅为沧海一粟，如此一想，眼前的困难和烦恼似乎也不过如此。

"质"存高远

习近平总书记勉励当代青年要立大志、明大德、成大才、担大任。作为新时代大学生，我要牢记总书记教诲，志存高远，努力拼搏，在担当与奉献中实现自身价值。

大学四年，我积极投身学生工作，对集体有着强烈的热爱和归属感，想为这个集体做贡献。我曾担任班级学习委员、团支部书记，大四时还担任了海洋地球科学学院本科生第一党支部宣传委员。我工作认真负责，兢兢业业。托尔斯泰曾经说过，一个人若是没有热情，他将一事无成，而热情的基点正是责任心。在这近四年的学生工作中，我始终不忘初心，认真听取同学们和老师的建议，不断完善自我，尽自己最大所能给同学们提供更好的服务，努力做好班级工作。

支撑我不断前进的动力，是我对班集体的热爱，对班级工作的责任心。

作为班级团支部书记，我细心、耐心、用心，带领团支部获得了多项荣誉。我负责的"与国同梦，共筑地球"领航团建项目成功结项，带领团支部获得先进团支部的荣誉称号。工作中，我为大家搭建起成长的舞台，在这个舞台上，携同窗好友共同唱响青春，展望成长。

实践长才干，社会实践是大学生了解社会、服务社会的重要途径。2019 年暑期，我带队赴山东省临沂市平邑县参加"三下乡"社会调研，冒着酷暑，我们走山路、吃干粮，与大学生村官面对面交流，了解选调生的心路历程和工作情况，通过团队的宣传，让中国海大学子和社会各界知道了"优选计划"基层青年的奋斗故事。通过这次实践活动，我看到了改革开放给农村带来的巨大变化，作为一名中共党员，我要发挥党员的先锋模范作用，敢于担当，敢于作为，为实现中华民族伟大复兴而不懈奋斗！课余时间，我积极参加各种志愿服务活动，体会到"赠人玫瑰，手有余香"的真谛。疫情防控期间，我组织开展线上社会实践活动，调研乡村振兴和脱贫攻坚战略取得的成效。丰富的社会实践活动使我得到了锻炼，我多次获得校社会实践奖学金、"三下乡"社会实践活动优秀个人的荣誉称号。

繁忙的班级工作、多彩的社会实践和文体活动，使我深刻体会到大学之美、青春之美，让我学会观察与思考，学会担当与奉献，学会展现自我、挑战自我，在不断地磨砺中，我更加坚定理想信念，决心在奋斗中绽放青春光彩。

"学"海无涯

一分耕耘，一分收获。地质专业赋予了我不怕苦、不怕累的品质。在这四年的大学生活中，我自律克己、乐于钻研，对专业课的学习一丝不苟，在掌握课本知识的同时，我还经常到图书馆翻阅各种参考资料和地质学方面的权威杂志，与专业课老师深入探讨疑难问题，拓宽知识面。

"纸上得来终觉浅，绝知此事要躬行。"我深知学习的最终目的是应用。为了更好地做到学以致用，我积极投身于竞赛和科研，将课本知识与科研实践有机结合。大二时，由吴晓老师指导，我带队进行 SRDP 项目"黄河中游流域综合治理概况及其对黄河沉积物源-汇过程的影响"。2018 年，我参加山东省大学生物理竞赛并获得一等奖。2019 年，我先后参加了中国海洋大学第七届测量技能大赛,获得二等奖;百万同题英语写作活动,获得优秀作品奖;中国海洋大学第七届地质技能大赛,获得专业组第一名。这些竞赛让我极大地拓展了视野,锻炼了能力,提高了专业素养。

当然学习过程并不是一帆风顺的,我也会遇到挫折,也会感到失意,这时候我就会想到野外看到的很漂亮的岩石层理,大家只知道这石头很好看,但这背后是几百万年作用的结果。想到这些,我内心就会舒展很多,凡事皆不可能一蹴而就,黎明前总是黑暗,光明将在之后来临,坚持下去,总会有结果的。

认真学习是我大学四年坚守的准则。在学习的过程中,我也逐渐明确了未来的方向——在本校继续学习深造。作为专业第一名,为什么不选择其他知名度更高的大学?许多同学感到不解,只有我自己深知对青岛、对母校的深厚情感,我热爱中国海大,渴望能够通过自己的努力为中国海洋科学的发展尽一份绵薄之力。

"任风吹干流过的泪和汗,总有一天我有属于我的天。"如同一只小小的蜗牛,我一直怀揣梦想,脚踏实地,努力前行。大学时光如白驹过隙,新的征程就在脚下。眼有星辰大海,心有繁花似锦。今后,我将以更加饱满的热情投身学习和工作中,苦练本领,增长才干,不负韶华,以梦为马,勇做走在时代前列的奋进者、开拓者、奉献者!

青春因奋斗而精彩

海洋地球科学学院　邵祥奇

邵祥奇,男,汉族,1997 年 5 月出生,中共党员,地球探测与信息技术专业2018 级硕士研究生。曾获国家奖学金、研究生学业奖学金;获校优秀毕业生、优秀研究生、优秀团员、优秀团干部荣誉称号。

光阴荏苒,逝者如斯。回顾七载海大求学生涯,弥足珍贵,也留下些许遗憾。我曾在碧海蓝天下用奋斗书写青春的回忆,如今能够在这片红瓦绿树的热土上与学生时代挥手道别,是我莫大的荣幸。

求知若渴,开拓创新,投身地学研究

三年的研究生生涯想来也短暂。入学第一年是在忙碌的课程与繁杂的学生工作中度过的。研究生的学习节奏相比本科生有很大不同,既不需要每天奔波于不同的教室之间,也不用整日因作业而发愁。但是真的变得无比轻松闲适了吗? 其实并没有。一个月后,我越发地发现这些课时骤减的专业课似乎都在着力于培养学生的思考能力,抑或是面向科研的发散性思维与创新能力。于是,作业变成了论文和报告,十几门课程对应了十几份各不相同的论文,期末考试也变成了每人 5～10 分钟的论文讲述。我渐渐适应并融入了研究生生活。通过一年的学习,我顺利完成了所有的课程,并有幸获得了 2020 年度国家奖学金。

在我看来,本科生的目的在于"学",在于不停地接纳、消化复杂繁多的知识;硕士研究生的重点在"研",即在不断接纳新知识的同时,敢于对既有的观点提出疑问,敢于对空白的领域进行探索,是一段从已知迈向未知的旅程。三年来,我陆续参与了国家科技重大专项、国家自然科学基金、中央高校基本科研业务费专项科研项目,主要从事地震波正演技术与应用、数值模拟并行方案以及弹性波方程逆时偏移成像技术研究。在学习、科研之余,我积极参加各类科技竞赛,在丰富学习生活的同时,力求在更多方面提升自己。我先后获第七届"东方杯"全国勘探地球物理大赛二等奖,"华为杯"中国研究生数学建模竞赛参与奖;同时也参与了各级组织的文化类竞赛,如2019年中国海洋大学第三届校史知识竞赛并获三等奖。

从导师、师兄师姐的言传身教中,我逐渐学会了怎么做科研、怎么处理数据、怎么写科研论文,也逐渐有了一些改进现有方法的思路,以第一作者发表了一篇EI论文,并在2019 CGU会议上做口述报告。在取得科研成果的同时,我最大的收获是逐渐认识到科研工作的魅力。于我而言,科研工作的魅力不是成果的累积,而是探索真理的过程,是大胆假设、小心验证的求索,更是刻苦钻研、不断研究的坚持。或许,关于科研的魅力每个人都有自己的见解,但我相信,努力探索的过程中我们都能感受到科研的魅力,希望我们都能珍惜并享受在校园做科研的时光。

致知于行,自强不息,全面提升能力

硕士研究生求学期间,我积极向党组织靠拢并成为一名中共党员。我始终坚持以党员标准严格要求自己,并积极主动地学习党的最新方针政策,在硕士生期间担任班级团支部书记。在党组织的培养和教育下,我逐渐成长,也逐渐感到责任的分量。习近平总书记希望广大青年要肩负历史使命,坚定前进信心,立大志、明大德、成大才、担大任,努力成为堪当民族复兴重任的时代新人,让青春在为祖国、为民族、为人民、为人类的不懈奋斗中绽放绚丽之花。在大学里,我们更多履行的是"小我"的生命、成长与发展责任,但一切的收获并不仅限于"小我",在未来我们还要承担更多的于国家、于社会,甚至于世界的"大我"的责任,唯有现在的努力积累,才能承担起责任与未来。

人生的学习始于课堂,但不止于课堂。为锻炼自我、服务社会,我多次参加志愿服务活动,在服务的过程中,我增长了见识,也学到了新的技能和本领,认识了许多有趣且优秀的朋友。在三年的学生工作经历中,我从学院各位老师、辅导员以及身边诸多优秀的同学身上学到了太多宝贵的品质与经验。他们日复一日一丝不苟、恪尽职守的工作精神,力求将所有细节做到最好的工作态度深深影响了我,让我对于科研、工作、生活的态度也有了非常大的转变与升华。在我看来,这些经历都是非常珍贵的另一门课。他们教会我自信、细致、责任、荣誉感,教会我生活,不断鞭策我成为一个更好的、更有价值的人。

文至此处,我要对母校道一声"感谢"。"海纳百川,取则行远",而行远的学子将永远心向这片令人魂牵梦萦的海。在这即将挥别的日子里,希望各位仍在奋斗的师弟师妹不要辜负自己的三年时光,多些尝试才能多些收获。而且,绝大多数时候,过程也许比结果更加重要。当为一件事情犹豫的时候,最好的解决方法就是开始行动。结果的好坏要由别人评判,收获了什么才是自己最清楚的事情。青春之花,只会因奋斗而绽放;美丽的青春,也只会因奋斗而精彩。

十年一梦，初心不改

海洋地球科学学院　孙学诗

孙学诗，男，汉族，1991 年 11 月出生，中共党员，海洋地质专业 2017 级博士研究生。博士生在读期间，以第一作者身份发表学术论文 8 篇，其中国际 SCI 期刊 7 篇。曾获研究生学业一等奖学金、博士研究生校长奖学金、博士研究生国家奖学金；获山东省优秀毕业生以及校优秀毕业生、优秀学生等荣誉称号。

从本科入学到博士生毕业，十年一梦犹未觉。在中国海大美丽的校园中，我从师弟变为师兄，从少年成长为青年，从校园步入社会，不变的是那份励志的初心。随着年龄的增长，我身上的担子和责任越来越重，但值得欣慰的事情也有很多。回首求学时光，从对科研的懵懵懂懂到第一篇小论文被接收，再到收获满满、结束学业，虽然这一段旅程中有遗憾与不足，但是幸福与美好值得回忆与分享。

科研之路，没有捷径

与多数同学一样，我对之前从未接触的东西都有新鲜的感觉，但与此同时，迷茫与困惑也纷至沓来，不确定自己到底对什么感兴趣，也不清楚自己未来会如何发展。幸运的是，我遇到了生命中的指路人——我的导师。记得刚与导师见面时，导师津津有味地介绍自己的研究方向及未来研究计划，其中提到 X 光图像、灰度等一系列"高大上"的专业词汇，并让我继续研究已毕业博士师兄的工作，而我却是云里雾里，不知所以然。作为科研"小白"，在不明确自己怎么进行下一步计划时，导师和师兄们建议我做好当下的知识储备。从最开始不知道怎么网上搜索、查询相关研究领域的文章，到习惯于阅读英文文献、能熟练使用绘图软件，再到独立设计论文的框架、最后能撰写英文文章等，我深深体会到科研路上的种种艰辛与不易，但同时收获满满。

科学问题的提出往往是一篇论文乃至课题的开始，也是科研最为重要的部分。刚读研究生的我，由于专业知识积累不足，像没头苍蝇，即使花费了极大的精力，却始终显得盲目，不知道自己研究的科学问题是什么，不知道怎样系统规划和解决问题，这时导师的指点迷津就显得尤为重要了。让我特别感激的是，我的导师虽身负教学和科研的重任，但是仍多次关心、询问我们的研究进程，并且希望我们能主动联系他，一起解决问题。即使已经博士毕业了，每每回忆觉得，选择了随和热情的导师，是我研究生生涯中最重要、最成功的一次选择。我非常认同曾听过的一句话，"一个好的老师，可以改变你的一生"，导师严谨求实的作风、一丝不苟的态度，让我受益终身。同时，自己也被同课题组80多岁仍身处科研一线的杨作升老师"活到老，学到老"的进取精神所感动。相比他们，年轻是我们现在最大的资本，即使遭遇挫折与失败，我们也不缺乏从头再来的勇气。因此，我从老师们身上学到的不仅仅是知识，更是看待问题的态度与处理事情的能力，我觉得，这种态度和能力，是我学生生涯最大的收获！

熟悉并掌握实验技能是科研至关重要的一环。为获得实验需要的岩心样品，带着对大海的好奇和向往，经验不足的我开启了人生中的首次出海征程。从小生活在内陆地区的我，第一天上船就出现了晕船反应，呕吐了七八次，但是看到同航次出海的女生们虽然也晕船，但是丝毫没有耽误自己的实验，吐完接着工作，身为男生的我当时深感惭愧，后来交流经验才发现，哪有什么抵抗晕船的体质，只不过大家都全神贯注于实验工作，根本就无暇顾及恶心、呕吐和晕船的身体反应。也正是凭借从科研工作者身上学习到的这种忍耐力和克制力，在后续的"东方红2"号和小渔船的数次出海工作中，我都顺利完成了样品的采集工作。

采集完样品后的实验分析也没有想象中那么顺利。犹记刚进入实验室时，我由于不太熟悉实验流程，隔三岔五就出现各种问题。后来随着实验次数的增加，在师兄耐心的指导和讲解下，我的实验相关操作才变得得心应手。细细回想，毕业前自己参与分样的岩心就不止100根，元素实验上千、粒度分析过万，披星戴月地赶往实验室也是常态。正是一次次的实验预处理与分析重复，练就了自己甄别理想实验结果及可信数据的"火眼金睛"。总之，7年科研生涯不间断的实验及论文数据的获得为我博士论文的撰写奠定了坚实的基础。

科研工作也充满了太多的未知。记得曾和导师探讨过陆架边缘海沉积这一老生常谈的科研话题，前人从 20 世纪 80 年代就聚焦于该区域的研究，自己也曾认为现在基本就没什么科研突破点了。可事实却恰恰相反，科研的背后有太多的未知，而且研究越深入，越会发现不懂且需要学习的地方更多，形成解决问题到提出问题再到解决问题的循环。而解决哪怕一个很小的科学问题所获得的满足感，都会成为我继续科研工作的强大动力。

世界很大，出去看看

"世界很大，不出去看看，你以为这就是世界。"学校固然是科研的舒适圈，但是不能把所有的时间全部投入科研中，要学会平衡生活与科研之间的关系。科研生活其实不一定是单调的，抽空进行户外活动也是我生活的常态，只有休息好才能以更加充沛的精力再次投入科研工作。

要多出去走走，多听学术报告，拓宽科研思路。我们不可以从井底之蛙的角度去看世界，要珍惜每一次参加国内外会议的机会，争取口头报告的机会，创造展示自己的平台。多与学术大咖交流，学习他们看待科学问题的角度，可能会使我们对科研问题的理解更加透彻。记得我投稿第一篇国际 SCI 期刊时，审稿专家提出了很多尖锐而切实的问题，让我收获颇丰，稿件质量也得到了很大的提升，文章最终顺利发表。更为重要的是，我采纳了国外专家的建议，发现了新的科学问题，并以此开展了一系列研究，撰写了新的学术论文。总之，与优秀的科研工作者交流，向他们学习，积累人脉，让我收获颇丰，受益匪浅。

回首 2020 年，新冠肺炎疫情的发生打乱了我们正常的生活节奏，当时身为毕业生的我们只能在家撰写毕业论文、视频预答辩。但在我们为青春奋斗的时候，有更多的人在为整个人类奋斗，李文亮医生、84 岁的钟南山院士、白衣天使、建筑工人甚至普通民众都义无反顾地冲入武汉防疫的最前线，在与病毒进行着看不见硝烟的战争，他们才是最可敬、最可爱的人。"哪有什么岁月静好，只因有人替你负重前行。"我愿与新时代的大学生共勉，向抗疫英雄、科学家、各界科研工作者表达深深的敬意，他们是人民的英雄，国家的脊梁！希望我们也可以在奋斗的路上发现自己人生的价值，不忘初心，砥砺前行，让汗水浇灌的青春之花绽放出更绚丽的色彩，让青春不留遗憾！

勇敢去试一试

海洋生命学院　柳鸿芳

柳鸿芳，女，汉族，1997年10月出生，生物技术专业2016级本科生。曾获国际生物分子设计大赛团队银奖、国家奖学金、学习优秀一等奖学金、社会实践奖学金等；获校优秀学生、优秀毕业生等荣誉称号。

四年前，刚来到中国海洋大学时，我觉得自己能来到这里就已经很幸运，相较于优秀的同学们，自己能平平淡淡、顺顺利利毕业就好，未曾想过怎样度过大学时光。现在，回首这四年，我庆幸自己一次次尝试，才有了一段值得回忆的时光。

进入大学，不得不面对的就是学习成绩。我知道自己的基础知识薄弱，起初觉得自己没有能力取得好成绩，便没有努力尝试。而且刚来大学时，我不适应新的学习方式，因此第一学期的成绩不乐观。后来明确了自己考研的目标，知道了大学不应该"60分万岁，多一分浪费"，知道即使基础薄弱，只要努力认真，也有获得学习奖学金的可能，从此便开始要求自己去努力尝试获得更好的成绩。我偏科很严重，物理听不懂课，就一遍遍看书上的习题；英语口语差，就上课积极回答问题，锻炼自己……仍然记得第一年获得学习优秀三等奖学金的时候，内心的那种喜悦与难以置信。后来成绩排名一年年上升，由学习优秀三等奖学金到学习优秀二等奖学金，再到学习优秀一等奖学金，这都是刚入学的我不曾想到的。

来到中国海大的第一年，我加入了生物科技协会，伙伴们的热情、真诚、善良、耐心鼓励了我，我开始试着写科普文章，对科普有了新的理解和严谨的态度。我试着参加小学宣讲,体会到站在讲台上的责任感;参加叶脉标本制作活动,了解了活动举办的基本流程;参加暑期"三下乡"生态调研,在欣赏昆嵛山景色的同时,体会到了生态调研的不易与意义……课余时间,我也参加志愿服务、急救培训和献血活动,感受到付出的价值;也试着参加专业之外的竞赛,了解其他学科的魅力……这些活动充实了我的生活,让我收获了快乐、友谊和经验。

偶然了解到国际生物分子设计大赛 BIOMOD 后,生物科技协会的学姐鼓励我勇敢尝试。这个比赛对我而言是巨大的挑战,当时我极其不自信,觉得自己不够优秀,没有能力去参加这样一个比赛,甚至觉得自己连面试都不可能通过,还怕协调不好学习与比赛的关系,既影响到学习成绩,也不能完成比赛的要求。后来发现自己真的喜欢这个比赛,决定即使有可能影响学习也要去拼一回。我知道自己英语水平差,就会多花一些时间去读文献,花了大量的课余时间去了解比赛相关的知识。经过面试及基础知识的准备后,我终于能够有机会参加 2018 年的 BIOMOD。

在老师和师兄的指导下,我们完成了"Chinese characters in DNA library"的比赛项目,主题是设计一套基于汉字结构特征的编码法则,利用 DNA 对汉字进行存储。这期间,我们查找书籍、文献,尝试用拼音、郑码、部首、国标码、五笔等作为"中介",使 DNA 与汉字相对应。一次次失败,一次次尝试,我们团队成员一起集思广益,提出了设计思路,解决了 DNA 序列与汉字难于一一对应的难题。作为队长,虽然在许多方面我都做得不好,但对我而言,这已经是迈出了巨大的一步。比赛的形式是视频、网页、presentation,我们都从头学起。最终,毫无基础的我们,一点点学习,一天天努力,最终在美国加州大学旧金山分校的舞台上完成了项目展示,并获得了银奖。事实证明当初的选择是正确的,这是我大学生活中难得的为兴趣去拼搏一回的经历,使我对科研有了进一步了解与认识,懂得了科研课题如何完成,知晓了科研背后需要坚持不懈的精神与严谨的态度。

我在 2018 年暑假有幸参加了樱花科技计划。在关西大学的短期交流学习,我进一步学习并了解了关于 DNA 合成、DNA 折纸等方面的理论与实验知识。同时也感受到了另一种学习氛围,拓宽了我的眼界。

当然,这一次次的尝试离不开老师、同学、学长学姐、家长的鼓励与耐心的指导和帮助,在真心感激他们的同时,希望我能帮助更多人去尝试拥有更精彩的人生。

青春正好,莫负韶华

海洋生命学院　　江　安

江安,男,汉族,1998 年 8 月出生,中共预备党员,生物科学专业 2016 级本科生。曾获校学习优秀奖学金、国家励志奖学金等;获校优秀学生、优秀团员等荣誉称号。

罗素说过,希望是坚韧的拐杖,忍耐是旅行袋,携带它们,人可以登上永恒之旅。人之一生,正如罗素所说,如同一场旅行。在前进的路途中,只要自己心中抱有对未来的希望,用自己的意志和耐力面对人生大大小小的坎坷,便可以顺利地一直走下去,最终登上人生的顶峰。

十余年前的那天,父亲突发重病,对于我以及整个家庭来说无疑是一个晴天霹雳。我以为生活掉进了低谷,陷入了黑暗,这让我沮丧、气馁,但是一切并没有因此而停止不前。是妈妈的谆谆教诲让我学会了不要放弃,让我坚信一切都会好起来。于是,我下定决心,坚定地走完、走好我的求学之路,这是对自己也是对家人最好的交代。从成绩平平到考上全市拔尖的青岛五十八中,再到拿到中国海洋大学的录取通知书,我真实地感受到自己经历过的风风雨雨并不算什么,黑暗的时刻终究会过去,需要做的就是坚持下去。

其实从我的经历来说,教育环境是公平的,而且对一个人的成长具有深远意义。从初中时班主任对我的帮助和栽培,到高中时我对生命科学产生浓厚的兴趣,老师积极地鼓励和引导我,自己身上优秀的才能和品质几乎都是在学校里获得的。或许一开始,与其他同学之间家庭条件的差异让我内心有隐隐的自卑,但是一天天的学校生活的经历让我真正明白,这个世界对于一个人的评价不是也不应该是建立在他的家庭背景基础之上的；真正重要的是个人的能力。是金子，即使是暂时被泥淖所覆盖，但终究会有那么一场及时的雨水，冲刷出它的耀眼与夺目。

大学四年的宝贵时光，对待学习，我始终做到认真踏实、刻苦钻研，尽力做到深刻理解、牢固掌握、灵活运用。鱼山校区图书馆二楼自然社科里屋，堆满生物学专业书籍的一排排书架，便成为我最爱的天地。在学习之余，为了给家里减轻一些负担，我做过餐厅服务员，当过家教，做过学院的"四助"工作。还记得第一次把自己打工赚来的一千多块交到家人的手里时，自己心里的开心与释然。当然，这些兼职的经历，给我带来的不仅仅是每个月的生活费，它让我亲身体会了生活的不易，增加了我的生活阅历，锻炼了我的为人处世能力，也让我感受到了学校以及社会对我的关心和热情的帮助。我相信，只要坚持努力和奋斗，未来的人生必然会给我回报。

四年充实而精彩的大学生活，总有几个片段会让我记忆犹新。2016 年11 月，我报名加入本校的 Season 团队，并于一年后参加了在美国旧金山举行的国际生物分子设计大赛 BIOMOD。从被选为预备队员，到多个假期高强度地集训学习，再到 2017 年项目课题紧锣密鼓地准备，一路走来固然艰辛，却也收获颇丰。我不仅学习到了相关领域的知识，也经历了项目建设的完整过程。项目一天天的成熟和向前推进，给我们带来的是不竭的动力和发自内心的喜悦之情。最终，团队七位伙伴付出的努力终于换来了收获，我所在的Season 团队代表中国海大在比赛中获得了国际银奖，为学校在国际舞台上赢得了荣誉。

大二的我，因为这次宝贵的比赛机会，想走科研道路的心愈发坚定，对于科研的热情也愈发高涨。辗转几个月的寻觅，我终于在 2018 年的 4 月寻找到了适合我的实验团队。作为一名本科生实验助理，我加入了我校海洋生物进化研究所进化基因组学实验室的团队。团队的导师龙红岸教授，作为具有丰富学术经历的归国学者，对待团队里的每个成员都如同兄长一般。他扛下各种来自外界的压力和困难，保证团队中每一个博士生、硕士生、本科生都有足够的空间茁壮成长。毫无疑问，这是我最理想的团队。在这个和谐而又温暖的大家庭里，我努力丰富自己的科研思维和技能，提升和深化专业领域的知识厚度。身边的前辈和伙伴对我的帮助和支持，成为支持我前进的最强大的动力。在 2019 年的暑期，我争取到了参加由国家留学基金委和加拿大 Mitacs 项目组合作举办与全额资助的国际优秀本科生交流项目的机会，以一个本科交流生的身份，前往位于加拿大温哥华的西蒙菲莎大学(Simon Fraser University)完成为期三个月的科研实习项目。这段经历不仅拓展了我的视野，也丰富了我对相关领域的认识。而在异国他乡生活和学习的三个月里，我更加明白，异乡固然景色美好，我的同胞和祖国，才是我动力的源泉和生命价值的归属。

时间来到了 2020 年的 4 月份。新冠肺炎疫情成为一场全人类的浩劫，社会运转和生活的方方面面都受到了严重的影响，原有的计划都被完全打乱，无数人的期盼和美好生活都化为了泡影。作为在这变局之年毕业的一名大学生，我的未来也充满了未知和变化。幸运的是，过去几年的努力让我仍然有前进的方向。2020 年 3 月，我收到并接受了来自美国佐治亚大学联合生命科学(University of Georgia，Integrated Life Sciences)博士项目的全奖录取。希望一切疾病、不安都能够尽快消失，每个人的生活终究能够回到正常的轨道，未来也许会有坎坷，也希望一切顺利。

大学四年是人们所说的一生中最为绚烂和精彩的四年。细数过去的点点滴滴，立足于中国海大的平台，我用自己的全力以赴，终于交出了一份令自己基本满意的答卷。回首过往，可能会在生活和学习的方方面面留有瑕疵和遗憾，就像这个在家里度过的毕业季一样，但塞翁失马，焉知非福！可能许多学子正像当时的我一样，对自己的未来十分的迷茫和无助，不知道自己的未来在何处，甚至不知道自己现在该做些什么，感觉自己在犹豫、彷徨中，渐渐蹉跎了时光。不要担心，每个人在青春时都会时不时找不到前进的方向，如同刚破壳的幼崽，面对这个世界不知所措。我想，最好的解决办法就是冲出自己的舒适圈，多和过来人聊一聊。你需要多寻找一下有什么事情是值得花时间去付出的，投入心血会有长期回报的。如果看到了，那就尽自己最大努力去做好。到那时，你会发现，许多机会自然就会来到你的面前。实际上，很多有所成就的人，当时之所以选择了那条路，根本就不是他们想要怎样选择，当你去问他们时，他们会告诉你："机会选择了我。"

过去的四年，可能是我 20 多年的人生中，生命厚度最为厚重的四年。我得到了无数人的帮助和支持，也终于成为自己生活的主宰，活成了自己满意的样子。这四年的知识积累告诉我，人类的历史便是一个生命物种的生存和发展史；这部历史，由纯粹的自然属性逐渐发展出了丰富而又伟大的社会属性；你我作为人类的个体，生来便有为个体生存和民族发展不懈前行的义务。你我生于中国，我们的这份义务就更被赋予了中华民族伟大复兴的崇高意义。时间还在流逝，生活还在继续，包括我在内的千千万万同辈人依然会继续前行，大胆地追逐自己和振兴民族的梦想，为之全力以赴。

青春正好，莫负韶华。

不忘脚踏实地，
也记仰望星空

海洋生命学院　康　博

康博，女，汉族，1998 年 4 月出生，中共预备党员，生物科学专业 2017 级本科生。曾获国家奖学金、国家励志奖学金、校学习优秀一等奖学金、校文体奖学金；获校优秀学生、"三下乡"暑期实践活动优秀个人、北京联想控股集团优秀支教志愿者等荣誉称号。

进入大学的那一刻，刚刚开始学着独立生活的我们都会有许许多多的迷茫，我们会面临各种各样的选择，每个人都有属于自己的那条路。但无论是哪一种选择，我都希望正值最美好青春的我们在四年后毕业时，可以让自己露出欣然一笑。

"反面"教材

与身边的很多同学不同，我的大学生活开始得并不是那么一帆风顺。2016年秋天，我终于从黄土高坡的小山村来到了红瓦绿树的临海大都市。开学仪式后，我们的军训生活开始了。但最让我担心的事情还是来了，高考过后的一场大病让我没能扛住高强度的军训，伤病再次复发，军训被迫中断，而我开始休学一年。很遗憾，刚与我的新环境打了个照面，就要暂时告别了。

再次站到科学馆门口，已经是 2017 年。这一次我的大学生活真正开始，但它却未能按我所期望的那样顺利行进。说实话，大一上学期的生活是我最不想细细回忆但也确实是感悟至深的。每天排得满满当当的专业课程和做不完的作业,每周细碎的社团任务,除去上课,其余时间几乎都在自习室里度过,生活轨迹又是熟悉的"三点一线",本来适应新环境就慢的我,在开学后更是手忙脚乱,自顾不暇。然而这种看似日理万机的忙碌却并未带给我丝毫的收获:高数期中考试,我挂科了;班级期中考试排名,我是倒数几名。当时只感觉这种生活糟透了,不想说话,不愿出门,甚至萌生过退学回去复读的念头,而保研对于这时的我来说似乎已经遥不可及。当时因为身体和情绪等方面的原因,我没能很快地适应大学生活,终于,临近期末考试的前一月,我彻底破防了。

步入正轨

因为期中考试的失利,我被班主任和辅导员老师约谈。那天在班主任一再的关切询问下,我终于向老师倾诉了我的想法;与家人通话的时候,他们也发现了我的问题并进行了开导。终于,积压了好久的情绪全部释放出来,我又"活"了过来。

当时摆在我眼前的第一个最严峻的问题就是即将到来的期末考试。因为前期已落下太多,班主任就让我坚持做每日计划,具体到每天哪个时间段复习哪一科的哪一章节,虽然这看似很烦琐,但事实证明确实有用,它督促并帮助我顺利挺过了期末考试。现在回过头来看之前经历的这一切,心中满是感激,感激这段经历让我学会了独处,也给我当头棒喝,让我在后面的学习生活中戒骄戒躁,脚踏实地地前行。吸取这一次的教训后,我开启了有条不紊的大学生涯。

"工欲善其事,必先利其器。"以后的每学期我都会做学习计划,那样不仅效率高(尤其对于期末考前复习),更重要的是,当你把列出来的一件件事情完成并从本子上勾掉时,成就感与收获感是真真切切的,是发自内心的喜悦与满足,而这种感觉又会是你继续下一目标最有效的动力。

从大一下学期开始,我的成绩慢慢提升,三年后成功保研。在这背后没有一蹴而就,有的是每一个学习至新教学楼关门的自习夜,是每一次与舍友共同进步的讨论交流,是一步一个脚印地向前行进。对于我来说,成功没有其他的捷径,只有脚踏实地、不卑不亢地一步步努力才是属于我的座右铭。

仅从书本学来的知识是很难深入脑海、让人记忆深刻的,对于我们理科生而言,科研实践的锻炼必不可少。在大二上学期,我参加了校 SRDP 项目,与伙伴开始了第一次的科研尝试。在实验过程中,我们不断地发现问题、提出问题、解决问题，一遍遍地重复实验操作，一个个整理实验结果，这一过程很好地锻炼了我们的科研思维与定力。通过不断的尝试来发现自己的长处与不足，进一步发掘自己的兴趣点，帮助自己尽早地找到自己适合的方向。其中所有的挫折与乐趣只有自己亲身实践才会更深刻地体会到，积极主动地与他人交流才会有思维碰撞的火花。

大学生活也需要调味剂。找到一项可以释放自己的活动，让自己在忙碌的生活中暂时抽离出来，身心得到放松，这样才能以更好的状态进入下一次的学习工作。因为喜欢户外体育活动，我加入了自己感兴趣的院体育协会社团，加入了大绳队。在这里，我认识了一群有趣的伙伴，感受到了大学生活最精彩的另一面，团队的活动就是我繁忙大学生活中的一剂调味品。学习了一天之后，最期待的就是晚上和队员们一起在操场上尽情挥洒汗水的大绳训练，在一次次的起跳与落地中，僵硬的身体得到舒展，心情也跟着一起明朗起来。当我们在校运会上取得佳绩时，莫大的集体荣誉感让我可以沉浸在其中好长时间。大二暑假的贫困地区义务支教经历又是我课外生活的另一笔宝贵财富，在活动中，我认识了来自不同高校的优秀学子，每个人身上都有着各自的闪光点，在与他们的学习交流中，听他们讲述自己的大学生活，感受他们身上独特的青春魅力。我感觉自己像一棵小树苗一样，贪婪地吸收着他们身上的"营养"。

加速前行

大四学年没有繁重的课程任务，我开始加紧补齐自己的实验短板。确定好毕业课题后我便开始了实验，一次次地失败与重复、一次次地反思与总结让我对实验操作更加熟练，也磨炼了耐性。而真正的科研生活才刚刚开始，未来等待我的是更进一步的拼搏。

大学是让我不断学会大胆尝试、不断发掘自身的一个过程。在这段经历中，我们的思想一步步发生变化，看待事物的角度更加全面，判断更加理性，视野更加开阔。而人生就像心电图，平平坦坦是毫无生气的，跌宕起伏才是生命本色。相信每一次脚踏实地的付出都会为自己带来收获，当下的努力都会成为未来成功路上最坚硬的垫脚石。

将青春献给真理

海洋生命学院　　闫维杰

闫维杰,男,汉族,1996 年 2 月 21 日出生,中共预备党员,遗传学专业 2018 级硕士研究生。硕士期间曾获国家奖学金、校学术创新奖学金;获中国海洋大学第九届"文承齐鲁山海传新"研究生国学活动节国学艺术作品大赛最佳设计奖等;获山东省优秀毕业生以及校优秀团干部、优秀研究生等荣誉称号。

2017 年 7 月 11 日,我提前结束了在广西水产研究所的实习,第一次来到青岛,参加中国海大组织的全国优秀大学生夏令营,海风、沙滩、海鸥、红墙、碧水、蓝天都给我留下了深刻而温馨的印象。闭营仪式时,第一次聆听《海大颂》,我心潮澎湃,"我是一滴水,投入你怀中,方知知无涯,忘情情更浓",海大园浓厚的历史积淀和文化氛围给了我前所未有的震撼,也使我感受到莫名的归属感,我下定决心要来这里继续深造。然而,顺利拿到优秀营员 offer 的我却遭遇了意外的招生制度改革,我被迫放弃推免资格,却又在认定创新人才计划时遇到了一些困难。几经波折、几经辗转,经历了长时间的彷徨、痛苦和煎熬,我终于如愿进入中国海大攻读遗传学硕士学位,一份录取通知书凝聚了我的梦想、血汗和泪水,我深知这个深造的机会来之不易,因此倍加珍惜,从未懈怠。

科研路上的追梦人

我对生命科学的兴趣由来已久,早在高中时,生物学就是我最热爱也是最擅长的学科之一,本科时我就进入实验室,在水生生物健康养殖实验室进行有关巴马拟缨鱼的工作,并主持区级大学生创新课题一项,探索外界环境条件对巴马拟缨鱼性腺发育的影响，并参与发表 SCI 论文一篇。进入中国海大之后，面对几个可能的研究方向，我还是选择了外界环境因子对水生生物的影响，进一步探索水生生物对外界环境因子变化的响应。

硕士研一和研二阶段，我主要进行了一些生物信息学方面的工作，之前我并没有进行过任何相关的工作，文献看不懂、软件不会用，处处是坎，在这个充满了迷茫和不确定的时期，导师王旭波教授的指导让我逐渐战胜了困难。王老师是雷厉风行的实干家，与我亦师亦友，我每次都是坐着汇报工作，他会为我指明研究的方向、及时阻止我走向不必要的误区，更重要的是，王老师不拘泥于研究形式，我可以按照自己的节奏来安排研究的进度，他也会尊重我的想法，非常认真地考虑我的意见和建议，让研究以最高效的方式接近事实的真相。经历了三四个月的适应期，我终于摸清了基本的方法，战胜了入学时的浮躁，课题开始有了突破性的进展。

撰写第一篇 SCI 论文更是令人难以忘怀的宝贵记忆。我经历过大大小小的英语考试，也曾在英国议会制辩论的赛场上侃侃而谈，但真正动手写英文论文之时，还是遇到了许多困难。我全身心投入，还是用了一个月的时间才完成了 4000 字左右的初稿。怀着忐忑的心情，我将论文发给王老师，他对文稿进行了仔细的核对和修改，并添加了 130 处批注，大到段落的设置，小到一个标点和大小写，细致入微、面面俱到。在这个基础上，我又对文稿进行了多次修改，每次修改都呈王老师精细校订，最终，我们对文稿进行了十次修改，经历了三次拒稿，终于发表。此后我一通百通，其他两篇论文也很快完成了撰写、修改和发表，正是由于在这几篇论文上付出了坚持不懈的努力，我获得了国家奖学金等一系列荣誉，并在研二就达到了毕业要求，以昂扬的斗志全力以赴地投入下一步的科学研究工作之中。

学工路上的"领头雁"

要做好科研，就要耐得住寂寞，但科研也不是苦行僧式的折磨，在科研工作毫无头绪的时候，我参与、组织了一些学生活动和志愿活动，收获了阅历、友谊和能力，为我的研究生生涯留下了许多美好的回忆。

入学伊始，我就加入了校研究生会和院研究生会，都是进行宣传方面的工作。我发挥几年以来积累的运营公众号的经验，在干事的岗位上出色完成了自己的工作,并于 2019 年 6 月到 2020 年 6 月担任中国海洋大学海洋生命学院研究生会主席、中国海洋大学研究生会主席联席会议成员、研究生代表大会常任理事。

作为干事,我只需要做好自己的本职工作,把师兄师姐安排的任务完成好;换届之后,作为海洋生命学院研究生会的"领头雁",我开始转变自己的心态,决心在研究生会的管理和工作上进行大胆的改革。

学院研究生会工作的一大特色,是每个学院都有自己的德育品牌活动,彰显学院的学科特点。以往学院没有自己的德育品牌活动,于是我决定筹划并申报一个品牌活动。在征得学院团委老师同意后,我组织召开了研究生会全体骨干会议,从每个部门抽调了三名优秀干事组成筹备小组,申报了富有生命特色的海洋生命文化节,其板块分别为海洋生物学沙龙、"生命力量"趣味运动会、"光影·生命"短视频大赛、"新旧动能转换"公益讲堂。

此外,我还推进了一系列其他的改革,如制定干事工作考核记录等制度,组织研究生会户外素质拓展、"生命力量"实验室拔河比赛等文体活动,创办并运营微信公众号"ouc就业生音",组织新媒体专题培训(新闻写作与图片拍摄工作培训、校园新媒体平台建设、写作分享与内容创新分享会、新媒体中不可或缺的PS技术的培训),组织新时代青年马克思主义者交流分享会、同"生"相应系列线上交流会等。

在研究生会工作之余,我还发挥自己在艺术和英语等方面特长,先后荣获第二届 iEnglish 研究生英语提升计划之研究生 TED 英语演讲比赛非专业组二等奖(海洋生命学院荣获优秀组织奖)、第九届研究生国学活动节国学艺术作品大赛最佳设计奖;此外我还参加了一系列有意义的志愿活动,担任中国海洋大学第二十一届大学生辩论赛决赛评委、超级演说家初赛评委,并经海洋生命学院研究生会推荐参加中国海洋大学第 75 期大学生骨干培训班,在中国海洋大学和挪威卑尔根大学 Sars 研究中心联合举办的 International Symposium on Genetics, Development and Evolution of Marine Organisms 海洋生物遗传发育进化国际学术研讨会中承担了志愿服务的任务。

时光匆匆,几年的时光中,有许许多多陪伴我的老师、师兄师姐、同学和朋友。有许多人是我学习、工作和生活中的"一字之师",有许多人是我的队友和伙伴,有许多人同我分享经验、共同进步。有许多感激的话要说,有太多的不舍要表达,却难以收录在这篇文章中。而我也将这点点滴滴收入行囊,昂首前进,迈向更加美好辉煌的远方。

用行动谱写青春

水产学院　万永文

　　万永文,男,汉族,1998 年 2 月出生,中共预备党员,水产养殖学专业 2016 级本科生。曾获国家奖学金、文苑奖学金、杰出学生奖学金、厦门大学 MEL 本科生暑期科研奖学金;获山东省优秀学生干部、山东省优秀毕业生以及校优秀学生标兵等荣誉称号。

不忘初心,用行动追寻梦想

　　2016 年的暑假,怀揣着科技强国的梦想和对生物学的钟爱之情,我毅然报考了中国海洋大学的水产养殖学专业,决心为科研事业奋斗终生。那时的我,曾以为自己已然找到了未来前行的方向,然而,在大一、大二期间,面对着五花八门的研究方向与未来选择,我也陷入了深深的迷茫——是要进行海洋方向的研究还是在生命科学领域深耕? 这个问题日夜萦绕于我的脑海。

　　"一切迷茫都是因为了解得不够充分。"老师说的这句话,点醒了我。光坐在那儿空想是不会有什么实质性进展的,边做边想,多做多想,勇于尝试或许才是面对迷茫的正确方式。从那时起,我便踏上了一边探索、一边试错的旅程。

　　2017 年,学院"水滴星愿"活动给了我认识专业、认识科学的机会,我满怀欣喜地到贝类遗传育种实验室学习基本的实验操作,同时成功申请了国家级创新训练项目,攻关国内鲜有的贝类透明标本制作难题,最终成功实现了鱿鱼、章鱼、乌贼的透明标本制作。在暑期,我又前往烟台莱州,实地调研贝类生产一线,从中进一步认识到贝类养殖业所带来的生态污染,以及恶化的海洋环境对产业发展的致命打击。实验室与生产场地的实地体验，让我对水产科学有了初步认识。

2018年，我开始更多利用学术报告或学术研讨会的机会来拓展自己的兴趣与方向，其中一次学术报告让我了解到，微量元素硒的含量影响着螺旋藻等藻类的生理生化反应，这不仅有助于生产更高品质的藻类产品，甚至对全球气候变暖也具有不可忽视的调节作用，一时充满微藻研究热情的我便申报了校SRDP项目，探究藻类的生理响应。然而，随着科研课题的不断深入，我逐渐发现，贝类、藻类等低等类群的生理学研究仍然基于高等动物的研究理论。因此，要更系统地探究生理机制变化，掌握经典的理论与操作方法，还要从脊椎动物入手，我于是主动跟随导师探究鱼类炎症时免疫细胞的变化，在这期间我参与课题设计与汇报、主讲英文文献，受益匪浅。在学习了解了生理学课程知识与实验室前沿理论之后，我逐渐明晰了生命科学领域的研究方向。

为了弥补自己在海洋环境领域知识的欠缺，我在2018年赴新西兰参与海洋环境调研项目，实地考察新西兰北岛近海海洋环境，同奥克兰大学、怀卡托大学等知名院校的海洋学者深入交谈，在那里，新西兰人对保护海洋环境的重视程度给我留下了深刻的印象。2019年暑期，我又前往厦门大学近海海洋环境科学国家重点实验室，探索海洋生态的生产力，掌握了海量数据的处理方法。同时，我积极参加各种专业前沿讲座，在独立尝试和探索下，成功将参与的海洋初级生产力评判标准等相关成果制成英文海报展示。

在从未涉足的陌生领域面前，我勇敢探索更多未知。积极参加班级文化节、宿舍文化节、水产文化节等一系列活动，参加水产学院"希望之星"评选、简历面试大赛，担任主持人，把握每一次表达的机会；多次在汇报演出、迎新晚会、街头路演等舞台上奏响萨克斯曲，拍摄艺术宣传照为上合峰会助力、为学校庆生；从零基础做起，作为队长，率领队伍两次参加数学建模比赛……在不断的尝试后，大三学年下学期，我终于对自己的人生理想基本有了清晰的认识：沿着生理学研究继续深造，为精准营养、健康中国做出自己的贡献！谁的青春不迷茫？只有在不断的探索和尝试中找寻方向，才能走出属于自己的道路。

守正博观，用行动回馈集体

于志刚校长常对我们说："作为海大的学生，不要总是想着提出问题，而要多去想如何解决问题。"我们也许会有所抱怨，但更重要的是，作为集体的一员，我们更有责任、有义务去为我们的团队做出应有的贡献。我们不能只做问题的发现者，更要做问题的解决者！

求学路上，我渐渐发现，迷茫与彷徨绝不仅仅是个例，而是困扰大多数大学生的主要问题，严重者甚至产生消极厌学情绪，影响个人成长成才。我思索再三，认识到这是职业规划不足、专业认知浅显所导致的后果。于是，我开始结合个人经验，组织一系列相应活动，以帮助广大同学找到合适的发展方向。在班级中，我积极同其他班委合作，陆续组织开展学习经验交流会、学科帮扶、学习交流等学习活动，服务广大学子扎实学业，带动班级形成更为浓厚的学风；在大二、大三学年担任学生会副部长、学院团委委员和学生会主席期间，我邀请优秀青年科学家和学生进行面对面交流，邀请专业教师指导生涯规划，让同学们获得成长的启发，找到适合自己的发展方向；启动暑期水产名企专项调研，举办首届水产学知识竞赛，让同学们在课堂之外咀嚼水产故事的真味，领略水产文化的魅力。

作为一名中共预备党员，我始终坚持发挥先锋模范作用。2018年，我积极报名参加学院首届团学干部论坛，调研主题班会、主题团日所存在的问题并提出改进建议；2019年，我参加校第75期学生骨干培训班，并被推荐参加青岛市青年马克思主义者培养工程培训班赴延安学习；参加"不忘初心、牢记使命"主题意见座谈会，针对身边存在的问题积极献言献策。在学校的舞台上，我作为学校学代会常任代表，切实维护广大青年学子权益。组织水产学院的学生代表收集学生的广大诉求，并在学校"真情·责任·发展"座谈会上，针对同学们反映强烈的英语课程的开设和规范问题发声，并提出积极的改进建议，受到学校相关部门的关注。我热衷公益，担任上合峰会志愿者，参加爱心公益跑、老年社区服务等志愿活动，为城市尽一份自己的力量；担任"海之子"宣传大使，将学校的辉煌成就与显著特色带回高中母校。我用自己的行动，以感恩之心回馈社会。

当我了解到同学们对于施展才华具有强烈渴望时，我便积极"搭台"，让表演者在元旦晚会上享受舞台，让运动健儿在晨风运动里挥洒汗水，让热衷公益者在水族馆、养老院、支教团里完成小小的心愿；当我认识到学生的权益问题落实不到位时，我便建立线上线下结合的权益渠道，让权益问题的收集与反馈形成良性循环。"学生们需要什么，学生组织就应该提供什么"已经成为我一贯的工作信条;"搭建学生需要的成长平台,讲述学生想听的水产故事"也成为我在学生工作中不变的追求。对于当代青年人来说,我们决不能只注重个人发展而忽视团队合作,相反,我们更需要在集体中承担更大的责任,践行时代赋予我们的使命,带动更多的同龄人共同进步。

漫漫人生路，上下求索之

水产学院　罗漫漫

罗漫漫，女，汉族，1999 年 2 月出生，中共预备党员，水产养殖学专业 2016 级本科生；曾获国家奖学金、国家励志奖学金；获山东省优秀毕业生以及校优秀学生等荣誉称号。

冬去春来，窗外鸟儿叽叽喳喳，阳光洒满整个房间，我坐在电脑前，回顾本科四年的生活，用一句话总结，那就是：漫漫人生路，上下求索之。

此生归路愈茫然，无数青山水拍天

初入大学，久违的解放让我欣喜难耐，看着一切都十分新奇。然而，自卑和迷茫随之而来，我发现大学不再只是学习，看到身边同学们早已规划好大学生活，积极参加社团面试，我一度对自己产生了怀疑。不明确自我定位，不了解大学生活，跟不上大学节奏，迎来的是前路漫漫的迷茫。在第一次班会上，班长召集新生辩论赛成员，看着周围举起的一只只手，我在心底为自己打气，告诉自己这是我迈出大学生活的第一步，我怯懦地举起手，想被选中又害怕被选中。最终勇气带给我机遇，我有幸作为班级代表之一备战新生辩论赛。白天课程结束后，我就和学长学姐们聚在一起讨论、交流、模辩、总结。这场比赛为我搭建起大学的地基，成为我和大家沟通的桥梁。和同学们逐渐熟知起来，我发现原来大家都一样的迷茫。而学长学姐们除了指导我们辩论外，更多时候都在关心我们初入大学是否适应，和我们分享他们在学习、选课、社团、宿舍相处等方面的经验，鼓励我们去探索、去试错、去成长。比赛结束后，我决定加入水产学院辩论队,希望变得和他们一样优秀,不仅要成为一名优秀的辩手,更要成为学弟学妹们的领路人。加入辩论队后,大学变得忙碌起来。准备校辩论赛、交流赛、纳新、培训,搜集资料、整理资料、模拟辩论、总结点评……观点上的碰撞是加快我们相互了解的催化剂,也是日后深厚情感的硬房基,而辩论队也在不知不觉间壮大起来,这支依托兴趣而建立的队伍从2008级一直传承至今,成为水产学院的一颗"希望之星"。

不经一番寒彻骨,怎得梅花扑鼻香

加入辩论队后的我自信心大大增强,希望能够不断挑战自我,更上一层楼。在学姐的介绍下,大一下学期我报名参加了英语表达艺术班,每周的定题演讲、随机的即兴演讲和老师的犀利点评使每个人都神经紧绷。刚开始时,我的演讲思路受限,语音语调也差太远,我不断和老师探讨、拓展思路,一遍遍模仿语音语调,在学期末我有了明显的进步。大二上学期,班级人数骤减。有了一学期的经验,加上在辩论队的长久训练,这学期的辩论学起来更加轻松,我开始享受课堂,期待着被点评和不断进步。这一年的演讲与辩论生活不仅提高了我的英语水平,更重要的是,它让我认识到,只要不断努力就能不断向上,到达你未曾想过的高度。

大二学年是我迅速进步与成长的一个学年,伴随着角色的改变,我对责任有了更深刻的理解和体验。作为一名入党积极分子,我争取在日常生活中起到带头作用,组织"禁毒""关爱心理健康"等主题团日活动,被评为"团的活动积极分子";作为班级学习委员,我及时整理课程重点和复习资料,督促并帮助有需求、有困难的同学,班级挂科率明显降低,大家也在活动中结下深厚的同窗情谊。除了寻求自身的成长外,我也在努力回馈社会:在团岛农贸市场给新市民子女辅导功课,鼓励他们寻求更大的世界;在老年大学教爷爷奶奶们使用电子设备,帮助他们紧跟社会发展;在湛山寺、海水浴场打扫卫生,为游客们提供温馨干净的旅游环境;在就业中心勤工俭学,认真做好毕业生的三方协议派遣工作。作为英语角外交部部长,我积极策划活动,联系旅游景点和博物馆,协调活动场所,为鱼山校区的同学们搭建一个与国际友人交流分享和提升自我能力的平台;作为"海之子"宣传大使,我回到高中母校宣传中国海大校史校情和招生政策,为学弟学妹们答疑解惑……正是这大大小小的责任,让我脱去稚气、走出迷茫。

在英语表达艺术班从说不出话到侃侃而谈,我逐渐意识到阻止我们去打开自己的,常常是那种过分的"自珍",因为不敢上前,总是给自己找出不上前的理由。然而事实却是,别人没工夫掂量我们,我们也不用对那种情境过度频繁地模拟。在团岛农贸市场为新市民子女辅导功课时我差点中暑,但学期末看到他们成绩单后却更加体会到梁启超先生曾说的人生须知负责任的苦处,才能知道尽责任的乐趣这句话的含义。在繁重的课业和实验压力下,每晚凌晨才能入睡的我在学年末评奖评优时,体会到"不经一番寒彻骨,怎得梅花扑鼻香"……我想,也只有挺过人生道路的风霜雨雪,才能体会到"回首向来萧瑟处,也无风雨也无晴"的淡然。

雄关漫道真如铁,而今迈步从头越

大三学年是我们决定未来方向的重要节点,在工厂实习的我虽然还未确定自己的职业规划,却全然不再有大一的迷茫和焦虑了。我认真回顾了自己进入实验室学习的过程,认识到自己不适合科研工作,于是下定决心跨专业保研。跨专业保研看起来容易,但是准备起来却困难重重。首先是跨专业保研的不确定,由于大二学年大部分时间都用来体验科研,我的学业成绩有所下滑,而跨保生则更需要成绩、简历的优秀,我很有可能成为保研边缘人。其次是保研方向的确定,我在综合考虑自身学科背景、职业规划、准备难度等各个方面后选择了法律方向。准备的过程既紧张也兴奋,每天在实验室完成工作后,还要准备材料、恶补专业知识。每次从自习室回宿舍看到满天星光的时候,我就告诉自己,一定要拼尽全力。从决定跨保到奔赴各个学校的夏令营再到拿到中国人民大学的 offer,一路都离不开学长学姐和朋友们的支持和鼓励,忘不了他们为我搜集信息、联系同学,忘不了他们帮我修改材料、模拟面试,忘不了在最终纠结offer 选择时,学姐在工作间隙给我打来的电话……正是他们的全力支持和帮助,让我更坚定地迈向人生下一步。

回首这四年,我很庆幸自己在中国海大成长,在水产学院成长。身边优秀的人太多,鞭策着自己不断进步。在朋友圈里,看到有连续打卡 900 多天的朋友,有为竞赛学到"秃头"的朋友,有早早明确兴趣并已经上手的朋友,有 offer拿到手软的朋友,有跨多个学科发展的朋友,有迷茫之后确定方向而奋勇前进的朋友……看到大家每天都为自己的未来而努力着、进步着，一个普普通通的我，更需要努力提升自己。"自重，自觉，自制，此三者可以引至生命的崇高境域。"我欣赏拥有好习惯的人，习惯可大可小，但却表明了一种清洁性自律，也表达了对生活的一种偏执，正因如此，人的生命有了质的不同。

　　四年时光悄无声息地逝去，大学生活已进入尾声。再回首，自己再不是当初那个稚气未脱、迷茫不知所措的新生了。四年里，我不断进步、不断成长，认识到新时代青年的责任重大。再向前，我更要坚守本心，做一个自重、自觉、自制的人。

在科研之海乘风破浪

水产学院　周　正

　　周正,男,汉族,1995年10月出生,中共党员,渔业发展专业2018级硕士研究生。曾获研究生国家奖学金、第五届东升研究生奖学金、研究生实践创新奖学金等;获山东省优秀毕业生以及校优秀毕业生、优秀兼职辅导员、优秀团干部、优秀青年志愿者荣誉称号。

　　惊风飘白日,光景西驰流。转眼间,我已在山海间度过了三个春秋。犹如一条鱼儿游进了浩瀚的海洋,前行中,我遇到了亦师亦友、甘为人梯的老师,也寻到了一起通宵实验、共克难题的挚友;品尝过收获的喜悦,也流淌过失败的泪水。但庆幸的是,我始终没有迷失在这片大海中,而是坚持着、努力着、奋斗着。

　　我出生于河南省周口市一个普通的农村家庭,没有优越的经济条件,却从小明白知识改变命运的深刻道理。离家求学十几载,我的脑海中常常浮现出幼时的一幅画面:我们姐弟几人围着一张方桌认真地写着作业,父亲在一旁阅读报纸,母亲坐于床头缝缝补补。父母文化程度不高,既指导不了学业,也讲不出深刻哲理,却培养出了勤奋努力、吃苦上进、为人处世一身正气的我们。

　　求学一路走来,与水产的结缘,或许是一场意外,又恰似命运的安排。由于高考志愿调剂,河南师范大学的水产养殖学专业成了我当时的归宿,陌生与迷茫顿时扑面而来。为了充分了解这个专业,我开始广泛阅读相关书籍,抓住一切机会向任课老师进行咨询。原来,尽管水产养殖业在我国具有广阔的前景,但青年人才的稀缺大大限制了这个产业的发展。因此,我立志要学好这个专业,并决心报考中国海洋大学水产学院的研究生,希望能够为我国水产业的发展贡献力量。"水产梦"犹如一粒种子,在我的心底慢慢生根、发芽。我认真学习各门专业课,充分挖掘自己的专业兴趣,连续三年获得学校三好学生标兵、三好学生以及各项奖学金等荣誉。我坚持全面发展自己,从大一到大四,我先后担任过班级的班长、学院的学生会办公室主任以及学生会主席等职务,获得了学校模范学生干部、年度十佳团干部等荣誉称号,并在大四学年获得了河南省三好学生和新乡市优秀大学生的荣誉称号。这些经历,为我来到中国海大、在这里坚持发展和完善自己打下了坚实的基础。

2018 年 8 月 13 日,我怀揣着"水产梦"来到了中国海洋大学水产学院。宋微波院士在开学第一课上"放眼世界,立志高远"的谆谆教诲,至今仍回荡在耳边,让我始终保持着对科研的热情和对学习的渴望。硕士研究生一年级,当大家还在积极完成课程任务的时候,我早早地找到师兄师姐,让自己提前涉足科研。一方面可以学习实验技能,为日后自己开展实验奠定基础;另一方面能够充分了解实验室的研究方向,寻找自己的研究兴趣。研一上学期,我便在师姐的指导下完成了一项实验任务,并成功在水产养殖领域一区的 TOP 期刊 *Aquaculture* 上发表了一篇 SCI 论文,另外申请了一项发明专利。研一的下学期,我指导了一项本科生国家级创新型实验项目,通过小组成员的共同努力,项目最终顺利结题。除了科研实验,我始终没有忘记全面发展,我于开学时竞选了班级的党支部书记一职,党支部成立之初,我就把"培养教育党员、切实服务同学"作为党支部建设的宗旨,把提高党支部凝聚力、发挥战斗堡垒作用作为目标。此外,我还积极参加各项志愿服务活动,如担任 APEC 渔业可持续发展培训班志愿者、青岛市国际马拉松志愿者。研一的这些经历,不仅开阔了我的眼界,让我了解了海洋渔业发展的前沿领域,也提高了我的科研实验能力、团队协作能力等。经过一年的学习,我更加坚定自己的"水产梦",并产生了攻读博士研究生的想法。

硕士研究生二年级我觉得是最困难的一个时期。由于我所从事的研究方向可查阅的资料较少,因此大部分实验我都是摸索着推进。同时,在这一年我担任了学院的德育辅导员,承担了学院一些事务。我仍然记得,无数个日子里,我白天做实验、晚上处理学院以及党支部的工作从而奋战到凌晨四点的场景;我仍然记得,2020 年元旦,大家在朋友圈晒跨年的欢乐时,而我却在调节实验反应器直到凌晨两点;我仍然记得,连续进行了 50 天的实验后,因实验材料问题而宣告失败的场景。原想着研二下学期返校后重整旗鼓,可突如其来的疫情打破了我的计划,将近半年的时光白白流逝,我开始变得焦虑和紧张,但对梦想的执着和对科研的热情让我愈挫愈勇,在主动与导师沟通、查找问题并优化了实验方案后,我的状态也迅速恢复。

疫情好转后,学校便积极地筹备返校工作,我申请了第一批返校,但当时也已经基本到了研三阶段。返校后,当别人已经开始找工作、谋划未来的时候,我一心扑在实验室,紧张有序地开展实验。春节时,当别人回家与家人团聚、欢度佳节的时候,我刚完成一项连续 32 小时的实验⋯⋯功夫不负有心人,在假期里我完成了所有的实验任务,并完成了毕业论文的撰写。论文完成后,我没有停下脚步,"海纳百川,取则行远"的校训始终为我指引着前进的方向。我快速转入博士研究生的备考阶段,每天在图书馆复习专业课知识,最终顺利地通过了考试,被拟录取为中国海洋大学水产学院的捕捞学博士生。在毕业学年获得研究生国家奖学金以及被评为山东省优秀毕业生更是为我三年硕士生涯画上了圆满的句号。

巴尔扎克曾经说过,苦难是人生的一块垫脚石,对于强者是笔财富,对于弱者却是万丈深渊。面对苦难,我选择做一名强者,始终保持乐观的心态、永不言弃的态度,脚踏实地地走好每一步,将苦难化作最肥沃的养料,让心中的梦想之花因之而盛开。我相信,坚定理想,努力拼搏,在科研的海洋中乘风破浪,苦难过后必是辉煌。

乘着那片海,远航

水产学院　周秀娟

　　周秀娟,女,汉族,1992年12月出生,中共党员,水生动物医学专业2017级博士研究生。曾获教育部博士研究生国家奖学金、中国海洋大学一等学业奖学金;获山东省研究生优秀科技创新成果三等奖、中国海洋大学优秀研究生科技创新成果二等奖;获山东省优秀毕业生、山东省优秀学生干部以及校优秀研究生、优秀研究生干部和水产学院"学术之星"荣誉称号。

　　2015年8月,我和中国海大相识在鱼山路5号。硕博五年,中国海大见证了我的胆怯与勇敢,迷茫与坚定。我想每个人的博士生生涯都不是轻松的,而与压力携手而来的是更多的成长与收获,中国海大给了我们兼容并包的通识教育,也让我在各类学生活动中实现自我。每一步的成长都离不开实验室的培养,在实验室的时光总是难忘。难忘实验失败的沮丧,难忘互帮互助的"难姐难妹、难兄难弟";难忘熬夜加班后小客厅夜宵的喷香,难忘导师一边批评我们的不足,一边时不时地给我们"投喂"各种零食;难忘毕业告别时,老师们像父母一般操碎心的叮咛,叮嘱我们好好工作的同时,别忘了抓紧解决个人问题。在实验室老师们的教导下,近五年我参与国家自然科学基金等4项科研项目,以及中央高校基础研究基金(2018年)、NBRPC、山东省重点研究开发项目、山东省泰山学者计划等科研项目,发表SCI文章5篇。我还积极参加国内外学术会议及论坛活动,开阔眼界,增进交流。曾参加现代海洋渔业可持续发展研讨会、2016年全国水产学科博士研究生学术论坛等,参加中国水产学会鱼病学专业委员会2019年学术讨论会并做口头汇报。

作为一名博士研究生，除了做好科研学习，也应时刻注重全面发展。我积极参加社会实践活动，不断提高自己各方面的能力。担任博士生班班长一职时，我严格要求自己，把集体利益放在首位。时刻不忘提升自己的综合素质，积极参加文体活动和社会实践服务，得到了丰富的实践锻炼。在科研之余，我热爱集体，团结同学，积极为同学们服务，及时传达学院老师的通知，随时反馈同学们的情况，做好老师和同学们沟通的桥梁，是老师和同学们的好帮手。我与其他班委一起，多次组织集体活动，丰富了博士研究生的课余生活，使大家团结互助、增进交流，也帮助同学更好地融入集体，提升了博士研究生们的综合素质，获得了学院老师及同学们的认可。我积极参加各项社会实践活动，曾担任青岛二中和中国海洋大学联合启动的"卓越计划"的助理导师，带领青岛二中品学兼优且对科研有浓厚兴趣的学生（5人），开展海水鱼类病原菌的检测方法的课题研究。作为志愿者，我参加了青岛市大学路小学"海洋科普进课堂"活动。在这个过程之中，我学会了如何组织同学们积极高效地完成班级工作，如何协调科研学习与其他工作，如何在处理不同类型的工作中得到历练和成长。

中国海大见证了我的成长，我也见证了中国海大水产学科的蓬勃发展。2017年9月，中国海大入选世界一流建设A类高校，9个学科（领域）名列美国ESI全球科研机构排名前1‰，水产学科作为一流学科入选，更为雄厚的项目支持、更为先进的仪器设备、更为丰富的学习交流机会、更高水平的研究文章随着"双一流"建设的不断推进奔涌而来，为每一位同学的学习发展提供了更大的平台。"双一流"的标签，也增加了就业机会，成为我们求职时靓丽的名片。

现在的我，是浙江农林大学的一名青年教师。离开中国海大、踏入工作岗位的我，正在学着老师们教导、培养我的方法学做一名合格的教师。也正是当我成为一名教师后，才更能深切地体会到求学阶段老师的良苦用心。我会像所有毕业生、所有的"海之子"一样，在自己的工作岗位上，以青春之我、奋斗之我，刻苦钻研、锐意进取。

又到一年毕业季，看到校园里穿学士服的学生们，在母校时的点点滴滴又浮现在眼前。忘不了科研路上导师的谆谆教导，指点迷津；忘不了组会汇报时的加班加点，胆战心惊；忘不了生活中同学们的相互鼓励、彼此陪伴；忘不了海大深夜的月色朦胧，清晨的金色朝阳。有的时候我在想，究竟是多幸运，在最美好的青春年华里，可以和海大相遇，遇良师，逢益友，增远见，长卓识。

　　泪湿眼眶红,心系海大蓝。往日之时,母校以她如海的胸襟包容着我们,而如今,我们作为前程万里、来日方长的"后浪",必将谨记"海纳百川,取则行远"的校训,秉承"牧海唯真,敏学笃行"的院训,带着母校留给我们的永不褪色的精神烙印,以如海的胸襟、如阳的热情,向着那片海,远航。奋斗的路上,所有的"海之子"都知道,身后的那片海,一直都在。

踏歌长行

食品科学与工程学院　袁　冰

　　袁冰，女，汉族，1998 年 11 月出生，中共党员，食品科学与工程专业 2016 级本科生。曾获国家奖学金、学习优秀一等奖学金、獐子岛百佳优秀学生奖学金；获 CAPINNO 全球商业食品饮料挑战赛最具技术挑战奖、美国大学生数学建模竞赛 H 奖等奖项；获山东省暑期"三下乡"社会实践活动优秀学生以及校优秀学生干部等荣誉称号。

做一只勤奋的蜗牛，一步一步，慢慢走

　　恰少年锦时，自当有向往，有追求，有梦想。自踏入中国海大，成为食品科学与工程学院大家庭的一员，我便憧憬着远方深深浅浅的蓝色流转，盼望着探索海洋食品宝库中的奥秘。然而，当真正接触课程学习时，我迎来的不是神奇的海洋世界，而是枯燥乏味的公共基础课程。心理的落差使我感到失落，我被丰富的海洋资源、奥妙的生命科学、未知的营养知识所吸引，却不为基础课程所动。当我逐渐深入地学习食品专业知识后，我才意识到基础课程的重要性，就这样，对专业的热爱和对知识的渴望给予了我不断学习的动力。我将千变万化的化学方程式看作一朵朵浪花，而我每次经过洗礼后都会迎来收获的喜悦，三年的学习成绩排名第一、连续两次获得国家奖学金、素质测评 12 项全优等荣誉的获得亦给予了我不断前行的勇气。

　　大二学年，我对海洋微生物产生了浓厚的兴趣，进入学院海洋食品酶学与生化工程实验室进行课题"壳聚糖酶的开发与应用"的研究。在课题开展之初，

一系列问题接踵而至——如何利用枯草芽孢杆菌进行外源表达？如何摸索最佳实验条件？虽然这些问题对大二的我来说颇有难度，但我在热爱和兴趣的推动下，一步步学习，不断探索、不断尝试，完成了 BUT 酶在枯草芽孢杆菌中的高效表达。

人人都追求成功，殊不知成功的背后是求知的炽热之心和脚踏实地的奋斗与坚持，在热爱中求知，在求知中收获，科研长路，我还是会不忘初心，一步步前行。

走了很多路，庆幸的是，我真的去走了

我对生活充满着热情，尝试着去做了很多事情，碰过壁，也磕磕绊绊地成长着。

在过去四年的创新创业比赛中，我获得了 2 项国家级奖项、3 项校级奖项。初次接触创新创业比赛是 2017 年"挑战杯"，从最开始的一腔热情，到确定方向、寻找团队、开展项目，我们从零开始，满怀信心地踏入比赛场地，最终却铩羽而归。几个月过后，我们带着经验重新出发，新的团队、新的血液、新的思想碰撞，在日日夜夜的实践、磨合与修改后，我们最终取得了较好的成绩。更幸运的是，在这些比赛中，我遇到了思维开阔的小伙伴，认真负责的指导老师，他们总会在我想要放弃时给我力量，让我重燃斗志，而那些一同奋斗的夜晚，也注定是我大学四年最珍贵的记忆。

作为大学生艺术团舞蹈部部长，我参加了包括毕业晚会、学院元旦晚会在内的十余场晚会的演出。我十分享受在大学生活动室挥洒汗水的感觉，在那里，我能感受到年轻的朝气，一次次演出亦给予了我审视自己的机会，让我更加自信。

从零开始，我与两位队友自学数学建模备战美国大学生数学建模竞赛，踏上四天不眠不休的战场后，我们马不停蹄地查资料、阅读文献、设计模型、编写程序、撰写英文论文……尽管中途一度停滞不前，但共同的信念让我们坚持到最后，最终获得了美国大学生数学竞赛 H 奖。这次参赛经历让我意识到了要永远保持谦逊之心，夯实专业基础并广泛涉猎才能越走越远。

勇敢前行，是因为承载着责任

如果说，大一的自律生活奠定了我大学生活的基础，那么大二担任团支书

的时光便是我自我提升的关键时期。我从第一次策划团日活动、第一次主持班会的"小白"不断进化，当看到同学们认可的眼神时，我逐渐意识到，当我主动去关注、关心班级同学时，他们会同样地回馈给我爱与感动，支撑着我不断前行。我认为这是作为一名学生干部最幸运的事情。

"一滴水，只有融入大海，才能永不消逝；一粒沙，只有投入大地，才能凝聚力量。"怀着对学生工作的热爱，我大三学年申请成为新生班主任助理，在同学与老师之间搭建了沟通的桥梁，这段经历亦给予了我珍贵的体验，我今后也仍然会在一个个充满爱的集体中，继续给予爱、接受爱，与大家共同进步。

过去三年，令我最骄傲的一件事情便是 2017 年 7 月，我组建了一支"三下乡"团队回到家乡，以为家乡发展贡献智慧和青春力量为目标，调研了家乡新旧动能转换的情况，并有效推动了政府与当地企业进行沟通，获得了《泰安日报》的报道，我也因此获得了省级、校级"三下乡"优秀学生称号。在我参加爱心导医等社会实践的过程中，我体会到了传递爱与责任的快乐与美好，它单纯却富有着力量。

士不可以不弘毅，任重而道远。奋斗的道路艰辛漫长，幸而一路有良师益友相伴，又有热爱为驱动，感谢学校和学院的培养，让我这个每天做着小小努力的普通女孩，有了前行的底气，也在生命科学的浩瀚海洋中找寻到未来的方向。我会珍惜和感激我现在所拥有的一切，满怀希望地奔赴我无限可能的未来。前路迢迢，我定将以梦为马，踏歌而行，不负韶华。

彼此当年少,莫负好时光

食品科学与工程学院　李晓月

　　李晓月,女,汉族,1998年11月出生,中共预备党员,食品科学与工程专业2016级本科生。曾获国家励志奖学金、学习优秀一等奖学金;获校优秀团干部、优秀学生、优秀团员、优秀毕业生等荣誉称号。

　　带着迷茫与憧憬,18岁的我,走进中国海洋大学的校门,成为一名食品科学与工程学院的学子。拉着大大的行李箱,拿着一叠报道材料,我就这样手忙脚乱地开始了有口皆碑的"清闲"的大学生活……

迷茫时,努力

　　匆匆又短暂的大一学年由两部分组成,一个是闷热的夏天,一个是清冷的冬天。

　　夏天里到处充斥着陌生的面孔和应接不暇的全新的大学生活。在汗水的浸渍下,即使仅完成了各种分内之事,我也觉得自己快要成了校园里最繁忙的人,再抬眼看看周围的同学,发现原来大家都多少有些感同身受,似乎校园里容不得一刻清闲。军训、选课、上课、社团活动等一气呵成,还调皮似的时不时叠加一下,打得你措手不及。所幸有优秀的学长学姐和热心的同学们,一段段手忙脚乱的日子最终都平稳地渡过了。

　　每天伴着活力无限的太阳,不知不觉也感受到了海风带来的一丝凉意、寒意。渐渐适应了大学生活后,只参加了一个社团的我脱离了忙碌,"清闲"一词也逐渐出现在了我的视野里,然而,与之同行的还有迷茫。彼时的我,最怕空闲和独处，因为没有目标而无所事事，每分每秒都过得缓慢，偏偏手中最富余的便是时间。自己迷茫，可以参照别人的努力，于是，我开始想象和模仿。我想象传说中的"精英"们，如果得了这大段空闲会做些什么，毫无疑问，就像电视里说的，读书。从小没有完整地读过一本书的我，开始把自己按在图书馆，就算是只看最引人入胜的武侠小说，也要坚持把我闲置的时间放在图书馆。渐渐地，读书不再是强迫，而是一种享受。我模仿身边优秀的同学，认真记录课堂，好好整理复习笔记，"被优秀"的过程毫无乐趣可言，然而，只要告诉自己"这点儿努力还不到放弃的零头"，也就坚持了下来，撑过了可怕的考试周，竟也取得了不错的成绩。

迷茫时，也应当抓紧时间努力。若不知道方向，便学习他人的努力，向着公认的方向前进，也许在万人大道的远处，我们才会遇到适合自己的岔路，但在遇到自己的路之前，我们至少要"随波逐流"到百千米外的远处。

思考后，行动

五彩缤纷的大二就像是明媚的春天，似乎所有努力都有了回报，我也在思考后勇敢做出了行动，且不论结果如何，至少在行动开始时便收获了快乐和无憾。

大二伊始，我有幸获得了上学年的国家励志奖学金，这对我来说，不仅仅是一项荣誉，更是对我努力的肯定，同时也是对我接下来大学生活的鼓励。评选过后，在班主任张朝辉老师的指导下，我开始思考接下来的大二生活。由于大一初入学时的羞怯，社团活动、班级管理等很多机会都与我擦肩而过，我确实应该多参加一些活动，多接触不一样的事物，在美好的大学时光里给自己尽可能多的体验和可能性。该做些什么？哪些才是适合我的、我喜欢的？我是否还有时间和机会去尝试？已经大二的我还适合去纳新吗？一系列问题都在我的担忧范围之内。但此时，与其畏惧不前地后悔，不如就勇敢地慎思笃行。在保证学习之外，我挑战自己，担任了班级的学习委员；参加了公益社团"东乡行"西部志愿者协会、兴趣社团鱼山八点读书会；为了了解科研生活，担任队长组队参加SRDP科研项目；此外还尝试了家教、面馆服务生等不同种类的兼职。

这一年的时光过得飞快，我如同初入学般疯狂接受新鲜体验，又在经历迷茫后豁然开朗。我庆幸，自己能在思考之后做出行动，盲目地尝试带来的后果也许还会是迷茫，但思考后的尝试，带来的是快乐。

成长的累积

有的人说,成长总是发生在一瞬间,也有的人说,成长是潜移默化,而我的成长更像是多个瞬间的累积,一个片段不足以称得上高潮,多个片段交接递进则可以撑起整个故事。

我的职业发展规划,经历了些许改变。初入学,我对食品营养方向有较大兴趣,便报考了公共营养师考试,计划以此作为就业选项之一。在随后的寒假中,我便应聘到了一家小型健身房担任营养顾问一职。在为期一个月的实践中,我深刻意识到了自己知识和理解的欠缺,体会到了纸上谈兵行不通的道理。而后的暑假中,我作为志愿者参加了学院举办的研究生夏令营活动,短短的三天时间,我有幸领略了多位老师的风采,在他们饱含热情又儒雅随和的讲话中,我似乎感受到了学识渊博的魅力,我开始考虑将考研纳入毕业选项中。大三学年,我担任了汪东风教授食品化学课程的助教,起初,我只抱着完成任务的心态来对待这份工作,可随着工作的进行,我发现无论我什么时间去找汪老师,他总在伏案工作。汪老师对待学生认真负责的态度以及对待学术问题求真务实的作风,使正当年少的我惭愧不已,不知不觉中,助教这个岗位对我而言不再是一份工作,而是一次成长、一个转变,坚定了我选择科研道路的决心。

2017年1月,刚满18周岁的我向党组织递交了入党申请书,这不是一时冲动,也不是随波逐流,而是发自内心的对党的敬仰。我从小在农村长大,义务教育、医疗保险、"三农"政策等举措,无一不是党对人民的关怀,多年来人民生活的翻天覆地的变化,也都是在党的领导下实现的。中国共产党是全心全意为人民服务的党,是有能力领导全国人民走向繁荣富强的党,加入这样的组织,是我的理想。2018年3月,我成为一名入党积极分子,通过更深入的党课学习,我意识到,我的思想水平还远远不够,还仅仅停留在对党的敬仰的层面,但如何更上一层也成了我的瓶颈。2018年6月,我参加了青岛上合峰会交通志愿者服务活动,在担任志愿者的20天里,我在实践中实现了为人民服务的愿望,体会到了为人民服务的幸福感,在实践中突破了思想瓶颈。随后,在2018年8月,我参加了"东乡行"社团组织的以"关爱留守儿童,助力乡村振兴"为主题的暑期乡村夏令营,去河南省洛阳市贫困区嵩县的太山庙小学进行为期14天的志愿服务活动。在这个过程中,一些停留在脑海中的词语,如教育资源分布不均、扶贫必扶智、乡村振兴，在这个贫困区的小学中，我都深有体会。到祖国最需要的地方去、到人民最需要的地方去，这样的思想应该在我们青年的脑海中生根发芽，青年应该珍惜时间，练就过硬本领，为中华民族伟大复兴添砖加瓦。2019 年 6 月，我成为一名光荣的中共预备党员。在今后的时间里，我更要严格地要求自己，从各个方面提升自己，投身到祖国的建设中去。

青春不留白

彼此当年少，莫负好时光。大学是最好的时光，我们有无限的可能，无论是手忙脚乱或是心中迷茫，我们都应该抓住青春光景，去做些什么，至少不在一去不返的时光中留下空白。

在路上寻找自己

食品科学与工程学院　　王俊凯

王俊凯，男，汉族，1998年10月出生，中共党员，食品科学与工程专业2017级本科生。曾获国家奖学金、学习优秀一等奖学金；获校优秀学生干部、优秀团干部、优秀学生、优秀团员、优秀毕业生等荣誉称号。

人生就像是一场由离别组成的电影，四年的时光即将结束，故事接近尾声，属于我的大学生活即将落幕。

舟航于海上

习近平总书记说过："青年志存高远，就能激发奋进潜力，青春岁月就不会像无舵之舟漂泊不定。"我想，奋斗、进取、奉献的青春，才是最美的青春。初入大学的我，也是一样的懵懂无知，如同一艘小船漂泊在迷雾之中，找不到自己前行的方向。但是我很庆幸，庆幸自己参与了学生工作，庆幸自己大学的第一年就递交了入党申请书，庆幸自己在迷茫的时候愿意去不断尝试，不断选择不同的方向与角度，去经历、去体验。

流水不争先，争的是滔滔不绝。

无论是一次次活动中收获到的同学们的欢声笑语以及老师的肯定，还是在党课上学习先进思想和党员先锋事迹带来的种种触动，都宛如灯塔的光一样指引着我向前航行，也让我找到了自己存在的价值与意义。尤其是在大三这年成为院学生会副主席与预备党员之后，我才发现自己的一举一动、一言一行都发生了彻底的改变。忘记可能遇到的危险，见到图谋不轨的流氓，我便直接冲上去将其擒住,虽然事后发现掌心都是汗水,却没有一丝后悔;从同学们的实际需求出发,我还参与组织并举办了一系列有益于同学们综合素质发展的活动,完善了诸如"新教课表""诚信服务站""学子说、学者说、青年之声 FM1924""popi 提问箱"等一系列与同学们生活、学习切实相关的工作。居家防疫期间,我第一时间站出来,担任防疫志愿者,在学院老师的指导和支持下,充分运用网络阵地,积极开展网络育人,累计推送文章 100 余篇,阅读量超过 10 万,疫情相关 NCP 多次排名全校前三。我发现,自己告别了那个懵懂无知的自己,开始有了中国青年应有的样子。

路 行 于 雨 中

学生干部要发挥标兵模范作用,坚持全面发展,学院老师一直这么教导我们。但遗憾的是,之前的两年我却没有这样要求自己,由于在活动中投入了过多热情与精力,我的学习成绩在大学的前两年一直不尽如人意,我一直对自己说人无完人,可抬眼望去,在各方面齐头并进的优秀的同龄人无处不在。"如果我也能那样就好了"……我的内心也浮现过这些话语,但却总是以学生工作繁忙为由一再为自己开脱,我好像接受了这个不完美的自己。学校学生标兵事迹报告会上,优秀的同龄人带给我极大触动,心里充满了对自己过去放纵行为的悔恨,学生干部照样可以学习、工作"两手抓","忙"不是借口。现在这样就可以了吗?我真的甘心吗?不,并不是这样的……越是憧憬,越要风雨兼程。我想拼凑出梦中拼图的最后一块,我想在我毕业的时候回首四年,不留遗憾,所以在最后冲刺的一年里,即使担任院学生会副主席后任务再多,我也不再找任何借口与理由放松自己的学习。从大三学期的第一天开始,我过得更加自律充实,做好时间管理,第一时间申请返校学习,从初夏到深秋,往返于图书馆和教室之间,在这期间一个人独处的寂寞、工地的噪声、暑期的高温、理想的差距,每当我一个人在黑暗中独行的时候,我也想过放弃,想过回到以前那样平凡懒散的日子。感谢团委王新磊老师在我这迷茫的一年中与我一次次地谈话,凭着在学生工作中锻炼出的毅力我坚持了下来。从加权 78 到加权 89,从挂科再到班级第二、专业第三,这一学年的国家奖学金、一等奖学金、优秀学生等荣誉就是对我最大的肯定!

心洒于国土

习近平总书记说过,"要让青春之花绽放在祖国最需要的地方"。虽然在大学里我对一系列实际问题进行了社会调研和实践,获得过校级优秀实践团队、省级优秀实践团队以及优秀实践个人称号,完成了国家级创新实验,参加了省级创业项目,组队参加创业比赛获得了特等奖,但直到疫情防控期间,我才真正地停下脚步去思考——作为一名"食品人",应该怎样去做。曾经我以为薛院长向我们描绘的"以海育人、向海索食"的梦很远,我也怀疑自己是否能在这场追梦的旅程中留下自己的身影,直到在这次疫情中,无数人面对未知、面对新冠依旧发起冲锋,让中国向世界交了一份优秀的答卷,这给我上了一场生动的大课。于是我立足于专业知识,发挥食品专业特长,将所学转化为所用,在老师的指导和帮助下,组队建立了综合健康宣传、高校产品转换、帮农扶农于一体的新媒体平台,疫情防控期间筹集抗疫物资,帮售贫困地区滞销产品,宣传食品相关抗疫知识,为防疫抗疫、脱贫攻坚贡献了自己的力量。

星光不问赶路人，
时光不负有心人

食品科学与工程学院　　姜岁岁

姜岁岁，女，汉族，1991 年 7 月 13 日出生，中共党员，水产品加工及贮藏工程专业 2017 级博士研究生。曾获研究生国家奖学金、一等学业奖学金；获校优秀研究生、优秀党员、优秀毕业研究生等荣誉称号。

2017 年，我怀揣对科研的向往来到了中国海洋大学，开启了我博士研究生生涯。这期间我有过高潮，也有过低谷；有过迷茫，也有过坚韧。

创新发展拓荒牛

初入科研这条道路时，并非因为热爱科研或拥有宏伟的抱负，只是随波逐流考了博士研究生。幸运的是在科研这条路上我遇到了人生中重要的两位导师，他们的教育理念与科研热情感染着我，让我寻觅到自己的方向，坚定不移地走下去。

生活中，经常会遇到准备考研的师弟师妹问我考研好不好，我想这个问题，不同的人有不同的答案。每当有人问我类似问题的时候，我会反问他为什么要读研，大多数人的答案是周围的人都在考研究生、考公务员，好像自己和大家不一样就会低人一等。每当这个时候，我就会和他们讲一下我自己的经历，让他们重新思考和决定是否考硕或者考博，是否要踏上科研这条路。

作为一个从"双非"学校走进中国海大的学生，毫无疑问我是幸运的。硕士生期间导师帮我在科研上的指导打下了良好的基础，并取得了一定成果，让我对自己充满信心。相反，我身边也有很多同学被科研"折磨"得信心全无，甚至在毕业的时候暗暗发誓永远不再做和科研有关的任何事情。所以我说科研对不同人而言,意义是不一样的,但是只要你怀揣对科研的热忱,不忘初心,路途或许坎坷,但终将到达终点。

我带着对科研的兴趣开始进行学术研究。那段时间,科研让我膨胀,感觉自己整个人都飘了,觉得自己并不比"双一流"学校的学生差。可是在逐渐接触中我发现,自己好像只是比其他人多几篇文章,其他方面都有差距,我慢慢地有了自卑心理,开始迷茫自己是否应该接着走下去,甚至自我否认,觉得自己不够好,特别在刚换新的研究方向之时,科研工作迟迟无法进入状态,大约半年的时间白天做实验失败,晚上做梦梦到白天的实验,焦虑、烦躁常伴左右。过去好久之后我再回想,那时我给自己的压力太大了,急于向外界证明自己,却忘记了科研本身不是着急就能做好的,直到读博期间发表了第一篇文章、拿到一等奖学金、得到周围人的认可,我才发现自己也有擅长的领域,于是学会放过自己,学会不和他人盲目比较,而且会汲取他人的优点,做一个今天比昨天优秀的自己,但行好事,莫问前程,水到自然渠成。

从那以后,我尝试和同学交流,尝试协助老师带领硕士研究生开展课题研究。在这过程中,我变得越来越自信,我认为是科研给了我一双翅膀,让我可以飞出自己的舒适圈,看到更广阔的天空,见到更好的自己。

借着这双翅膀,2019年我有幸到美国康奈尔大学学习交流,在那里我见到了更多更厉害的学界大咖,但我不再自卑,懂得借助翅膀控制自己的轨道和速度,让自己变得更强大。我的导师在这过程中起着举足轻重的作用,他教育我们先做人后做事,让我学会不盲目自大;他对科研的追求,让我学会严谨踏实做事;他在自己的岗位上默默付出,他对学生真诚纯粹的爱,让我看到了一名真正的人民教师的样子,十年树木,百年树人,坚信在未来的职业生涯中我一定也可以成为像曾老师一样的园丁。

我只想用我的科研故事告诉还在迷茫的学弟学妹,多向别人学习,勤于探索,勇于实践,学会正视自己,找到属于自己的"翅膀",在天空画出属于你的轨迹。

艰苦奋斗老黄牛

我于2019年11月至2020年12月在美国康奈尔大学学习交流。学习交流的机会是宝贵的,交流期间却遇上新冠肺炎疫情,学校封闭,只能居家学习。都说"台上十分钟，台下十年功"，刚开始居家时，看着每日新增的病例，实在煎熬，毫无思路，通过与国内导师、学长的交流，我逐渐放平心态，利用居家的时间与他们视频沟通，构思下一步的实验方向。也是居家的这段时间让我真正静下心来审视了自己的科研思路，确定研究短链脂肪酸对肝脏细胞脂质代谢的影响，为治疗非酒精性脂肪肝等代谢疾病提供新的治疗靶点及思路。

同时，我还利用居家时间，搜罗官方相关信息翻译成英文，传播防疫措施及方法，科普防疫知识，传播中国声音。其间，曾接受湖南卫视视频采访，为在异国他乡传播防疫知识贡献了自己的力量。

为民服务孺子牛

科研学习之外，我坚定思想信念，勇挑责任重担。2018—2019 年，我担任博士生党支部书记，一年的党务工作经历中，我时刻没有忘记党全心全意为人民服务的宗旨，带领支部委员及党员积极与教职工联络，开展座谈交流，与外部搭建共建平台，在科研交流与理论学习上精益求精，形成积极向上的文化氛围。

生活中，我热爱跑步，从最初的 400 米到现在可以安全完赛半程马拉松，跑步分泌的多巴胺让我感到心情愉悦。跑步如同科研，过程是很辛苦、很煎熬的，但最终会给我们带来愉悦、兴奋。

学生时光是最令人回味的，如果你读到了这里，请花 3 分钟时间回想一下上一阶段的学习经历，是不是会庆幸自己当时没有放弃，没有像个别同学一样虚度时光，把有限的时间放在了游戏、玩乐上？伟大的梦想不是等来的，也不是喊来的，而是脚踏实地、一步一步实践出来的。所以，当你遇到岔路口不知如何选择时，请勇敢地先踏出一步走下去，切莫因权衡利弊而踌躇不前。青春时我们可以去尝试无限可能，直到找到最适合自己的那条路。

星光不问赶路人，时光不负有心人。前进道路上，只要你不忘初心，永葆向上之心，你所向往的远方终将到达，你定会感恩当时自己的奋斗。

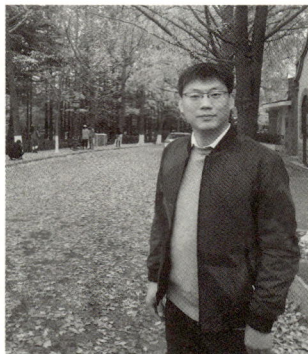

面向大海，心自静谧

食品科学与工程学院　郑洪伟

郑洪伟，男，汉族，1990 年 1 月出生，中共党员，食品科学专业 2017 级博士研究生，瑞典隆德大学联合培养博士。曾获得国家奖学金、国开行励志奖学金；获校优秀研究生干部、优秀团干部等荣誉称号。

当张开双臂面向大海、海风拂过面颊的时候，每一颗惴惴不安的心都会安静下来。那宽阔、自由、澎湃的浪花将桎梏与忙碌中的"小确幸"释放出来，迎着阳光，亦是幸福。11 年求学生涯中，有过迷茫与紧张，也有过激动与喜悦，最终归于坚持理想与责任后的静谧，别有一番滋味在心头。

因为有准备，所以更精彩

2010 年的初秋，经历了高考的洗礼，我像无数懵懂的学子一样，怀着对未来的憧憬，迈入鱼山路五号的大门。那天下着小雨，但丝毫不影响我激动的心情，饶有兴致地漫步在这个有着百年历史的校园。大学是追梦的时代，每个人都在纷繁中选择自己的未来，绽放自己的风采。我是个闲不住的人，我也是个爱思考的人，我更是一个爱静的人；鱼山校园满足了我所有的需求，古树葱葱郁郁之下的漫步，启发了我所有的思维。我大学生活的第一步走在了学科交叉领域中，并对我的研究生学习生涯起到了重要的影响。

从高中时期我就立志要在科研这条道路上走得更远一些，相对于缤纷复杂的生活，我在这一阶段将数学与英语学习重新提上了议程。我是食品科学与工程专业的学生，这个专业本来就是多个学科交叉融合的起点。我比较喜欢学习数学，曾经无数次地幻想有一整段的时间去无忧无虑地学习数学。借着高等数学的东风，一年多的时间里我演算了图书馆中大部分的数学练习书籍，这也让我研究生期间在计算和逻辑方面几乎没有再遇到过棘手问题。学习是一个慢慢积累的过程，大二的时候，我参加了数学建模和数学竞赛，获得了理想的成绩；在物理课上我用自己的思路完成了问题的解析……后期科研过程中各种数学分析模型的构建均得益于这一时期的基础。

硕士生就读期间，有感于自己相对较弱的英文沟通能力，2014年9月硕士生入学后我就在导师的鼓励之下学习英语。我对于英语学习方法了如指掌，缺乏的就是坚持。确定计划后直到出国前的2019年9月，我已经习惯了清晨实验室二楼窗口外信号山的四季变化，坚持练习使我的英语水平慢慢上升。出国后，当很多同学还在焦虑语言障碍的时候，我已可以用英语进行正常的交流。如今，英文写作与交流都已不是限制我的主要因素。

因为坚持，所以圆满

将科研的脚印落在国家及行业需求上，用实际行动去阐述自然科学规律，这是进入科研生活之后我的导师林洪教授和曹立民教授对我的嘱托，也是我在求学路中对自己科研工作的定位。学术研究是容不得半分懈怠的。2013年初次进入实验室时，我就接手了为后续近八年科研生涯定调子的课题——新霉素残留的提取检测。这是一个困扰行业多年的"老大难"问题，"多思考，多尝试"也是老师基于实际情况给我这个"初生牛犊"的建议。因为性质的特殊性，多年来对它没有很好地实现快速检测。那时候的我是执着的，经过多次的总结和尝试，终于借助免疫识别技术突破了这个问题。问题得以解决，思考却仍在继续："如此普通的一种药物如何更快地解决它的分析问题呢？"我查阅文献整整半年多，最终构建了新型亲和识别技术的分析体系，用这种新思路在两个月之内解决了分析问题，并奠定博士生期间的工作基础。博士生期间我做的是一个新方向，老师给予了我最大的支持，但是跨学科范围实在太大，很多的基础问题仍旧需要我自己去探索。从2017年9月进入博士生阶段开始，为了更好地学习我所从事的专业方向的知识，在导师的支持下，我天南海北地参加会议、拜访老师和学习。学生身份使我获益匪浅，很多老师体谅我来回奔波的不易，帮我熟悉行业的发展状况，我有了丰富的收获。

2019年9月，我申请公派出国，抱着在科研上更上一层楼的想法到瑞典隆德大学进行联合培养。这期间，有挫折令人沮丧，而对我而言，最大的资本就是坚持不懈、孜孜不倦。这段时间里，国外导师鼓励我多交流、学习，我掌握了隆德大学特有的聚合物制备技术，也因此在国内的工作中更上一层楼。坚持、融会贯通和勇于挑战是这一段科研经历的写照。从接受看似"希望渺茫"的课题，到做出有自己特色的体系和理论，七年来，我从别人和自己的共同怀疑中形成独具特色的思维体系，这一切都得益于自己坚持不懈、勇于创新的那份决心。

因为奉献，所以快乐

11年的求学路，我的思想中深深烙上了"海纳百川，取则行远"的印迹。我不仅学会了奋斗，更知道了奉献。2012年暑假，我去青海西宁支教，在那里我体会到了与想象中不一样的生活，那里有很多孩子在翘首期盼跟我们一样的生活；我们带过去的看似普通的东西都是他们眼里闪烁的惊喜。没有经历就没有体会，这一刻我感受到了理想与责任的重任。回来后，我参加了"金色翅膀"志愿者活动，给家庭困难的孩子提供学业辅导，也让我认识了更多的志愿者，他们的耐心与责任心让人折服，也让我更清楚地明白了爱和奉献是我们所有美好希冀的基石。

2014年，我作为志愿者参加了学校95周年庆典的外事服务，得益于前期外语方面的努力，我参与了协助国外专家的工作。进入博士生阶段之后，我的精力大部分都放在了科研上，但最让人开心的是我仿佛是实验室的"百科全书"，也许是在实验室工作时间比较久的缘故，无论是实验操作规范，还是设备仪器，我都可以第一时间给予其他同学帮助，我成了他们口中的"铁打的师兄"，我也乐于这份付出与支持，因为我一直很清楚地记得第一次进实验室时我的师兄师姐也是一丝不苟地教我做实验，那份情感，值得我去传递。

11年的学习生活中，我从本科入学时的懵懂，到博士毕业时的成熟和稳重，不变的唯有内心对校园生活底蕴的追寻。生活不仅有黑白双色，更有五彩线的斑斓，每个人都有自己的抉择，但坚持、奋斗、理想和责任是我们永恒的主题，来自青春的努力与拼搏会让我们的选择无悔。

以梦为马，不负韶华

医药学院　于　柳

　　于柳，女，汉族，1997 年 9 月出生，中共党员，医药学院药学专业 2016 级本科生。曾获国家奖学金、学习优秀一等奖学金、社会实践奖学金和国际生物分子设计大赛（BIOMOD）团队银奖；获山东省高等学校优秀学生、优秀毕业生以及校优秀学生标兵、优秀团干部、优秀学生、优秀团员、优秀毕业生等荣誉称号。

　　流光容易把人抛，我在母校的青葱之歌悄然间已接近尾声。感谢母校，给了我积淀、完善自己的一隅方田，让我心中的医药梦随着眼界的开阔而日渐清晰……

寻梦，寻一份热爱

　　药学于我究竟是怎样的存在，我迟迟没有找到答案。俗话说得好，兴趣是最好的老师。要想学好专业，首先要学会热爱它。我充分利用学校、学院提供的各类资源，不断夯实专业基础。我去图书馆借阅书籍，专业领域的、兴趣方面的，我都渴望去探索；我在实验室学习基本操作，践行"纸上得来终觉浅，绝知此事要躬行"的永恒真理；我向老师请教疑惑，不让书本中的重难点留下问题……久而久之，丰富多彩的海洋资源、复杂多样的生理机制和神奇未知的海洋药物逐渐吸引着我，内心对专业激发出的巨大热爱给予了我更大的学习动力，自身学习的主动性大大提高，即使面对枯燥乏味的学习内容，我也乐在其中。特别是当我得知我校管华诗院士研制的藻酸双酯钠（PSS）是国家第一个海洋类药物时，我内心的自豪之情久久难以平复，它第一次让我觉得自己离伟大的科研成就如此之近,使我对自己未来的科研道路充满了希冀;同时,更让我感受到研发药物是一件很神圣的事情,因为同样肩负着救死扶伤的使命。自小古道热肠的我热爱这份使命,我要做一名甘于奉献的医药人,为百姓的健康幸福而奋斗!原来,这便是我苦苦追寻的梦想;原来,药学于我是一个载体,是我心中医药梦的载体。

织梦,织满簇美好

为了开阔眼界,我选择参加国际性大赛以快速提升自己。2018年10月27日,我站在由美国加州大学旧金山分校主办的国际生物分子设计大赛(BIOMOD)的主讲台上,向在座的来自世界各大高校的参赛选手及评委老师讲解我们的参赛项目。功夫不负有心人,我们取得了全球银奖的好成绩,但这"台上一分钟,台下十年功"的艰苦历程又可与谁说!

站在领奖台上,我们接过评委颁发的证书,鞠躬感谢台下雷鸣般的掌声,并与主办方一起合影,但我的思绪却始终萦绕在过去整整一年的光景中:三天一小会、五天一大会,成员们会因为实验方案的小瑕疵而你一句我一句地争论起来,次次讨论到宿舍关门的时间,然后大家一起狂奔回宿舍,看到阿姨还没锁门,我们又会一边大口喘着粗气,一边笑哈哈地挥手道别,把开会时"剑拔弩张"的紧张感一抛脑后;为了赶项目进度,我们每天埋头赶任务,困了就趴在桌子上小憩一会儿,第二天每个人的腿都肿了一圈;在飞往旧金山的飞机上、在旧金山国际机场的休息室内、在比赛前一晚的酒店房间里,我们时刻都在准备着,一遍又一遍地背诵稿子,检查PPT,排练剧目……这一幕幕仿佛是放映机播放的影片,在我眼前依次铺陈开来,泪水顿时涌上心头,倔强地在眼眶里打转……

这段比赛经历是我永远珍藏的回忆,它让我懂得人外有人,比自己更优秀的人却比自己更努力。我需要做的就是继续严格要求自己,不断攀登新的高峰!

铭记梦归处,不忘来时路

2018年1月,我参加了赴越南调研活动,切身体会了中国"一带一路"倡议为越南经济带去的巨大活力。其间,还有幸与彭世团参赞亲切交谈,深入的交流让我感受到了中国特色社会主义发展道路的蓬勃生命力。我一心向党,更希望引领更多的青年坚定跟党走,因此无论是作为医药学院中国特色社会主义理论研究会会长还是作为药学专业本科生党支部书记，我都在努力做到通过组织丰富多彩、形式多样的活动充分发挥思想引领作用。在党的光辉的沐浴下茁壮成长的我，始终明白自己追求的那份永不磨灭的理想与信念，所以在医药学院党委、团委的大力支持下，我作为发起人之一成立了海药科普团并担任副团长，团队成立的初衷是希望充分发挥学院在海洋药物领域的专业优势，以青少年为科普对象，通过制作《海洋药物科普读物》以及开设志愿课堂的方式，科普海洋药物、用药安全等相关知识，填补中小学生在海洋药物领域的认知空白。团队已经完成了共计 10 万多字科普读物的编写工作，并与 7 所小学共同建立特色海洋药物课程体系，被《人民日报》《青岛日报》等 21 家媒体报道，在青岛市各中小学中的知名度与认可度也不断提升。历时两年，看着社团从无到有、愈加完善地发展壮大，我甚是欣慰和满足，那些为其奔波辛劳的日日夜夜早已不足一提。前路漫漫，道阻且长，真心期望社团逐步实现质的飞跃，梦想成真！

一日为药学人，一生追医药梦

我永远不忘自己在青岛大学附属医院担任志愿者时，一位老农望着自助缴费机上高昂药费时的无助神情。在观看《脱贫日记》纪录片后，我才意识到广袤的祖国大地上有多少贫苦百姓是因病致贫。而在医疗费之中，高昂的药费占了很大的比例。在这场中国人民必须打赢的"脱贫攻坚"战役中，我们药学人是百姓们幸福生活的坚强后盾与中流砥柱，创"新药"不是治病源头，创百姓买得起的"良心药"才是！我心中的医药梦更加明朗！

2019 年 11 月 2 日，由中国海洋大学医药学院、中国科学院上海药物研究所和上海绿谷制药有限公司历时 22 年共同研制的治疗阿尔茨海默病的原创新药——九期一®（甘露特钠，代号：GV-971）成功上市，填补了阿尔茨海默病 17 年无新药上市的空白！绿谷制药董事长更是表示，GV-971 的定价原则之一就是"要让老百姓吃得起"，这正是我一直追求、渴望实现的医药梦！

一场突如其来的疫情，浇灭了新春佳节的喜乐团圆气氛，打乱了我们的正常生活，但却让世界感受到了中国作为真正大国的担当精神，见证了中国人民在灾难面前团结一心、同甘共苦的斗志昂扬。同时也让药学人更加意识到自己肩负的国民健康重担。初期，网上出现了"双黄连口服液、板蓝根是特效药"的不实传言并被疯狂转发，一时间人心惶惶，就连兽用双黄连也被哄抢一空。谣言止于智者,谣言更止于责任。作为药学专业本科生党支部书记,更作为药学专业的一分子,我带领支部成员发挥专业优势,为身边的亲人朋友普及科学用药的重要性,宣传疫情防控的方法,帮助他们养成正确的防控意识,构筑起共抗疫情的钢铁长城!

我与药学结识,刻苦钻研、夯实基础,使命感让我决心投身科研,实现自己的医药梦。幸福是奋斗出来的,一日为医药人,一世当为之拼搏,如此,待暮时回首,才可感叹这一路的医药韶华真美啊!

待与青春长久斗

医药学院　曾薪屹

曾薪屹,女,汉族,1998年9月出生,中共预备党员,药学专业2016级本科生。曾获国家励志奖学金、校社会实践奖学金;获2018年校中西医药知识竞赛专业组一等奖;获山东省优秀毕业生、山东省暑期"三下乡"社会实践活动优秀学生以及校优秀学生、优秀青年志愿者、助学公益之星等荣誉称号。

很喜欢一段话:怎可轻言投降? 至少苦干十年八载,才论其他。吃苦而有收获,则不算苦;吃了苦而一无所得,也很应该。世事不如意者常有八九,抱着这种心情做事,无所谓气馁。

仰望星空,脚踏实地

我没有显山露水的天赋,只有日复一日的重复和坚持。大学四年,我脚踏实地,努力学习,时刻以严格的标准要求自己,课上跟着老师在知识的海洋里遨游,听他们将专业知识和药学界前沿的动态娓娓道来;课下空闲时间便泡在教室一方安静的天地中,整理所学所思所感。心无旁骛地认真钻研,于我而言是一种幸福;参加中西医药知识竞赛获专业组一等奖,于我而言是一种肯定。

这个世界属于有天赋的人,也属于认真的人,更属于在有天赋的领域认真钻研的人。为了增强自己的实验技能,培养自己的科学素养,我于2017年带领团队走进实验室开展"不同分型胃癌细胞中O-糖链表达谱的分析研究"这一SRDP项目,由于我有良好的团队合作意识和协调沟通能力,在老师和师姐的指导下,我们的项目进展顺利,小组成员合作愉快,并于2018年5月成功申请为国家级大学生创新训练项目,于 2019 年 5 月顺利结题。我还参加了学院的本科科研创新人才培养计划,参与人体肠道微生物与多糖相互作用的科研工作。在近两年的科研及学习生活中,我对科研工作有了整体的认识和把握,对研究生生活有了较为深入的了解。在此期间,我学习了如何进行文献资料的搜索和提炼,熟练掌握了细胞的培养、收集、冻存、传代,蛋白的提取和糖链的释放等技术及体外发酵模型的构建。一路走来,实验室师姐对我进行了耐心指导并悉心帮助,她们规范的实验操作、严密的逻辑思维一直深深影响着我、激励着我,和她们在一起工作也总让我获益良多。

勇于尝试方不悔

一个人可以向外去无限宽广地拓展世界,也可以向内去无限深刻地发现内心。开阔视野,将目光放得长远些;听从内心,做自己真正想做之事,我的尝试无悔。

入学时,学长学姐们的热心帮助如绵绵春雨洒在我的心间,为了将这份爱传递下去,2017 年我担任了药学专业 2017 级一班班主任助理一职。我认真负责,积极协助班主任处理班级事务,定期走访女生宿舍,与全班女生谈心,获得了老师和同学们的认可。我时不时与学弟学妹们分享我的经历,希望对即将一步一个脚印走过大一的他们有所启发;时不时"偶遇"他们,仿佛看见一个个温暖的小太阳;时不时晨读、晚自习点名,询问他们迟到、早退的原因,留下一张"严肃脸"……这份工作,有不被理解的辛苦,亦有我与他们一起成长的甘甜。

带着与优秀的人并肩而行、让自己变得更好的初衷,我加入了学习先锋岗并担起了负责人一职。身为学习先锋岗的总负责人,我共组织过 6 次模拟考试,监考人数达 600 人,形成学习经验采访稿约三万字,致力于在全院形成良好的学习氛围,降低全院同学的挂科率。在团委老师的指导下,不论是采访"学霸"们的学习和备考经验,还是组织同学们进行模拟考试,我都以全心全意为同学们服务为宗旨,认真做好自己的本职工作。在为全院同学服务的过程中,我锻炼了自己的组织能力与协调沟通能力,享受到了和大家一起头脑风暴的快乐。看到同学们对模拟考试持肯定态度;看到大家因他人分享的学习经验而有所收获,不再异常迷茫;看到同学们期末备考时紧蹙的眉头在拿到复习资料的一刻舒展开时,身为负责人的我,内心的幸福感油然而生。

为了更好地宣传学校学生资助政策及体制机制,扫除家庭经济困难的中学生"上大学难"的后顾之忧,激励更多贫苦的学生自立自强,2018 年寒假期间,我担起了医药学院资助宣传大使一职。我走进村里,和忧心高昂学费的中学生近距离交流,宣传中国海洋大学助学政策。年轻的血液是用来沸腾的,青春的朝气是用来拼搏的。"济困助学,扶弱励志"——这是中国海洋大学学生资助政策宣传大使活动的宗旨,而我何其幸运,成为宣传队伍中的一员。如今,这八个字深深地印在了我的脑海中,无时无刻不激励着我奋发向上,自立自强。回馈社会,奉献自己,劳累也会变成礼物,感恩的光芒将照亮我前行的路。

2019 年 4 月,我担任了班长,为班里的同学们服务;同年 9 月,我担任了学院的辅导员助理,辅助老师完成学生工作中各项交办工作。在大大小小的事务面前,我愈发体会到老师们工作的不易,也更懂得换位思考、将心比心的道理。在不知不觉中,我提高了自己的工作效率,看待问题也比以前更加全面,工作时也会更加细致,会不断反思,以便将工作做得更好。不断尝试、不断挑战、不断奉献,我坚信,只有选择有价值、有意义的事,勇敢地去尝试,才能不断突破。

从拒绝成长到成长

我连续两年参加了暑期"三下乡"社会实践活动,并于 2018 年带领团队获得了"省级优秀服务队"的称号,我也被评为山东省大中专学生志愿者暑期"三下乡"社会实践活动优秀学生,我们的调研报告被评为全校 8 个优秀实践成果之一。回首看,上海的调研之旅充满了不易:我们迎着晒得皮肤火辣辣的骄阳,沿着导航的指示却走到了一栋正在重建的楼房;发放问卷时市民的不理睬,保安的驱逐……困难重重,重重困难。但只要团队齐心协力,就没有跨不过的坎儿。奔波一天后,在地铁上仍然统计问卷结果的队友;因临时有事、必须提前离开团队,却在离开的当天仍在准备宣讲资料的队友;脚被磨破却一声不吭、每天熬夜赶稿的队友;为了宣讲能达到良好的效果,经过我们的一审、二审,颇有亲和力的"居委会大妈"队友……他们都在不经意间带给我满满的感动,这也在无形之中鞭策着我——种种突发的情况面前,遇到困难实属正常,作为队长我要始终保持正能量,积极寻找解决措施,提前想好突发事件应对方案,才是我应该做的事。感谢这一支不轻言放弃的队伍和无论何时都耐心地给予我指导的老师,让我从拒绝成长到成长。

同年暑假,我从学院的 16 个候选人中脱颖而出,获得了参加中国海洋大学第三届行远励志项目,去新加坡研修交流一周的机会。在新加坡,和知名企业家交流,和同龄人一起畅聊大学生活,和性格分析师探讨职业选择;在"客户创新体验坊"学习团队合作,碰撞创新思维的火花;游览新加坡著名景点、海港,参观新加坡一流学校、文化馆,感受不一样的风土人情和异国文化。新加坡的研修之旅,成为我 20 岁前生命的赠礼,它所带给我的不只有珍贵美好的记忆,更有留存于心的感恩与激励,这份别样的体验,这股一想起就会从心底涌上全身的暖流,将伴着我远行。

明朝长路,惜此时心

大一是慢慢摸索,在跌跌撞撞中找到为之不懈奋斗的目标;大二是不断尝试,积极主动地争取每一个挑战自己的机会;大三是沉淀,静心潜思,一步一个脚印地走出属于自己的路;大四是怀揣希望,厚积薄发,张开双臂拥抱更加广阔的远方。

现在,我已保送至浙江大学药学院攻读硕士研究生,但我深知,道阻且长。今后,我会不忘初心、砥砺前行,争取为我国医药行业的发展做出自己力所能及的贡献。

不念过往，不畏前路，
不馁于行

医药学院　韩　旭

韩旭，女，汉族，1999年12月出生，中共党员，药学专业2017级本科生。曾获国家奖学金、校学习优秀一等奖学金、校第九届青岛银行优秀大学生奖学金和校第十二届智营销大赛一等奖；获校优秀学生干部、优秀团干部、优秀学生、优秀团员、优秀毕业生等荣誉称号。

"凡事念念不忘，必有回响。因它在传递你心间的声音，绵绵不绝，遂相印于心。"这种充满力量的信念使我明白，相信自己所相信的，坚持自己所坚持的，结果自会来。

知行合一，做理想信念的践行者

"心中有信仰，脚下有力量。"我始终相信，坚定的理想信念与深厚的家国情怀是当代大学生成长成才的必然要求，志不立，天下无可成之事。2019年11月19日，光荣入党的那一天，鲜红的党旗、紧握的右拳、铮铮的誓言都深深刻进了我心里。我知道，党员的身份意味着责任和使命，意味着在每一项工作中都要勇于担当，冲锋在前。这样的信念也无时无刻不激励着我积极行动、热忱付出，为祖国和人民绽放出最绚丽的青春之花。

2020年新年伊始，一场突如其来的疫情悄然肆虐神州大地，无数共产党员逆行出征，奋战在抗疫一线。在这些优秀榜样的引领之下，疫情居家期间我也积极为国家疫情防控工作献出自己的一份力量。作为药学专业的学生，我积极发挥专业特长,面向家人、朋友开展正面宣传,科普疫情防控知识,增强其疫情防控的意识和能力;作为学院学生会主席,在学院老师的指导下,我积极组织撰写推文,在学院公众号累计推送疫情防控相关文章 200 余篇,并打造全新的线上打卡活动,使居家的同学们能及时关注疫情动态,在自律中提升自我。

2020 年是我国脱贫攻坚战的收官之年,更是牵动着举国上下亿万人的心。在了解到学校定点扶贫云南省绿春县的工作后,我与几名党员自发成立微店——海药绿春供销社,通过微信公众号、抖音直播等形式多渠道宣传带货,帮助绿春销售因疫情而滞销的农产品。我们也积极发挥药学专业特色,在销售养生保健药材铁皮石斛的同时,科普药材功效与用药知识。近两个月的时间里,从最初撰写营销策划方案的困难重重,到最终总销售额位列第一,有幸获得校智营销大赛一等奖,我们心中始终有着坚定的信念。我们认可所做之事的意义与价值,也许我们的力量微小,但聚沙成塔,我国脱贫攻坚战的全面胜利就是在一点一滴的积累中取得的!

学以致用,做海药精神的传承者

于我而言,课堂、实验室、志愿服务和社会实践,都是我学习和成长的重要阵地,让我学以致用、知行并进。

刚刚进入大学时,作为公共课"硬骨头"的高等数学常常让我陷入自我怀疑,作为专业课"排头兵"的有机化学又一度让我陷入挂科的恐惧,那时候的我不敢奢望在不久的将来能够如愿获得国家奖学金。经过三年的积累,那一天真正到来的时候,我才真真切切地体会到收获的喜悦。这一路上,我从来都不是最优秀的那一个,但无论在何种境地下我都从来没有放弃过平凡的自己。这一路上的点滴进步让我明白,学习其实是最公平的一件事,有付出就会有收获,道阻且长,行则将至。

四年的学习中,对基础理论知识的理解和掌握,也让我对药学这个专业有了更深的认识。人类医药事业的发展离不开新药的研发,新药的研发又离不开药学领域的专业研究,这样的认识让我有了一种使命感。为提升自身实验技能与科研素养,我积极组队参与学校 SRDP 项目,随后成功申请国家级大学生创新创业训练计划,利用细胞糖链原位编辑的新技术,寻找抑制肿瘤靶点的新方法,为肿瘤新药的开发贡献力量。作为一名海药人,我还加入了校先进青年志愿者服务队——海大医药科普团，并担任讲师组组长。团队以开设志愿科普课堂的方式，科普海洋药物相关知识。我认真研读管华诗院士所著的《中华海洋本草》，提高自身专业素养，并组织讲师培训会，走进14所中小学，在孩子们心中撒下"蓝色药库"梦想的种子。

坚持热爱，做学生工作的奉献者

大学生活中对我来说最有意义的一件事，应该是在学生工作中发现了我的热爱。在学院学生会新闻部工作两年后的我，强烈地萌生出要继续留在这个优秀组织中贡献自己力量的想法。产生这个想法的原因有很多，既是因为在工作中服务同学收获的成就感，也是因为学生会这个优秀组织的吸引力，更是因为我自身对学生工作的那份热爱。

在新闻部工作了两年的我，当时亟待提高的就是组织开展活动的能力。时间已然是4月份，距离学生会换届还有两个月。在这不长的两个月里我带领新闻部成功举办了校第一届网络文化节的摄影作品大赛，并获得学校颁发的优秀组织奖。同时，我作为学生负责人协助举办了院毕业晚会，呈现了一场精彩欢乐又温馨动人的视听盛宴，得到了老师和同学们的认可。感谢这两场活动的锻炼，它们补足了我的短板，增强了我的优势。最终我也成功竞选为学院学生会主席，继续为热爱的学生工作发光发热。

担任学生会主席的一年中，我始终秉持着服务学生的工作宗旨，兢兢业业，认真负责，该年度我院学生会荣获校优秀分会。为使活动真正贴合同学需求，我通过问卷调查调研学生会活动满意度，并在学院公众号设立"我有话说"栏目以广泛听取学生声音。这一年，我带领学生会在思想引领、专业特色等方面组织开展各类活动30余项，惠及全校学生700余人次。

正是因为在学生工作中收获的自信，再加上身边优秀辅导员老师们的影响和帮助，我将自身优势与职业理想相结合，坚定而自信地申请了在校研究生辅导员。新的征程即将开始，我会坚守本心、一如既往，在热爱的领域发光发热是我始终追求的目标！

知来藏往，永不毕业

医药学院　韩文伟

韩文伟，男，汉族，1992 年 2 月出生，中共党员，药物化学专业 2017 级博士研究生。曾获国家奖学金、第四届海状元奖学金，第 15 届中国药理学大会"青年科学家卓越口头报告"奖和生物技术与健康产业发展研讨会"优秀论文"奖等奖项；获校优秀研究生、研究生实践活动积极分子等荣誉称号。

时光飞逝，不知不觉间，毕业已经一年，但我未曾离开学校，也未曾离开实验室。2020 年博士毕业后，我选择继续在学校从事博士后研究工作，秉持着一如既往的热情耕耘在实验室里，进一步加强和提升自身素质能力。回望在中国海大的六年时光，一路走来，收获良多。中国海大不仅见证了我的成长与蜕变，更赋予了我行稳致远和永攀高峰的追求。

多给自己一个机会

2014 年夏天，我第一次来到中国海大，参加了医药学院举办的第一届夏令营，并由此与中国海大结缘，顺利地在此攻读硕士学位。在这之前我经历了多种的选择：山东省选调生复试、海南消防总队及山东大学硕士研究生，正当我纠结于该选择其中哪条道路时，一次偶然的机会，我在网上浏览到中国海大医药学院将举办第一届夏令营的通知。看着这条通知，我决定再多给自己一条可选择的道路，于是马上报名参加。在夏令营中，医药学院的老师们详细地介绍了学院的研究领域和成果，并带领我们参观了青岛海洋生物医药研究院，当了解到管院士在 70 多岁高龄下仍满怀海洋药物研究的激情，创办了这所致力于海洋生物医药成果转化的研究院时,我被深深地打动和吸引了。那是我第一次接触海洋药物这个领域,但我知道,我接下来将投身于海洋生物医药领域,"向海问药"、筑梦深蓝。生活中我们会面临多种选择和机遇,当对眼前的道路迷茫和不确定时,我们应多给自己寻找新的机会和可能性,有时我们的梦想火花就会被偶然点燃,从而找到自己的奋斗方向。

失败亦是开始

2015年夏天,本科毕业后,我进入中国海大医药学院赵峡教授课题组,开始了我的硕士生生涯。从化学材料迈向海洋药物领域的过程充满着困难和挑战,进入实验室后,我的研究内容是制备和表征系列硫酸软骨素不饱和二糖。这是一个全新的方向,课题组往届的师兄师姐没有开展过相关研究,因此我只能通过查阅文献资料来进行实验设计。根据文献资料,我进行了一次次的实验摸索,但一次次的实验失败狠狠地打击着我的内心,课题研究也一度处于停滞状态。实验的不顺虽一度使我陷入沮丧,但更激发了我要战胜困难的决心。通过对失败的结果进行反复的分析和对产物进行系统摸索,我终于从一系列失败样品中找到了突破口,发现了定位硫酸化的新方法,打通了系列硫酸软骨素不饱和二糖的制备路线,我的第一篇 SCI 论文由此诞生,课题研究也迎来了新的篇章。一时的实验失败并不意味着结束,而恰恰是新的开始,它鞭策和启发着我们从中获取知识,从而实现新的飞跃。

乐于寻找困难

2016年清明前后,我的实验在化学方面遇到了"瓶颈",于是我决定拓展知识领域,将研究方向从化学转向分子生物学,进一步深入开展课题研究。分子生物学是我从未涉足和学习的领域,没有相关的知识背景储备,面临的困难可想而知,但我乐于去开辟这个"新战场"。我开始疯狂地学习和查阅分子生物学知识并做好笔记,去分子病毒实验室请教师兄师姐相关问题,短短的一个多月,我瘦了 10 斤,但我的病毒实验进展却相当缓慢。面对困难,我选择迎面而上,在一点点实验和摸索的同时,我积极主动地帮师兄师姐做相关实验,这样师兄师姐在给我讲解他们实验步骤时会相当细致,避免我实验操作时造成实验结果的偏差。经过三个月的疯狂学习和实验,我掌握了分子生物学专业学生几年积累的各项实验和理论技能,课题研究也柳暗花明。我们在做研究时不能只拘泥于既定思维,而应乐于去开拓新思路、新领域,乐于去寻找困难和解决困难,这样才能打开眼界,实现突破。

念念不忘,必有回响

2019年的实验阶段,我进行了寡糖靶点实验,但做了三个月仍没能攻克靶点,那段时间我无时无刻不在思考,寻找一切能解决它的方法,梦中都在设计和分析。后来在一次课题组组会上,有个做多肽的师弟介绍他的实验时,老师一句不经意的点评,即将糖和多肽应用联合,瞬间启发了我。我可以把寡糖接到多肽球上,再去定向靶点。在脑海中勾勒出实验方案后,我立刻进行了实验,两天后我就成功攻克了靶点难题。在研究过程中我们会遇到各种各样的难题,当一时无法解决困难时,我们不能选择逃避,而是应穷尽一切方法来攻克难题,将想法付诸实践,念念不忘,必有回响,终能找到问题解决的方法。

知来藏往,永不毕业

每天步入浮山校区,门口景观石上四个遒劲有力的大字总是率先映入眼帘——永不毕业。学生时代的我当时还未能理解,如今我却更能深刻地体会到其中的含义。在求知的道路上,我们永不毕业,应一如既往地保持求真务实之心,不断学习,不断进步,开拓进取,砥砺前行。"神以知来,知以藏往",感恩中国海大给我的梦想插上翅膀,赋予我乘风破浪的勇气和力量。让我们秉持"海纳百川,取则行远"的校训,以梦为马,奔向星辰大海!

不负医药初心,砥砺前行

医药学院　刘　晶

刘晶,女,汉族,1990年9月出生,中共党员,微生物与生化药学专业2017级博士研究生。曾获国家奖学金、第二届圣武奖学金、学业一等奖学金和"第八届全国微生物遗传学学术研讨会"博士生论坛三等奖等;获山东省高等学校优秀学生以及校优秀研究生、优秀团员等荣誉称号。

年华似水,时光悄然流逝,七年里,我见证了母校90周年校庆的辉煌与荣耀,见证了她入选一流大学建设高校(A类)名单,见证了她在海洋强国战略的宏伟背景下书写奋进之笔,破浪前行。这里名师云集,浓厚的学术氛围让我逐渐在学术研究中不畏艰难、敢于登攀。

努力成为习惯

2014年9月刚入读硕士时,面对实验室高端的仪器,面对大量需要阅读的文献,我心里既激动,又有点迷茫,可是我更害怕时间在迷茫中悄悄溜走。我深知未来学习道路漫长,需要我不断努力。努力一时容易,难的是一直努力,要让努力成为一种习惯,我不一定变成最优秀,但我肯定比之前的自己更加优秀。于是,无论严寒酷暑,我都准时来到实验室,师兄师姐们做实验时,就在旁边仔细观察他们的操作,遇到不懂的地方就耐心向师兄师姐们请教。实验间隙,我会阅读实验室的硕士、博士论文和刊物上发表的文章,一点一滴地学习,我相信日积月累的水滴终将汇聚成河流,我要从不断学习中寻求真理,从思考中认识自我,在追求中收获成长。

科研成为常态

骐骥一跃，不能十步；驽马十驾，功在不舍。科学实验有许多工作是重复性的，甚至是乏味的，科研之路并不像想象中那样平坦和充满乐趣，这期间会有很多坎坷。2018 年 10 月，我以共同第一作者的身份在国际权威期刊 *Nature Communication* 上发表了有关 tRNA 依赖性生物合成基因簇功能研究的文章。实验过程中我们遇到了很多困难，菌株的遗传转化系统难以建立、基因簇定位困难等。我很喜欢一句话——"不到最后一刻不放弃，绝望就是希望。"每当我实验不顺利、全是阴性结果时，我总会在内心告诉自己，再查查文献，再试试其他方法，或许就可以了。那一段时间特别充实，我非常怀念那段时光。我特别感谢师妹每天给我带午饭、晚饭，经常下午两三点，师妹发现我的午饭还在桌上，晚上九十点晚饭还在桌上。每当这个时候，贴心的师妹就过来和我说："师姐，你先去吃饭，我现在有点空，我帮你看着，不会有问题的。"每次我都狼吞虎咽，好像从来也没关注吃的是什么，就希望尽快吃完，为了尽快吃完，经常和师妹说不要带有骨头的菜。努力可能不一定能得到我们想要的，但是不努力一定是什么都得不到。无论是科研课题还是其他方面，我都会及时选定目标，制订实现目标的规划，要将每一天过得充实精彩，不为将来留下遗憾。

2019 年 12 月我在国际著名期刊 *Organic Letters* 上发表文章，通过基因组采掘技术，从海洋游丝链霉菌 OUC6819 中发现了氨基转移酶家族的同源基因 *dtlA*，*dtlA* 的阻断激活了结构新颖、活性良好的 Youssoufene A1 的产生。Youssoufene A1 不稳定，需要在避光、低温的条件下进行分离纯化。当时刚好临近春节，为了不影响课题组其他成员做实验，等他们春节放假回家后，我独自一人在实验室关上灯、关上门，在冰上进行化合物收样。我记得很清楚，晚上 10 点多，在做样品浓缩时，桌上的锡箔纸被风刮掉落在地上，哗啦啦的声音在夜深人静的夜晚特别响，自己也被吓到了。为了尽快做完、不耽误时间，那几天我一日三餐就喝牛奶吃面包，终于等到化合物分离纯化结束可以进行核磁测试，导师之前已经和核磁室工作人员联系可以加班测试。当我把样品装进核磁测试管、放进冰盒、送去检测时，好像自己提着一个特别重要的宝贝，害怕出一点意外。样品送到核磁室测试的那一刻我特别开心，在回去的路上，抬头看着夜晚的星空，觉得那一晚的星空特别的美丽，星星好像在对我微笑。Youssoufene

A1 经过解析是新骨架化合物，并且对 $dtlA$ 激活机制进一步深入研究可能会为激活放线菌菌株中隐性基因簇提供新的认知，我觉得之前的一切努力都是值得的。我们要让科研成为生活的一部分，每天为之奋斗，并从中寻找乐趣，在科研的道路上不断前进，发现我们感兴趣的研究方向并为之矢志不渝、坚守终生。

2019 年 8 月 19 日，我在 2019 级研究生开学典礼上作为在校研究生代表，向师弟师妹们介绍了自己的体会：第一，科研的魅力在于探索未知，科研之路注定不会平坦，将坎坷走成坦途的不二法门就是不畏艰难，持之以恒。第二，科研的征途中，需要在探索和实践中观察入微、勇于探索、勤于思考、敢于创新。第三，科研是一项艰苦的工作，要永远坚守初心，砥砺前行。

志存高远，脚踏实地

2019 年 11 月 21 日，我作为学生代表参加了学校第一期"书记有约"活动。田辉书记的讲话让我记忆深刻，他阐述了中国海大作为国家"双一流"建设高校，在面临前所未有的发展期待、历史机遇和发展挑战时应有的时代责任与担当。他希望我们要勤于学习、勇于探索，要争当优秀、争创先进，要甘于奉献、服务社会。田辉书记的希望也是我们所有"海之子"的责任，无论我们毕业后从事什么样的研究工作，我们都应牢记"海之子"的使命，要以海纳百川之胸襟，阅万卷文集，汲百代精华，在科研的道路上前行，争取为我国医药行业的发展做出自己的贡献。

2020 年 8 月 15 日，由中国科学技术协会和山东省人民政府共同主办，以"青年•科技•未来"为主题的中国科协主席与山东大学生见面会在我校举行。全国政协副主席、中国科协主席万钢与来自山东 8 所高校的 200 多位大学生面对面交流。我很荣幸作为中国海大的代表参加了此次座谈会。在见面会上，万钢主席结合自身工作、学习经历，与我们围绕科学研究、创新创业以及培养"工匠精神"等话题进行了深入交流。万钢主席告诉我们，工匠既在工厂里、农田里，也在我们的微生物实验室里。不要害怕科学研究，不要担心研究方向冷门，要拉更多的人一起坐冷板凳，把冷板凳坐热，把冷板凳坐宽。万钢主席希望我们把个人发展同国家发展、世界发展紧密结合起来，找到自己的发展之路，努力取得更大的成绩。万钢主席的讲话使我备受鼓舞，在以后的科研道路上我会更加努力地学习，不断提升自己的科研能力和创新水平，做一个有理想、有本领、有担当的新时代科研工作者，为建设科技强国贡献青春和力量。

让努力成为人生的底色

工程学院 解 晶

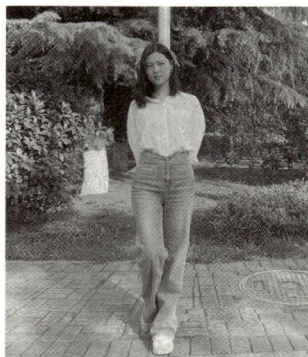

解晶,女,汉族,1998年3月出生,中共党员,港口航道与海岸工程专业2016级本科生。曾获国家奖学金,校学习优秀一等奖学金、二等奖学金,科技创新奖学金;获校优秀学生、优秀团员、优秀毕业生等荣誉称号。

我的父母在我很小的时候开始经商,他们虽然没有接受过高等教育,但为我创造了良好的成长环境。父母的忙碌使我从小就养成了独立自主的性格,他们也用一言一行教育我要脚踏实地,只有让努力成为人生的底色,才可以创造更好的生活。也因为知道生活的不易,我才加倍珍惜每一个可以提升自己的机会。带着这一份初心,四年的大学生活让我收获良多。

越努力,越幸运

在之前的学习生涯中,高中是最痛苦和难过的三年,无论我怎样努力,成绩却总是不那么理想,我一度怀疑高中之前的光环都是假的,未来的日子也一定不会那么顺利。但是凭借丰富的竞赛经历和所获奖项,我通过了中国海大的自主招生,很幸运来到了工程学院港口航道与海岸工程专业。初入大学,我有一点惊奇,有一点期待,但更多的是自卑。我害怕自己又回到高中时的状态,无法做到最好的自己,因周围同学的优秀而感到自卑。这种状态持续了没有多久,偶然中电视里的一句话点醒了我,"努力可以创造奇迹"。是啊,我又来到了新的起点,从前的荣誉也好,失败也好,都不复存在了。我开始努力学习,每天晚上十点才从自习室离开,就这样坚持了一年。大一一年的成绩从初入校的倒数提到了专业第四名。努力确实可以创造奇迹啊,我对自己有了更多信心。

大学四年,我秉持着一份初心,对待学习始终一丝不苟、勤奋努力,无论是基础课程还是专业知识都能做到深刻理解、认真实践。最终结果是,我前三年平均成绩专业第二名,成功获得学校的推免名额,继续在本校攻读港口、海岸及近海工程专业的研究生。

一名党员就是一面旗帜

因从小受到奶奶讲述的老一辈革命家英雄故事的影响,我从大一入学便坚定了要加入中国共产党的想法,从最初的团课到之后的党课再到发展对象培训班,我认真学习党的有关理论知识,积极参加团组织和党组织的各种实践活动,在思想上和行动上积极向党组织靠拢,并于 2018 年 11 月 26 日成为一名光荣的中共预备党员,2019 年 11 月 26 日转为正式党员。成为党员之后,我才真正体会到"中共党员"并不只是简单的一个政治面貌和身份,而是沉甸甸的责任。共产党人不怕吃苦,敢为人先,要永远起模范带头作用。在最初组织开展支部工作的时候,我也因为事情烦琐而崩溃大哭,但哭过之后也要继续拿起手头上的工作,以百分百的热情去认真面对,我深知自己承担的责任,明白党员就是一面旗帜,我更是要在支部里做好这个扛旗的人。在支部工作一年来,在支部内党员的配合下,从支部日常管理到培养入党积极分子、发展党员,再到组织主题党日活动,每一项工作我都能按部就班地完成。在 2019 年"不忘初心"主题教育期间,我组织支部内党员前往社区服务中心学习手语,组织大家前往革命烈士纪念馆参观学习,认识到革命先辈们为了祖国和人民牺牲生命、敢为人先的奉献精神。2020 年突发疫情,支部党员在自己能力范围内尽可能地捐款捐物、参与社区服务……在这期间,我更是充分调动大家的抗击疫情积极性,开展线上帮扶活动,对未能及时返校的低年级同学们进行心理安抚和学业上的答疑解惑。疫情无情人有情,经过这次疫情,我更能深刻体会到党员理应在这种时刻带好头、做表率,万众一心,等待胜利曙光的到来。

人生是道选择题

大学四年的生活如白驹过隙。时间在不经意之间流逝了,留下的是回忆,是一个和过去不一样的自己。我印象最深刻的一件事就是 2019 年研究生推免学校的选择。家人、老师、学长、学姐给了我各种各样的建议,那一段时间我是迷茫的,对未来一点计划都没有,频繁地向人咨询却还是不知道自己喜欢什么,能做什么。我清楚地明白,不同的选择将会意味着截然不同的人生。内心挣扎很久之后,我终于做出了选择——继续留在海大。身边的一些人会有一些不理解:我明明可以去看起来更好的地方,为什么放弃了机会?但是,我明白,我喜欢中国海大,想要继续留在这里。海大对于我来说,是我到现在为止最重要的一个地方和人生经历,她给了我信心,让我成为更好的自己。海大的师资力量雄厚,老师们全身心投入教学和科研,这让我相信海大会变得越来越好。

"懒惰是很奇怪的东西,它使你以为那是安逸,是休息,是福气;但实际上它所给你的是无聊,是倦怠,是消沉;它剥夺你对前途的希望,割断你和别人之间的友情,使你心胸日渐狭窄,对人生也越来越怀疑。"幸好我没有选择懒惰,而是选择了它的对立面——努力。人生总会遇到许许多多的岔路口,或许当时我们不知道哪条才是最正确的道路,但是一旦选择,就要坚定不移地走下去,半路放弃又怎么能知道选择是否正确。我一直相信"努力可以创造奇迹",过去四年是这样,未来也是会一直保持着这样一份初心。在今后的学习生活中,我会更加努力,珍惜每一次可以让自己变得更优秀的机会,不断丰富自己。我会全力以赴,随时准备迎接不同的挑战,等待幸福的到来!

不忘初心,砥砺前行

工程学院　李　敏

李敏,女,汉族,1998 年 3 月出生,自动化专业 2016 级本科生。曾获国家奖学金、国家励志奖学金、校学习优秀奖学金;获第七届山东省高校机器人大赛二等奖、第十四届全国大学生"恩智浦杯"智能汽车竞赛山东赛区二等奖、第八届全国海洋航行器设计与制作大赛二等奖;获校优秀学生、优秀团员等荣誉称号。

惊风飘白日,光景西驰流。恍然间,大学时光已如潺潺流水从指缝中溜走,蓦然回首,我很庆幸自己始终不忘初心,没有在大学的象牙塔之下徒然仰望,而是通过奋斗一步步实现自己的目标。茅盾先生曾说过,奋斗以改变生活,是可敬的行为。于我而言,唯有全力以赴、砥砺前行,方能敲响幸福大门、实现人生梦想。

梦伊始,厚积薄发

生于农村、长于农家,我从小便知获得幸福、实现梦想必然要付出努力、挥洒汗水。我的父母没有较高的学历文凭,没有轻松体面的工作,生活在社会底层,"足蒸暑土气,背灼炎天光"是他们的日常,勤勤恳恳、脚踏实地是他们熠熠闪光的品格。天时地利难尽人意,生我养我的这片土地虽然没有为我带来殷实的物质条件,但父母对我的爱却是不能用金钱来衡量的。即便生活贫困,他们也尽最大努力为我提供更好的读书环境,给我最大的鼓励和支持,成为我最坚强的后盾,他们的乐观与善良更是我面对艰难险阻时最宝贵的财富。

求学路漫漫,2016 年 9 月,我终于踏进了中国海洋大学的校门。我知道大学并不意味着结束,而是一个全新的开始,这里不是放纵的乐园,而是通过努力迈向未来的起点。梦之伊始,我始终坚信厚积薄发的人才可以走得更远。因此,我始终不忘初心,严格要求自己,争做有理想、有道德、有文化、有纪律的新时代大学生。对待学习,我始终认真踏实、刻苦钻研,努力培养良好的学习习惯。闲暇之余,我还积极参与志愿者活动,为他人奉献自己的爱心——义卖报纸、爱心导医等活动中都有我的身影。这些活动不仅使我收获了友情,丰富了我的生活,更教会了我许多基本技能。我也尽自己最大努力从事兼职工作,在提高自己能力的同时也可减轻家庭负担。在此过程中,我体会到了工作的辛苦,意志力也得到了锻炼,我深知生活不易,也更加感恩生活。

志守真,勇攀高峰

在通往梦想的道路上,荆棘密布,唯有守住初心之人,方得始终。为了让大学生活更加充实而精彩,我选择了参加竞赛提升自己。从准备竞赛到参加比赛,每次比赛中的拼搏、努力、汗水甚至是泪水,都带给我无数的感动和开心。

2018年7月,我与两名同学一起报名参加山东省电子设计大赛。比赛前,我们参加了培训,对相关知识进行资料查询,把握每一分钟学习,力求让自己的知识储备更加强大。比赛时,我们对题型进行了相关分析,选出了最适合我们队的题目,然后大家团结一致,充分利用所掌握的知识,努力寻求对题目而言最有效、最恰当的方法,经过团队的不懈努力,我们最终完成了题目。四天三夜的准备作品,赛场后台一天的等待,几分钟的展示,我的第一次竞赛之旅落下了帷幕。尽管没有取得令人满意的成绩,但是我学到了知识,提高了能力,同时也知道了自己的不足,让我们能以更加饱满的热情和认真的态度对待接下来的学习和比赛。

2018年10月,我和几位同学报名参加山东省高校机器人大赛。大家齐心协力,共同为比赛而努力奋斗。遇到问题时,我们没有选择逃避或放弃,每一次,我们都共同讨论解决,力求更好。从学习上位机到调试参数让机器人活动,再到设计动作组让机器人完成前进、后退、左右拐的任务,机器人动作的雏形就有了,接下来的任务便是让机器人循着赛道的轨迹跑完一周。实验室中的赛道上,我们一次次放下机器人,又一次次地拿起跑出赛道的机器人,一遍遍调试参数,然后继续验证。当然,有时候"牵一发而动全身",仅仅一处小小的改动就会导致机器人无法正常行动，队员们只能从头开始排查错误，共同找到错误后，大家又一片欢呼，实验室中充满了大家的欢声笑语，最终我们的六足机器人成功完成绕场一周的比赛任务，获得了二等奖。我的第二次比赛之旅愉快地结束了。

2018年12月，我开始了第三次比赛之旅，与两位队友报名参加了全国大学生"恩智浦杯"智能汽车竞赛，整个过程历时半年，充实、紧张而富有意义。即便是零基础，在智能车运转机理上存在知识盲区，但我们不断查阅资料，焊接电路板，调试程序，最终使智能车在赛道上跑出精彩。我白天上课，晚上跟队友在实验室不断地修改程序，调试参数。我们会为了修改一个参数得到了理想结果而欢呼雀跃，也会为修改了一星期的程序，最终却发现结果并不理想而感到沮丧，每天都是"为智能车忧，为智能车喜"。尽管我们做了相对万全的准备，但是现实中总会有各种突发的意外，比赛时突然断的一根线让我们防不胜防，带着这份意外，我们只获得了山东赛区二等奖。虽然比赛带着遗憾结束，但我相信，无论多久之后，当我回想起这次比赛的时候，我永远都会记得大家付出的努力、挥洒过的汗水以及大家团结一致地攻克难关的勇气和决心。

在一次次的比赛中，我不断学习，不断提高，收获知识，收获友谊，点点滴滴都是我更上一层楼的见证。

乐终章，矢志不渝

又是一年毕业季，大学生活这部乐章似乎到了最后。每当看见脸庞稚嫩、目光却无比坚定的学弟学妹们，我总会想起当初的自己对大学生活的好奇和希冀，心中总会想着：这是自己十年寒窗考上的学校，这是自己梦想的另一个起点。现在的我可以很骄傲地对当时的自己说：你曾经无比向往并暗下决心不能辜负的大学生活，已经回馈了一张满意的答卷。我已经成为一个独立有思想的真正的大学生，无怨无悔，纵使山高入云霄，纵使水深不见底，纵使鸿沟无际，拥有信念的我也能高歌猛进，经得起生命的考验。现在的我将带着行囊奔赴茫茫前程，未来可期。我将把取得的成绩放在箱底，矢志不渝地继续走好接下来的道路。

见贤思齐，厚积薄发

工程学院　郭思琪

　　郭思琪，女，汉族，1998年5月出生，中共党员，工程管理专业2016级本科生。曾获国家励志奖学金、学习优秀一等奖学金、社会实践奖学金、第九届山东省大学生物理竞赛二等奖；获校优秀学生干部、优秀团干部、优秀学生、优秀团员、优秀毕业生等荣誉称号。

　　大学四年，我从一个充满好奇的迷茫、青涩、害羞的小姑娘，逐渐变成有着明确目标、开朗自信的大学生。在这里，我收获了个人的成长，遇到了各个领域中优秀的人。"见贤思齐"，在与大家的交流学习中，我慢慢地变成了自己喜欢的模样。

初出茅庐，踌躇满志

　　我出生在一个小城镇，家里虽然不是很富裕，但一家人非常满足地在一个小小的世界里过着属于我们的小日子。我踏实肯干，勤奋努力，从小学习成绩优异，进入了当地最好的高中。上了高中，我渐渐发现，更多的美好在外面的大世界等我探寻。所以，我一定要出去看看，去领略未知的万千世界。经过三年的努力，我终于进入了大学，获得了与世界交流的窗口。

　　2016年夏天，我像无数新入校的懵懂学子一样，怀着巨大的好奇心和对未来的憧憬前行，在众多可能性中寻找自己的未来。初入校园，一切都是新鲜、充满吸引力的，努力学习之余，我有大把空闲的时间，用来提升除学业外的自身素质，社团就是丰富生活、提升能力的很好选择。在纷繁的社团中，我选择了自强社，从此开启了不一样的大学生活。

通过面试，我成为策划部的一名小干事。在自强社，学长学姐们的悉心帮助让我感受到了社团的温暖，他们不厌其烦地解答我的种种疑问，不仅给我提供工作上的指导，在生活中也处处为我排忧解难。忙于自己喜欢做且有意义的工作让我逐渐感觉到自己的价值，自强社筹办的一些公益性活动不仅满足了我从小参与公益事业的梦想，还锻炼了我的社会实践能力、语言表达能力和人际交往能力。但是由于自己初来乍到，能力有限，只能帮部长们打打下手。看着部长们穿梭着指挥和协调每项工作的时候，我就在想，我一定要留在自强社，成为和他们一样"叱咤风云"的人。

见贤思齐，共同成长

在大学生活中，学习任务和社团工作之间的冲突是经常被讨论的话题。对我来说，初入社团，工作任务并不多，丝毫没有耽误我的学习，相反，正是由于加入了自强社，我变得更加喜欢表达自己，更乐于与大家讨论交流。在部长们的组织下，我们经常一起自习，相互取长补短，共同进步。大一期末，我以班级第三的成绩拿到了学习优秀奖学金。同时，经过大一学年的付出，我终于如愿留在了自强社，成为策划部的部长。

不久，我就迎来了作为部长的第一次考验。"感动工程"活动的筹办对于初次统筹活动的我来说，除了兴奋，更多的是前所未有的压力。在活动筹办期间，作为部长，我需要分配好工作并协调好各项工作的时间。由于每个同学的课程安排不一样，大家空闲的时间也不同，所以必须充分利用每段有效时间才能完成联系获奖者、拍摄、视频制作等繁杂工作，这让我很崩溃。这时，大家的相互理解和鼓励就变得十分重要。经过大家的坚持和努力，在活动当晚，当我看到晚会有条不紊地进行，看到老师们脸上的笑容、同学们的热情，我瞬间觉得一切都是值得的。同时，在筹办活动的过程中，我有幸认识了在相关领域有突出成绩的学长学姐们，并从他们身上学会了怎样去实现人生的价值。

随着社团责任的增加和专业课程的增多，我渐渐感觉到压力，协调好工作和学习才能避免顾此失彼情况的发生。大二学年，我充分利用课堂时间，在保质保量地完成学业任务之后，全心全意地投入社团工作中，尽量做到工作、学习两不耽误。作为部长的一年是我最辛苦但又最充实快乐的一年，我变得细心、耐心，也变得更加自信，更加开朗，不仅工作能力得到了提升，学业方面同样也取得了不错的成绩。

厚积薄发，收获满满

大三学年，我继续留在自强社，担任工程学院自强社社长。作为整个社团的顶梁柱，我要担起整个社团发展的重任，一刻也不敢松懈。从接手社团那一刻，我就想着怎样把社团建设得更好，怎样才能更好地为大家服务。我们完善了社团的一些制度，新开设了一些活动，做了一些新的尝试。在大家的共同努力下，自强社取得了优异的成绩，并在社团评比中多次获得第一名。看到自己的努力给大家带来了收获，我感到欣慰又自豪，对自己的工作也可以问心无愧了。

在自强社的三年，我从刚开始时的懵懵懂懂，到现在能独当一面，除了参与公益活动，为其他同学提供更好的成长平台之外，收获更多的是个人的成长。

在社团中，作为学生干部，不仅要在工作中以身作则，更要在学习生活中起到模范带头作用。在这种压力下，我在各个方面都尽我所能，努力学习科学文化知识，并将扎实的文化基础转化为实践力量。作为社团骨干和班级团支书，我积极主动地接受党和国家的谆谆教诲，2019 年 11 月，我成为一名光荣的中共预备党员。在学习上，我勤奋刻苦，不断提高对自己的要求，多次获得学习优秀奖学金。2019 年 9 月，我以专业第二的成绩取得了推免资格，获得了前往哈尔滨工业大学读研深造的机会。在生活中，我积极参与社会实践，在实践中锻炼自我，树立正确的世界观、人生观和价值观，多次获得社会实践奖学金。作为志愿者，我参加了"党员微笑服务""爱心包裹"等公益爱心活动，参加了"青岛海科展"，结识了许多海洋科技领域中的佼佼者。我积极参加各类科技竞赛，获得了第九届山东省大学生物理竞赛二等奖、结构设计大赛二等奖等奖项。我热爱公益，参加了中国扶贫基金会举办的"青年责任＋梦想"大赛，获得第二名。2018 年暑假，我和自强社的同学们组队进行了关于青岛地铁 11 号线的调研活动。在调研过程中，我们各司其职，认真负责，遇到问题就共同讨论解决办法，力求更好。拼搏和坚持，推动我们走得更远。

新时代，吾辈当自强

在自强社工作的三年经历是我大学生活的重要组成部分，那里记录了我的成长、我的喜悦,让我逐渐意识到,新时代青年不能懒散,而是要发现机会、抓住机会,激流勇进,迎难而上,撸起袖子加油干!

习近平总书记曾深情寄语年轻一代:"青年兴则国家兴,青年强则国家强。青年一代有理想、有本领、有担当,国家就有前途,民族就有希望。中国梦是历史的、现实的,也是未来的;是我们这一代的,更是青年一代的。"一个强大兴盛的国家,必须依靠优秀的年轻人建功立业,一个生生不息的民族,必须依靠朝气蓬勃的青年人奋斗。作为当代青年,我清楚地知道自己肩上的重任,对未来的生活充满了期待。为此我也会一直努力下去,在激扬青春、开拓人生、奉献社会的进程中书写无愧于时代的壮丽篇章!

萌新的进阶之路

工程学院　曹耀中

曹耀中，男，汉族，1999年6月出生，中共预备党员，自动化专业2017级本科生。曾获国家奖学金、学习优秀一等奖学金；获大学生智能汽车竞赛深度学习组全国总决赛二等奖、"挑战杯"大学生课外学术作品竞赛国赛二等奖、国际海洋工程装备科技创新大赛二等奖等；获校优秀学生、优秀团员、优秀团干部等荣誉称号。

2017年进入大学，懵懂无知的我好奇地观察着眼前的一切，未曾远谋宏伟壮志，也未曾设想要有多么耀眼的成绩，只是高考不那么理想的成绩在我心中埋下了一颗想要"咸鱼翻身"的种子。而在那时，工程学院丰富多彩的竞赛活动和自动化专业独有的竞赛氛围，仿佛一轮春雨，灌溉了我的心田。其中，智能车大赛的宣讲更是为我指了一条明路："大一看热闹，大二看门道，大三做主力，大四做指导。"

大一看热闹

那是2017年的9月，对竞赛颇感兴趣的我积极参加了工程学院科技爱好者协会的纳新活动。由于对自己没有什么信心，在报名时我主动放弃了最为火热的竞赛部，转而选择了好像和竞赛没什么缘分的秘书处。作为秘书处的小干事，我的任务不外乎"搬桌、搬椅、搬板凳，整表、拍照、申教室"。但就是在这些"杂活儿"中，我逐渐了解了学校里科技竞赛的举办流程和规章制度，也对学生竞赛有了更为清晰的理解。

于是乎，在同年 11 月开展的全国海洋航行器大赛的宣讲会里，我这个"小萌新"坐在教室里的后几排，认真聆听前排往年的优秀参赛选手依次上台分享竞赛经验。听罢，"智能航行""水下机器人""智能帆船"等一系列未曾听闻的"高级"词汇几乎冲昏了我浅薄无知的脑袋瓜，仅存的理性告诉我这些不是一个人可以独立完成的东西。于是，我试探性地在班级群里寻找一起参加相对简单的船模竞速组比赛的同学，和最先与我联系的四位同学结成一支队伍，取名"自动化小萌新"报名了比赛。

我们先参加了学校的船舶大赛，在刻苦的学习、请教以及数次尝试后，我们还是输掉了比赛，但还是积极报名了 2018 年的全国海洋航行器设计与制作大赛，并在长达半年多的准备及校内赛的过程中用顽强的毅力熬过了校内所有的竞争对手，拿到了全国总决赛的入场券，成为那年唯一一支全部由大一学生组成的参赛队伍。虽然在全国总决赛中无缘获奖，但收获了参赛经验。

大二看门道

比赛结束后，我升到了大二，在科技爱好者协会担任秘书处部长一职。我对比赛的态度也从简简单单地看热闹变成了看门道。而看门道就要广泛学习、博采众长，于是我在 2018 年的秋季学期报名了门槛更高的大学生智能汽车竞赛信标组别、全国海洋航行器大赛的智能帆船组别，还毅然决然肩负起了带学弟学妹"看热闹"的任务，和 2018 级的四位新生组队报名了海洋航行器大赛的智能航行组别。

然而，门道不是我想看就能看的。此时的我除了一些凑热闹的经验和编程基础以外，在竞赛能力上相比大一时并无质的改变。为了跟上竞赛大佬们的脚步，我只好"无所不用其极"地去学习，去蹭 2018 年新开的智能车通识课和新生一起学习单片机的基本用法，拉着队友抱着电脑拿着买来的传感器和单片机向学长学习读取数据的方法。最终我们的智能航行小船在第一次进度检查时有了简单循迹能力，但因为它做工粗糙又极不稳定，所以在简单地拐了两个弯后就命丧水池，成了一条"短命船"。

常言道，失败乃成功之母。这次拙劣的"表演"并未给我们带来失望，反而证明了我们循迹方案的可行性。之后，我又通过看书、看视频及询问同学和学长的方式自己绘制了用于接受红外信号的电路板，队友也不负众望地用 3D 建模软件设计了坚实耐用的机械结构。在一番大刀阔斧的改良之后，我在智能车与帆船组的比赛中也更加顺风顺水，很快地完成了相应的功能。在 2019 年春季学期结束前，我所参加的全国海洋航行器大赛两个组别都在校内赛中脱颖而出，拿到了全国总决赛的入场券，智能车比赛也通过了历次检查，来到了山东赛区大赛。可到了现场比赛的时候，我的缺点就暴露了出来，由于同时报名参加两个比赛，相应分给每个比赛的思考、调试和改进的时间都较少，导致我们的作品虽能完成比赛任务，却在性能和稳定性上落后于其他参赛选手，最后只有智能车比赛获得了山东赛区的二等奖。

大三做主力

大三时，我成为科技爱好者协会的负责人，但却因为之前多次的失败有点怀疑人生。不过我想竞赛达到一定水平之后自然会有相应的成果出来，急于求成只会让自己受制于眼前的得失而丧失长久发展的眼光。

在反思之后，我决定参赛秉承少而精的原则，因为盲目报名过多比赛不但会挤占学习时间，还会使作品质量下滑，难以争得更高的名次。此时，信息学院的同学联系到我，希望我能加入他们的团队一起冲击"挑战杯"全国大学生科技竞赛。简单了解后发现对方需要的能力我都具备，又恰逢新学期学业尚不紧张，我便把大量的时间投入竞赛的准备中。赛前的一个月里，我每天与队友们一起在行知楼的创新教育实践中心打磨作品，画界面、测功能、调程序、写稿子、做 PPT……披星戴月的日子很充实。一眨眼，我们三人就踏入了北航的校门，眼前就是全国大学生科技竞赛全国总决赛的展示场地。我们把机器人放到展示台上，最终我们的作品在全国总决赛中获得了二等奖，这也是我大学以来第一个比较有分量的竞赛奖项。

到了大三下学期，智能车比赛又被提上了日程。此时我们仍因疫情居家学习，但主办方灵活地推出了新的深度学习组别，使得参赛者可以在线上完成一部分比赛。机不可失，时不再来，我和队友一拍即合，立刻开始了深度学习的"炼丹"之旅，并在疫情缓解之后立刻申请返校。返校后，我们队采取分工的流水线工作模式，有人负责调试，有人负责训练模型，有人负责做数据集，轮流工作，充分地证明了分工明确的情况下依然能取得好的成绩。然而，我们也在比赛的重要关头遇到了突发情况。比赛当天早上搬车模时，至关重要的摄像头被我不小心摔歪了，比赛直播时，长时间高负荷运转的车轮也有一个顶不住压力掉了下来。万幸的是我们做过足够充分的准备工作，把摄像头扳回到差不多位置后小车的运行依旧流畅，而那个掉了的轮子也在现场被及时拧上，没有造成太大的影响。最终我们这个"现场事故组"还是顺顺利利地获得了全国总决赛的二等奖。

大四做指导

回首这三年的竞赛时光，很难说自己多聪明、多有才。不多的值得称赞的地方不外乎是对于科技竞赛的痴迷和脚踏实地、不钻空子、不走歪门邪道的一点正气。

在成为指导团队的一员后，我时常因为未曾做过学弟学妹的组别而对他们的问题感到捉襟见肘。但活到老、学到老，我依旧秉持对待竞赛的那份初心，以探索和求知的精神对待各种问题，从不夸大自己先前的努力或是吹嘘取得的小小的成绩，而是以身作则地和"后浪"们一起探究理论与工程实践问题，尽可能地将自己的经验分享给大家。

与竞赛博弈、于竞赛中成长的"海之子"们也必将在自己的岗位上崭露头角显锋芒，"以工兴海、以工强海"，为海洋科技蓬勃发展贡献海大力量。海阔凭鱼跃，我由衷地相信，在自动化专业以及我校其他竞赛人的努力下，我们会在越来越多的赛场上取得更加耀眼的成绩。我们为身为中国海大人而骄傲，我们更希望有朝一日中国海大能因我们而自豪！

做一个自信的追梦人

环境科学与工程学院　马雪菁

马雪菁,女,汉族,1997年12月出生,中共党员,环境科学专业2016级本科生。曾获国家奖学金、学习优秀一等奖学金;获第一届"卿云杯"全国通识课程论文大赛优秀论文奖、美国大学生数学建模竞赛二等奖;获山东省优秀毕业生以及校优秀团员、优秀学生等荣誉称号。

萧伯纳曾说过,有信心的人,可以化渺小为伟大,化平庸为神奇。信心就是这样一种神奇却又能激发人无限潜力的心态和力量,它帮助我们在纷繁复杂的环境中保持初衷并全力以赴地为之奋斗。我在大学中,最大的收获就是锻炼出了拼搏的精神和自信,提升了学习能力和自身素质。这也使得我度过了充实又精彩的大学生活。

锤炼学习能力

2016年盛夏,我如愿考入中国海洋大学。对于懵懵懂懂、初来乍到的我来说,"海大"裹着一层神秘的面纱。"985高校""十大最美校园"就是我对它全部的认知。但同时我又坚信,在这里的日子,会是我受益匪浅、永难忘却的经历。

我清楚地记得,刚进海大时,获得新生奖学金的同学就住在我们宿舍,身边的同学有的雅思考了7.5分,有的自学Python等计算机语言,而我既没有能拿得出手的一技之长,甚至对环境科学这个专业的了解也是少之又少。我适不适合这个专业? 能学得怎么样? 将来能做什么? 当时的我觉得自己卑微又迷茫,内心忐忑不安。为了克服自卑、增强自信,我努力学习,希望通过加深对于专业的认识来解答心中的困惑,认清前面的路。课前预习、标注疑问点,课上全神贯注、认真听讲、积极思考、不懂就问、做好笔记,课后及时总结分析、逐步形成自己的知识体系。除此之外,我积极向辅导员、班主任、任课老师和学长学姐请教问题,听取他们的建议意见,在不断沟通请教中勤奋学习。经过常态化一门一门课程的学习积累,我逐渐摸索出一套适合自己的学习方法,也逐步取得了一点点成绩,连续三年平均学分绩位于学院第一。较扎实的专业储备让我像成熟的麦穗,虽然平凡,却因为内心的充实而树立了自信。

提升科研素质

信心的增强激发了我更大的好奇心和进取心,求知欲也日益强烈。我深知,纸上得来终觉浅,绝知此事要躬行。为了培养探索精神,提升科研能力,我作为组长开展了一项国家级创新创业训练项目"青岛地区海雾化学成分分析及海雾对大气颗粒物清除作用研究"。项目开始阶段进展顺利,我们先是通过阅读文献认识和理解所要研究的问题,然后设计实验方案,制订实验计划,一切都在按部就班地进行。就在我们满怀希望去做实验的时候,意想不到的状况发生了——新购置的采雾器无法有效采集海雾,这会直接导致无法获取实验样品,进而无法获取分析所需的实验数据。发现问题的一瞬间,我手足无措,为下一步研究将走向何方感到深深的焦虑。待冷静下来后,我没有胆怯和退缩,抱着"方法总比困难多"的想法,选择迎难而上、攻坚克难,下定决心和问题一决高下。我们小组成员分工协作,通过查阅文献、与仪器公司联系、尝试改造采雾器等方法提高采雾效率,但效果并不理想。对于采雾器问题,我们似乎束手无策了。于是我召集小组成员开展了一场头脑风暴,针对目前情况研讨下一步的研究计划,大家各抒己见、群策群力。这一招果然奏效了。我们基于当时的形势,及时修订了研究方案,解决了前进中的障碍,项目最终顺利完成。通过这件事,我认识到科研道路坎坷不平、任重道远,但也充满意义,不断战胜一个接一个困难所带来的喜悦感是前所未有的。学习运用正确的观点、方法,观察问题、分析问题、解决问题至关重要。对科研认识的逐渐深入也坚定了我成为一名环境人的决心。

奉献青春力量

专业和科研是我大学生活中的重要组成部分,但不是仅有的一部分。作为青年一代,就要讲责任、讲奉献,为实现中华民族伟大复兴的中国梦贡献智慧和力量。大一入学时,通过竞选,我当选为班级的学习委员。上大学之前我听说,大学实行选课制度,同班同学除了专业课程之外多数情况下不在一起上课,因此班级学习管理尤其是集中学习讨论就相对困难。为了解决这一问题,我努力发挥模范带头作用,带动全班形成了良好的学习氛围。通过创建班级学习群、带头开展宿舍内学业帮扶、举办学习方法分享会等措施使得班级成绩有了显著提升,平均分 70 分以上人数上升至 95%。同学们在课堂上都想坐在前排,主动回答老师的问题,复习时互帮互助。每一位同学都因在这样的班级中而感到舒心。

时间来到了 2020 年,大学生涯的最后一年。寒假期间,新冠肺炎疫情突然暴发。受疫情影响,学校通知延期开学、实行网上授课。作为“海之子”宣传大使,我与班里同学合作,以学院一名大一同学为对象开展“携手成长小伙伴”寻访活动。因为曾经做过学院助学公益岗工作,我比较熟悉与学习困难的同学交流的方式和帮助他们提高学习兴趣的方法,在此时期我也积极同这位学弟保持联系,适时给予学习方法的指导。在提醒学弟做好疫情防护工作的同时,基于学弟对于学习英语存在的困惑,我为其提供了几条自身学习英语的经验,如多练习、养成英语学习习惯、善于整理反思等。学弟深受启发,也下定决心接下来踏踏实实学习。为了激励学弟珍惜大学时光、多做有意义的事情,我向学弟分享了自己大学保持优异成绩的经验,鼓励学弟树立信心,积极进取,克服困难,不断提升自己。

疫情防控是一场保卫人民群众生命安全和身体健康的严峻斗争,而社区是新冠肺炎疫情联防联控的第一线,也是外防输入、内防扩散最有效的防线。我作为一名大学生党员,应当在关键时刻冲锋在前,为防控疫情做出贡献。我到家乡临淄团区委报名,参加了高留社区的抗击疫情志愿服务工作。

在工作中,我认真为社区居民们解答关于病毒的相关问题,分发宣传材料,登记近期从外地返回社区人员的信息;告知社区居民在疫情防控期间,不串门,不聚会,不到人流量大的地方,出门时佩戴口罩等;提醒大家相互监督,及时关注官方疫情防控最新动态；在小区微信群中消除谣言，积极传播正能量。我在抗击疫情一线奋战了 16 天共 116 小时，深深感到斗争的艰巨和复杂。我还主动捐款，为抗击疫情贡献微薄之力。

在大学生涯即将结束之际，回忆过往，万分感谢海大，感谢各位老师、同学和父母，也感谢自己没有辜负入学时的期望。大学打下的基础，我相信在今后的生活中终将体现。在接下来的学习过程中，我会继续努力，朝着更高的目标奋进，坚定信心，努力闯出属于自己的一片天地。

没有伞的孩子必须
努力奔跑

环境科学与工程学院　余和雨

余和雨，男，蒙古族，1997 年 6 月出生，环境工程专业 2016 级本科生。曾获国家励志奖学金、学习优秀二等奖学金、獐子岛励志助学金；获山东省物理竞赛二等奖、2018 年暑假"三下乡"社会实践活动优秀奖；所带领的团队荣获暑假"三下乡"社会实践活动市级优秀服务团队称号。

高中时代，班主任的一句话让我终生受用——"没有伞的孩子必须努力奔跑"。"奔跑"是一种为自己的理想努力拼搏的姿态，是对追寻梦想和希望的不懈追求。不断地"奔跑"让我重拾信仰之桨，扬起自信之帆。"奔跑"让我在大学四年的学习生活中不仅提高了综合能力和自身素质，而且使我从一个自卑内向的人转变为自信独立的合格的当代大学生。

雄关漫道真如铁

在 2016 年夏天，生于大山、长于大山的我终于有了走出大山的机会。我考上了有着中国十大最美校园的中国海洋大学。由于大山深处信息闭塞，我依旧怀揣着老人机，没有微信，没有支付宝，甚至时下最为流行的网购我都未接触过。我一个人拎着行李，兜里放着 2000 元的生活费，来到了即将开启我四年学习生活的大学。

由于我自身性格内向，囊中羞涩，所以很少与身边的同学交流，也不参加什么大学生社团和活动，同时我对于所学专业的了解又很少，找不到自己的奋斗方向,就这样懵懵懂懂地度过了一年,我对自己未来的规划产生了疑问。大二时,在班主任的影响下,我重新找到了奋斗的方向。我决心要做一名"仰望星空,脚踏实地"的科研人员。为了实现我的梦想,每天我都是前三个到达教室的人之一,认真做好课前预习、标注疑问点、课上全神贯注、认真听讲、积极思考、做好笔记,课后及时总结分析、逐步形成自己的知识体系。通过一年的努力学习和期末的通宵奋战,我的成绩挤进了班级的前五名,也顺利地拿到了国家励志奖学金。这一年,为了更加深入地了解科研工作,我主动承担了学校组织的SRDP 课题组组长,但由于当时不善与人交流、人缘差,到了向学院提交团队队员名单时我依旧没有找到合适的队员,但我坚信"皇天不负苦心人",我打破了不敢与人交流的内心障碍,在男生宿舍一个一个寝室地向同学阐述我的想法和课题的研究方向,最终找到了 3 名没有组队的小伙伴,组成了以我为队长的研究团队。我们团队是当时底子最弱、最不被看好的,但我觉得也是最有潜力、最为团结的。在科研过程中我们遇到了各种各样的困难,但是我们及时沟通和探讨、查阅文献,通过向老师咨询、向学长学姐请教,及时地处理了难题。通过一年的奋斗,我们成功申请到了国家级的项目,最后从几个非常优秀的国家级项目团队中脱颖而出,成功申请成为优秀结项项目,同时我也在完成项目过程中申请了国家发明专利。我的自信心得到了极大的提高,更加坚定了成为一名科研人员的决心,同时逐渐地抛掉胆怯和懦弱。

为了增强自信心和进取心,大二暑假我参加了"三下乡"社会实践活动。俗话说"吃水不忘挖井人",为了回馈生我养我的家乡,我向学校申请了回贵州老家进行山区贫困调研的课题,并且主动承担了调研团队的团长职务。调研地位于偏远的贵州山区,我们坐了两天两夜的火车和大巴才到达目的地。当地交通不便,我们多以步行走访的方式开展调研。调研时正值夏日酷暑,而前行的道路又曲折蜿蜒,同行团队中有些同学出现了轻微中暑、水土不服和打退堂鼓的情况,我及时发现了问题,通过鼓励和开展动员会议,重新坚定了团队的信心。在指导老师、带队老师和队员们的集体努力下,重新确定了调研方案,及时更新调研进度和调研安排,完成了最初确定的调研任务。通过这次调研,我们对生活在边远山区的劳苦人民的生活状况有了深入的了解,对国家的扶贫政策以及落实情况有了更加深刻的认知。这次的调研活动让我深深感到脱贫攻坚的艰巨和调研工作的复杂。另外,这次调研也让我知道了在问题面前不畏怯、迎难而上、团结一致向前看才是解决问题的根本法宝。

人间正道是沧桑

仰望星空，脚踏实地，这是大学班主任对我们的期望和教导，同时这也是我在大学生活中身体力行的实践。通过大学两年的历练，我不仅学会了如何与人友好相处、友善沟通，也学会了许多技能。在平时的校园生活中，我也通过各种渠道自学 3D-max、Solidworks 等绘图软件来为我的科研梦插上坚实的双翼。

作为一个没有"伞"的孩子，我一直都在努力奔跑。然而在奔跑的途中也摔了不少跤。2019 年夏季学期，我开始准备保研资料，按成绩我是可以被推免的。但是由于我个人英语基础差，在英语六级的考试中未能过线，从而错失成绩保研这一绝好机会。但是方法总比困难多，我重新燃起斗志，想通过走科技保研这一条路获得保研资格，完成我的科研梦，由于之前申请的专利尚处于实质性审查阶段，因此我只有通过论文的形式实现目标。虽然留给我的时间不算充裕，但是我坚信努力一定会有回报。6 月份到 7 月初，我起早贪黑地在办公室内撰写论文，到了 8 月，论文终于被录用了，这让我的保研之路又开了一扇窗。然而时运不济，在参加学校科技保研的答辩中面对众多出色的参赛学生，我被淘汰了，这一迎头痛击使我的信心受到了极大的打击。当时答辩已经接近 10 月，觉得考研也力不从心，这一下使我对未来又产生了迷惘。但是身边的同学不断鼓励我继续考研，因此我也鼓足勇气报名，全身心投入考试准备，两个月的准备确实需要比其他人多几倍的努力。我每天七点半前往图书馆抢自习位置，午休在图书馆度过，晚上近 10 点闭馆，回宿舍背考研政治资料和英语单词。虽然过程非常艰苦，但付出总会有回报，我在考研中也取得了理想的成绩。通过这一年的历练让我真正地了解了《老人与海》中的那句话：一个人可以被毁灭，但不能被打败。打不倒你的会使你更加强大。这些历练使我的成为一名科研人的决心更加坚定。

长风破浪会有时

转眼间四年时光匆匆掠过，大学四年的学习生活也即将迎来尾声。但是由于疫情，导致我无法提前返校，科研计划和学习计划都被打乱。但是停课不停学，我在家通过查阅文献和浏览相关设计，为我最后一个学期的毕业设计打下坚实的基础。

　　我家住偏远地区,暂时没受到疫情的感染,亲朋好友们的疫情防控意识较弱,作为一名优秀高校的应届毕业生,我也在村中普及病毒防控知识,同时提醒他们做好相应的防控保护;极力劝阻亲戚好友们不串门、不聚集、出门戴口罩、勤洗手等,为打赢疫情防控阻击战做出自己一份微小的贡献。

　　我深知在困难时期必须保持本心,做到不放弃、不抛弃,无论在现在的困难阶段,还是在以后的研究生生活中,我都会坚持自己的科研梦,以奔跑的姿态奋勇前行,闯出自己的一片天。

做优秀环境人

环境科学与工程学院　徐　帆

　　徐帆,女,汉族,1999 年 8 月出生,中共预备党员,环境工程专业 2017 级本科生。曾获国家奖学金、一等奖学金以及创新科技奖学金和青岛双瑞奖学金;获全国大学生数学建模山东省赛区一等奖、大学生数学竞赛山东省赛区三等奖;获山东省优秀毕业生以及校优秀学生、优秀团员、优秀团干部荣誉称号。

　　记得大一的专业导航课上,老师向我们展示了当时的环境污染状况,这是我第一次从专业角度了解了我国存在的环境污染问题,我认识到环境对于整个国家的重要性,绿水青山就是金山银山,保护生态环境刻不容缓,"做优秀环境人"的种子在我的心里扎根。从那时起,我在心里暗暗许下承诺,我要为环保事业而努力。

做脚踏实地的求知者

　　我始终将学习放在首位,明确自己的目标,制订详细的计划,行动上一以贯之地执行。"咬定青山不放松,任尔东西南北风。"我这样定义自己的性格。任何成功的道路都要坚定前行,在学习上,我始终保持坚定的意念、勤奋刻苦的干劲儿。

　　课上,我态度端正、全神贯注,紧跟老师的思路,认真做好笔记,不敢有一丝一毫的懈怠。我抓住课上的每分每秒,这样比课下自己啃书本效率要高得多。我的努力和坚持也得到了证明,获得了一系列荣誉,在取得成绩的同时,我深刻地认识到大学学习中最难得的不是一时的热情,而是长久地坚持,刻苦钻研、勤学好问是关键。

把理论知识和实践相结合是我一直以来笃行的准则,读书固然重要,但切忌读死书,应不拘泥于课本,努力求知探索,既可以开展科研活动积极尝试,也可以参加竞赛巩固和加深对知识的理解。保持对知识的探索欲是专业学习过程中的关键。因此,在保证课业成绩的同时,我积极参加学校和学院举办的各项科研活动,也参加了"互联网+""挑战杯"等比赛,争取更多的锻炼机会。我始终把保护环境作为自己的行为准则,坚持可持续发展,努力践行"环境学子"的责任与使命,渴望对环保事业尽自己的一分力量。如今,垃圾分类逐渐成为社会热点问题,针对厨余垃圾含水率高、易腐烂的特点,我带领团队设计了"脚踏式厨余垃圾干湿分离器"产品模型,在中国海洋大学"净界杯"大赛中获创新组二等奖并入选校级"互联网+"大赛路演名单,这是我筑梦路上的探索,也将是一笔宝贵的财富。

做坚守初心的筑梦者

初入大学,我就递交了入党申请书,经过党组织的考察和培养,我于2020年8月27日成为一名光荣的中共预备党员。我以自己为基点,辐射身边同学,参与辅助线数学公益平台、公益帮扶岗等一系列志愿者服务活动,以帮助别人为己任,争做时代先锋。作为一名青年志愿者,我主动参加市级、校级志愿者活动,把奉献、友爱、互助、进步的志愿者精神牢记在心,实践于行。我作为校公益组织"辅助线数学公益平台"和学院学业帮扶小组的成员为学习困难学生答疑解惑,讲解习题毫无保留,尽自己所能为同学们指点迷津,获得了大家的一致好评。我积极关注各类志愿者招募活动,曾到血站、保安处、图书馆等地参加志愿者活动,在奉献中实现自身价值。

身为一名青年党员,大一初始,我便申请加入O-Lab创享会。在这里,我认识了一群志同道合的伙伴,不同的学院风格、不同的思维模式碰撞在一起,是精彩大学生活的一部分。参与社团更是增长磨砺、体验成长的过程,我从刚开始的说话胆怯、回答问题表述不清,到后来能够自信地在大会上发言。我看到了自己一点一滴的进步,这和在社团的历练是分不开的。之后,我选择留下担任部长、秘书长,需要管理社团内部各项事务,帮助各项比赛出谋划策、做好物资支持,从有人带领着到需要指导别人,我曾迷茫过、无助过、质疑过,也在思考着我要怎么做才能承担起这份责任,不辜负老师和同学对我的信赖和支持。我在每次活动之前,按照事情的轻重缓急,列好事项清单,再对照着一个一个去执行。策划活动往往不是一个部门的事情,需要多个部门深交流、有效沟通,我发现清楚的表达、及时的沟通都是提高工作效率的关键。在一次次的开会、策划和筹备活动中,我渐渐学会了如何有效地管理自己的时间,学会了与人沟通和交流,提高了自己的执行力和统筹力。回过头来发现,曾经的努力和付出都推动着我向梦想更近了,我也看到了更加有能量的自己。

做新时代的奋进者

成为一名优秀的环境人,需要格物致知,勇攀科学高峰。新发布的《全国土壤污染状况调查公报》中提到,我国土壤环境状况总体不容乐观,这对我产生了极大的震撼。于是我组建并领导团队,围绕"机械力对生物炭修复 Cr(Ⅵ)污染土壤的影响"课题展开研究,并入选国家级大学生创新创业计划。实验前期我阅读了大量相关文献、资料,设计实验方案,积极主动地与指导老师沟通交流。实验方案确定后的半年时间里,我带领组员扎根实验室,潜心研究,并始终严谨细心,将每一步实验操作的误差降到最低。那段时间实验压力较大,我也经常做实验到很晚,但我没有降低工作质量,始终把严谨的实验操作放在第一位。经过长期不懈的坚持和努力,最终在机械力法修复重金属污染土壤课题上有所突破。我想,科研是"力学如力耕,勤惰尔自知"的过程,勤学如春起之苗,不见其增,日有所长。

知识是基础,汗水是实践。我想,课堂和实验室就是我们理科生的责任田。课余时间我到中科院海岸带所实习,围绕藻类的光适应性展开研究,这对从未接触过生态学课题的我来说是一项艰难的挑战,我努力跟上师兄师姐的步伐,研读厚厚的学习资料,并抓住每一次做实验的机会,积极主动地向他们请教,最终参与发表 SCI 论文一篇。与瓶瓶罐罐和大型仪器相伴的日子固然艰辛,但当获得了理想的数据结果,回过头来发现,在此过程中培养出的严谨的科研态度、缜密的科研思维,将会使我受益终生。

每一个"环境学子"心中都有一个"美丽中国"的环境梦,所谓"心中有梦,眼里有光,肩上有责,脚下有路",保护生态环境,守护青山绿水,将是我们青年一代共同努力的目标和奋斗方向。未来,我将继续开拓进取,脚踏实地,提升专业素养和专业能力,用青春与行动为祖国的生态文明建设贡献自己的力量。

十年海大人，终生科研路

环境科学与工程学院　常钦鹏

常钦鹏，男，汉族，1990年1月出生，环境地质工程专业2017级博士研究生。曾获博士研究生国家奖学金、学业一等奖学金；获校优秀毕业研究生、研究生实践活动积极分子等荣誉称号。

2021年5月16日，我完成了博士论文答辩，至此我已在中国海洋大学学习了十年。那个曾经踌躇满志的18岁少年转眼间已快到而立之年。

初入校园

2008年我初次踏入海大校园，彼时崂山校区尚未完全竣工。那时的北门尚没有围墙，而是一片小吃摊，是学生们吃夜宵的胜地；那时的体育馆只盖了钢架，颇似北京奥运会主场馆鸟巢的造型；那时的教室和宿舍都是崭新的。班主任是环境学院的刘涛老师，年轻、精神、帅气，他亲自担任教练，带领我们班篮球队横扫全院各年级，多次获得学院本科生篮球赛第一名。坚持篮球运动，使我有了强健的体魄，为日后艰苦的科研工作打好了身体基础。入学伊始，从高中的紧张节奏切换到大学自由的氛围，自己起初不太适应，放松了对自我要求，班里五十几个学生，我的考试成绩排名中下游。我逐渐意识到对于一名在校大学生而言，搞好学习才是头等大事。自此，我开始用功读书、奋起直追，在大三结束时，我的成绩已经能排进班级前十名，还拿了学业奖学金和文体奖学金。我给自己定了下一个小目标，冲进班级前五名。可惜大四的时候学校不排名次，这也算是给我留下了小小的遗憾。

科研起步

大学三年级时,我参加了学校的 SRDP 项目,通过该项目我结识了环境学院的陈友媛老师。陈老师端庄大方、举止优雅、学风严谨,她手把手地教我们这些没有丝毫科研经验的本科生如何设计实验,如何写作论文。同时,她也安排了自己的研究生韩亚军师兄来教我们做实验。在陈老师的指导和韩师兄的帮助下,我们顺利完成了科研报告,拿到了学校颁发的结题证书。感谢学校的 SRDP 项目,让我初次揭开了科研的面纱。

2012 年我考上了本校的硕士研究生,有幸继续跟随陈友媛老师学习。研一的时候,陈老师给我定的研究方向是地下咸水对地源热泵金属材料的腐蚀相关课题,因为是之前参与的 SRDP 课题的延展,所以我实验入手比较快。在做实验的过程中,我每天的必修课是用砂纸打磨金属片,双手每天都被砂纸磨得红红的。因为缺乏学术论文写作经验,起初我在写论文方面不太入门,陈老师一次又一次地把我叫到办公室,逐字逐句地帮我修改论文。2014 年,我在中文核心期刊上发表了人生中的第一篇论文。在毕业前的组会上,我拍着胸脯说,毕业也不能忘记科研,要再写一篇学术论文。工作以后,我利用晚上和周末时间,把硕士研究生期间的数据整理、分析,于 2015 年于 EI 期刊发表一篇学术论文。陈老师评价我是慢热型选手,厚积薄发,其实都是得益于老师耐心的教导。

踏上社会

2014 年 7 月我入职青岛水务集团,分配到青岛市自来水公司工作。经过了一年的实习,我调入集团公司规划科,主要负责青岛市供水管道的规划与项目前期工作。工作三年,我为青岛市设计规划了 30 多条供水管线,同时经办了双山加压站等若干项目前期的立项、规划、土地、环保、户籍等手续。同时,我自学通过了国家二级建造师(市政工程)的考试,也拿到了中级工程师(环境工程)的证书。但我依然感觉到,工作三年以来,自己其实是身在曹营心在汉,真正让我喜爱的还是科研工作,因此我决定重返中国海大,攻读博士学位。在此分享一件趣事。博士入学第二年,我突然接到一个电话,对方声称自己是双山派出所的民警。我当时吓了一跳,瞬间在脑海里过了一下,自己应该没做什么违法乱纪的事情,难道是让我当证人?原来当初双山加压站的门牌号是我去双山派出所办理的,派出所民警说最近想去落实一下户籍问题,但是由于供水安全防护,加压站一直锁着门,因此联系到我,想让我带他进去看看。

重返校园

2016 年我下定决心要读博,为此我给陈友媛老师打了一个多小时的电话。在电话里得到了陈老师的肯定,并在陈老师的引荐下,我给郑西来老师写了一封很长的自荐信。郑西来老师是环境学院水污染方向的学科带头人,我早在本科时就上过郑老师的课。十年前的郑老师身材高大清瘦、风度翩翩,我清晰地记得上第一节课时,他身穿一袭风衣,班里有同学在下面窃窃私语"好帅啊"。郑老师志趣高雅、治学严谨、工作勤勉、待人宽厚,举止颇有大家风范。

2017 年 9 月我刚入学时,郑老师申请到了国家自然科学基金重点项目。2018 年,郑老师又申请到了国家自然科学基金—山东省联合基金重点项目,这次我有幸参与了项目并帮郑老师做一些辅助性工作。郑老师写项目书时亲力亲为,精雕细琢,连过年期间都只休息了一天。我时常感慨,郑老师的工作精力和科研毅力赛过我们这些二三十岁的年轻人。跟随郑老师学习四年,我算是向老师汇报工作最频繁的学生之一,也因此有幸跟郑老师学到了更多的科研和人生经验。郑老师一直强调"做人、做事、做学问"缺一不可,我跟老师学到的不仅仅是如何做好科研,还有宝贵的为人处世的道理。在郑老师的支持下,博士研究生期间我以第一作者发表 SCI 中科院一区 Top 期刊论文 2 篇、二区论文 1 篇,EI 论文 1 篇,中文核心论文 1 篇,并以共同通讯作者身份发表一区 Top 期刊论文 1 篇。

在科研工作的闲暇,我爱听郭德纲的相声来放松身心。郭老师有一句话,如果工作和兴趣是一回事,那是一种幸福。爱好科研,又能从事科研,对我来说真的是一种幸福。每一次投出论文,都让我翘首以盼;每一次收到论文的返修意见,都让我昼夜不停、开足马力地进行修改工作;每一次收到接收函,都会让我手舞足蹈,这种状态应该就叫累并快乐着。

十年的海大求学生涯,培养了我对科研的爱好,也树立了我的科研理想。对科学真理的好奇、渴望和探索是科研者毕生的追求。在我眼里,科研即是最高阶的艺术形式。

有中国海大底色的
会计人

管理学院　张雨童

　　张雨童,女,汉族,1998年6月出生,中共党员,会计学专业2016级本科生。曾获杰出奖学金、国家奖学金、学习优秀一等奖学金、社会实践奖学金、科技创新奖学金;获"创青春"全国大学生创业大赛MBA专项赛国家级铜奖、"创青春"山东省大学生创业大赛铜奖、全国大学生英语竞赛三等奖;获校优秀学生标兵、优秀毕业生、优秀学生、优秀团员、优秀青年志愿者等荣誉称号。

勤奋学习,取则行远

　　大学生的首要任务是学习,这是我从步入大学起就从未忘记过的要义。大学四年,我总是踏着图书馆的闭馆音乐或教学区的闭楼铃声、踩着月光的余晖返回宿舍。当然,一味地死记硬背与题海战术不是取得优异学习成绩的正确方法,适合的学习方法才是事半功倍的有效途径。大一上学期,我也曾因为沿用高中时期"死读书"的学习习惯,不适应大学的学习节奏和繁多的课程而没有取得理想的期末成绩。我意识到自己需要转变学习方法,化碎片化学习为系统结构化学习,用科学速记笔记、建立思维导图等方法代替死记硬背,主动和老师交流学习中的思考和问题,和同学讨论课题合作完成项目,查阅更多专业书籍和文献来加深对专业课程的理解。

　　果然,科学的学习方法不仅提高了我的学习成绩,还大大提高了我的学习效率。这也使得我在专业课任务较重的大二、大三学年,仍然能拿出充足的时间用于实践、科研和学生工作。本科期间,我总成绩排名专业第一,取得 92.50 分的加权平均分,绩点 3.90/4.00,其中 18 科满绩,我连续两年获得国家奖学金,连续三年获得学习优秀一等奖学金。

此外,我注重课外的学习和补充。我在一年内通过美国注册管理会计师(CMA)的全科考试,还利用课余时间通过了初级会计职称、证券从业资格、银行从业资格、计算机三级等多项考试,一个月复习考取雅思 7.0 分,其中口语成绩 7.5 分。

学以致用,用以促学

实践是将知识转化为能力不可缺少的途径,优异的学习成绩仅仅是其他发展的基础。我深深明白"学以致用,用以促学"的道理,只有将知识融入实践中去才能理解和思考得更加深刻。

我致力于将海洋特色与管理学专业相结合,真正做一名"有中国海大底色的会计人"。2017 年 6 月,我在农业经济管理研究所的导师的指导下聚焦海洋农业经济,作为项目负责人主持"三下乡"暑期调研项目"蓝岛计划背景下海水养殖规模化生产推广可行性分析",并撰写了两万多字的调研报告,该报告获得"POKE 杯"创新创业挑战赛学术类三等奖、创新实践金点子创意大赛三等奖。2018 年 7 月,在海洋生物科技专利的基础上,我与食品科学与工程学院的朋友跨专业合作,提出海藻药品的商业计划,获得"创青春"全国大学生创业大赛 MBA 专项赛铜奖、"创青春"山东省大学生创业大赛铜奖、中国海洋大学互联网＋大学生创新创业大赛三等奖。我用管理学的力量,把海洋科技的成功传递给更多的人。

"纸上得来终觉浅,绝知此事要躬行。"我大学三年来参加的两项 SRDP 项目均已顺利结题;我承担起队长的责任,和其他团队成员一同深入分析企业案例,获得中国海洋大学 MPAcc 案例大赛二等奖;我参与青岛市崂山区审计局的实习,在实践中意识到会计实务与理论研究密不可分;我兴趣广泛,与小伙伴们一起自学旅游学理论,踏遍青岛大地,设计旅游方案,获得中国海洋大学旅游 DIY 大赛二等奖;我爱好文体活动,积极参与校运会、院运会、红歌会、啦啦操、健美操比赛。我在竞赛与实习经历中更加意识到创新思维和团队共赢观念的重要性。

海纳百川，兼济天下

育才需育德，成才必成人。2016 年 9 月，我成为一名青年志愿者，开始坚持每周参加青岛市李沧区海洋科技馆志愿讲解服务，三年来累计志愿服务 240＋工时，我也曾参与组织和主持多项"三下乡"支教项目及"千村行动"调研项目，连续 2 年获得优秀青年志愿者荣誉称号。

海纳百川，容纳的不仅是学术思想的碰撞，更是兼济天下的胸怀与气度。在担任中国海洋大学 V 爱青年志愿者协会主席期间，我与海尔等青岛当地企业合作，组织青岛首届国际海上马拉松，招募志愿者 300 余人；开展"心愿直通车"募捐活动，帮助 200 余名山区儿童完成他们的心愿；主持的"蓝色梦想"海洋教育扶贫项目，凭借独特的海洋特色在 164 所大学中脱颖而出，获得阿克苏诺贝尔全国大学生社会公益奖。

此外，作为朋辈导师，我耐心细致地为学弟学妹解答学习、实践、职业规划等方面的问题；作为管理学院首届资助宣传大使，我向学弟学妹讲解宣传中国海洋大学的优越学习氛围；作为学习委员，我带领班级同学积极参加学院组织的助学公益岗等公益活动，帮扶学业困难的同学。作为一名中国海大的学子，我用实际行动诠释了具有中国海大底色的志愿精神；作为一名中共党员，我用青春和热血诠释了"全心全意为人民服务"的信仰和情怀！

立志学术，家国情怀

在丰富的实习实践经历中，我越来越意识到新时代下中国青年应当肩负起更重的责任，我立志从事科研事业，以学术研究报效祖国。

我加入了中国企业营运资金管理研究中心，参与国家自然科学基金课题子课题"基于渠道关系管理的营运资金管理理论研究"，对 3000 多家上市公司的营运资金管理数据进行采集、计算、整理，参与具有自主知识产权的"中国上市公司营运资金管理数据库"的更新，参与撰写了《营运资金管理发展报告》（现已出版），我所加入的研究中心与学术期刊《管理世界》、海尔金控、青岛银行签署战略合作协议，这进一步提高了中国海洋大学会计学科的专业地位。

接着，我参与了老师与南京大学合作的教育部人文社科基金课题，筛选了上万条上市公司的金融资产数据，研究政策变更对企业实体、虚拟经济投资的影响,这更加坚定了我想要在会计学术界"发出自己声音"的梦想与信念。

在 2019 年夏天,我获得厦门大学、上海财经大学、中央财经大学、中山大学等多所高校的入营资格,最终确认前往会计学的最高学府厦门大学攻读硕士和博士学位,来实现自己的学术梦想!

一日身为海大学子,一生难忘海大恩情

实现做会计研究的历史使命感,服务于国民经济和社会发展,是我作为一名中国海大会计人一生的追求!学术构筑取则行远,志愿诠释海纳百川。一日身为中国海大学子,一生难忘海大恩情。我时刻铭记海大四年来对我的教育和栽培,我定不忘初心,继续前进,为中国梦的实现贡献出自己的力量!

规划成就目标

管理学院　黄靖雯

黄靖雯，女，汉族，1998 年 3 月出生，中共党员，会计专业（ACCA 方向班）2016 级本科生。曾获国家奖学金、学习优秀一等奖学金、创新奖学金，实践奖学金；获"创青春"山东省银奖、铜奖，"互联网＋"创业大赛山东省金奖，全国大学生数学建模大赛山东省二等奖；获校优秀团干部、优秀学生、优秀团员、优秀舍长等荣誉称号。

2016 年 9 月，我怀着忐忑又期待的心情踏进了中国海洋大学的校园，开启了一段极有意义的大学生活。临近毕业之际再回首，这一路上的确有许多值得回味的时刻，"目标"和"规划"两个词几乎贯穿了我的大学生涯。

初入学，确认目标

我大学生活的头两个月非常焦躁。初入新环境，对一切都陌生，脑子里一片糨糊，想努力却找不到方向，天天忙得脚不沾地，仔细一盘算却没有任何收获。我就像一只精疲力竭的无头苍蝇，看不清道路也找不到食物，每天都在怀疑生活的意义。

直到班级组织了一次学长学姐经验交流会，我的困境才得以被打破。听着学长学姐讲述自己的经历，我突然发现自己欠缺的是什么。目标，只需要一个目标，我就能找到前进的方向，脱离这种无措的状态。我便开始寻找自己的目标。我联系了所有能联系上的学长学姐，厚着脸皮去请教经验，参考了学院提供的数据和老师们的建议，得出了我的目标——在大学完成个人综合素质的提升,并通过保研的形式进一步深造。

这个目标包括两个部分,第一是提升个人素质,第二是保研。提升个人素质是保研的基础,因此这一点是重中之重。个人素质包括思想素质、专业素养、学习能力、领导能力、实践能力和社交能力等。思想素质可以通过积极参加党团培训、成为班委为同学服务、参加志愿活动等途径提升;专业素养和学习能力可以通过认真学习课程、广泛阅读和思考等途径提升;实践能力、领导能力和社交能力可以通过参加社团活动、参与各项比赛、担任作业小组长、参加实习等途径提升。在完成了目标梳理之后,前方的道路瞬间明晰,我的心也渐渐沉静下来。我开始完成这些或困难或简单的任务,迈着小步子前进。

四学年,认真规划

在确认了目标之后,我就结合搜集到的信息和经验,完成了对大学四年的规划。从整体上来说,要把学习放在第一优先级,其次才是各类实习实践活动。从各个阶段来说,大一的主要任务是打好专业基础,顺便熟悉环境,体验社团生活;大二开始积极参加各类实践比赛;大三进一步深化专业素养,参与学术研究活动,参加各高校的保研夏令营;大四积极实习,学以致用。

事实证明,这样的规划是有效的,我成功提高了个人素质,并且拿到了上海财经大学的研究生保送资格。虽然写下来只是寥寥数句,但我深知要完成这些规划是多么不容易。没有脚踏实地的努力,再完美的计划也只是纸上谈兵。

在学校里,我几乎每天都过着教学区、图书馆和宿舍"三点一线"的生活。我熟知图书馆的每个角落和好几个阅览室里的"固定座位"。整个大二下学期,包括周末和节假日,我起床时间晚于七点半的日子不到 5 天。我自认为不是个很聪明的人,我能做到的也只有勤奋。在学习的时候,我也不是每次都能保持专注。效率上不去的时候,为了保证学习质量,也只能延长时间。

在学习之余,参加实践活动也极其耗费精力。我刚开始参加创业比赛时,对创业企划书一窍不通,非常怕拖后腿,又不知道该怎么做得更好,经常改企划书改到半夜,连吃饭走路都在想某个内容是否合适。那种焦躁、疲惫又无力的感觉到现在还记忆犹新。而这个我付出最多心力的创业项目,却因为市场定位的问题止步于校赛。那一次,我深刻地体会到了失败感。而这样的失败,在我的大学生涯中比比皆是,实习申请、项目比赛、夏令营申请……付出努力却得不到回报的例子比比皆是。要是算起来，失败的次数比成功的次数多多了。可是后来我才知道，任何付出总能有回报，只是回报的形式更意想不到。虽然参与的第一个创业项目失败了，但我在比赛中的表现得到了老师和其他队伍的肯定。后来我被推荐加入了另外两个创业项目，成功走进了创业大赛的省赛考核。而我在一次又一次失败中获取的经验、锻炼的能力和打磨的心性，也给了我另一种形式的回报。我曾经以为无法达成的目标，现在竟然也一波三折地达成了。所以，只要坚持下去，就一定会有意义。

同奋进，完成目标

人是生活在一定的社会环境中的，任何人都不是一座孤岛。我能磕磕绊绊地达成目标，离不开朋友和老师的帮助。其中，我最感激的是我的室友，我们坚持着同样的目标，就像一个战壕里同生共死的战友。人的内心说坚强也坚强，说脆弱也脆弱。我在申请夏令营时遭遇了挫折，由于之前一直在高压状态下紧绷着，坏消息传来的一瞬间整个人的弦就断了。我当时在宿舍里坐了一整晚，心里一片茫然，完全不知道该怎么办。我的室友非常耐心地开导我、鼓励我，说我是她见过的最有劲头、最认真的人，一切都会好的。我听着她的话，就当着她的面哭了一场。哭完我就好了，负面情绪一扫而空，理智也瞬间回笼。那真是一种神奇的体验，我深刻地意识到了友谊对情绪调节的重要作用。

我们一起学习、参加比赛、申请实习，她们永远是最可靠的队友和最值得信赖的朋友。环境确实能影响人，当整个宿舍一起努力的时候，你压根不会觉得你在努力，你只会觉得那是生活日常。可以说我现在能完成最初定下的目标，多亏了室友营造的学习氛围，我能撑过各种低谷和高压时刻，也多亏了室友的陪伴和劝导。虽然成功主要靠的是个人努力，但良好的环境的确能提供助力。可以说我和室友产生了 1＋1＞2 的协同效应，我们都在彼此的影响下变优秀了，也几乎都达成了自己最初定下的目标。而这段为了共同目标拼搏的日子，也会成为我记忆里最美的风景。

莫荒废，大好年华

回望这四年，我实现了最初的目标，成就了更好的自己，没有荒废这大好年华。多亏了那些目标和规划，以及为了实现这一切付出的汗水。虽然仍有遗憾,但我已经足够满意。现在存在的不足,还可以用下一个四年去弥补。人生永远在前进,而我深刻地体会到,任何时候努力都为时不晚。只能说错过最好的时机后,通向目标的道路会更为曲折。而大学,就是突破自我、达成目标的最好时机。既然有机会,那么就应当抓住它,不要蹉跎到为时已晚,把普通模式变成地狱模式。就算遭遇失败也不要紧,人生就是一出出跌宕起伏、柳暗花明,努力生活、积极奋进总不会有错。后悔是最苦涩无力的情绪,为了不让未来的自己后悔,就一定要珍惜当下。莫荒废,这大好年华。

让坚持之花开满
人生之路

管理学院　李柳诗

李柳诗,女,汉族,1998年9月出生,中共预备党员,财务管理专业2016级本科生。曾获国家奖学金、国家励志奖学金、校学习优秀一等奖学金;获青岛市高校MPAcc案例大赛校三等奖、第九届商业实训大赛银奖;获校优秀团员、优秀学生、优秀毕业生等荣誉称号。

"宝剑锋从磨砺出,梅花香自苦寒来。"这句话从我小时就一直激励着我,告诉了我坚持不懈的意义有多么重大。坚持,这小小的两个字,在我心中却有着沉甸甸的分量。回首过往,多少个迷失方向的夜晚,多少次与心魔的斗争,当我哭着喊着想要放弃的时候,会鼓励自己再坚持一下。放弃永远得不到好结果,那何不再坚持一下呢? 自此,"坚持就是胜利"这一句普普通通的话语,便成了我的座右铭,我也坚信,带着这种永不放弃的信念,我的大学生活会更加的充实而精彩。

克服懦弱,自信向前进

我出生于一个普通家庭,但我的父母以及爷爷、奶奶都格外明白教育的意义,也真切地希望我能接受到最好的教育。无奈条件有限,年幼的我也不够争气,我始终没有机会成为那个"别人家的孩子",没能在学习上有所作为。幸运之钟总是悄无声息地敲响,在我初二那年,我获得了考取省城学校的机会。那一年,我明白了一个道理,机会永远都是靠自己去争取的。在一次又一次遭受落榜的打击后,我抓住了最后的机会,我成功了,我的人生也就此改变了。进入了更高的平台后,我也面临着更大的压力,用泪水与汗水堆积起高中三年的生活,但我始终努力着、拼搏着,直到拿到中国海洋大学录取通知书的那一刻,我才明白我的人生发生翻天覆地的变化,这也印证了那句"知识改变命运"。人生有时就是那么戏剧化,结果是好的,艰难的过程也是值得的。

树立目标,明确努力方向

刚上大学时,我对大学生活充满了美好的幻想,却从未去了解过我可以在大学里干些什么,也从未考虑过四年后的自己会是什么样子。我积极参与了学生会社团纳新,踊跃报名竞选班委,在大一的上学期我的确收获了不少,作为心理委员平时会与同学耐心地沟通交流,作为院学生会体育部干事在一次次组织的活动中也在慢慢提高自己的组织领导能力,性格也逐渐开朗起来。可是在临近期末时,我的困扰也悄然而至,一学期下来才发现自己忽略了大学生最重要的任务——学习,9门考试压得我喘不过气来,此时我想到了曾经的自己,坚持、努力、不放弃的自己,我一定要做回从前那个自己。于是我增加每天的学习时间,提高学习效率,在别人休息时努力把之前落下的功课补起来,但由于目标不明确,一学期下来并没有取得很好的学习成绩。

寒假时我心情低落,我比任何人都清楚自己身上所肩负的压力。来自农村地区的我,深知父母的不易,总希望自己能在大学有所作为,我开始反思自己入学以后的表现并力图改变,不再让自己浑浑噩噩地过下去。在与其他同学交谈之后我才发现,原来已经有同学报考了计算机二级、证券从业资格、ACCA 等证书,而自己却从未主动了解过这些重要的证书考试。大一下学期伊始,我们举办了一次师生面对面的活动,老师们苦口婆心地劝说大家树立理想目标,珍惜大学时光,做好安排规划,老师的话彻底点醒了我,好在我还有时间去努力。我开始向学姐打听在大学期间能够考取的证书,可以参加的专业性的或是创新类的比赛,推荐阅读的刊物以及应该学会的小技能,同时我也树立了考研究生的目标。自此之后,我调整了学习战略,我认为重要的是要有好的学习方法、学习习惯以及良好的态度。我努力探索,摸索出一套适合自己的学习方法。我始终坚持一丝不苟的态度,脚踏实地,刻苦钻研,从不放过任何一个疑难点,及时与老师们进行交流。无论是基础课程还是专业知识,我都十分重视,力求全面发展。同时，我每天都会做好时间计划，列出任务清单，协调好工作与学习，并积极参与学校、学院组织的各类比赛。就这样，我过完了充实又快乐的大一生活，收获颇多，不仅一跃成为班级第一，还获得了商业实训大赛银奖、考取了计算机二级证书。这半年的成长与改变对我来说意义重大，在之后的大学生活中让我方向明确，努力争取实现自己的梦想。

迎难而上，坚持到底

大三是大学生活关键的时期，对我来说也是如此。我稳住了班级排名，也就是说此时我可以争取保研的机会，并朝自己的目标学校努力。在这样的关键时期，看到管理学院团委发的招纳辅导员助理的通知时，我还是决定一试。一是参与这项兼职是通过自己的双手挣钱，能够在一定程度上缓解家庭经济负担；二是可以增加我的实践经验，提升能力；三是能帮助学弟学妹，把自己的经历与他们分享，也能时刻督促自己与他们共同进步。但是大三这一年专业课数量倍增，难度也越来越大，我面临的学业压力日渐增大，还要协调好兼职工作与学习的时间，大三生活才刚开始就出现迷茫、崩溃等情绪变化，我觉得日子过得格外累。在某个深夜我扪心自问，我做好保研的打算了吗？我有目标院校吗？我有，我一直以来的目标就是上海财经大学，此时的我还不够优秀，我要更加努力，坚持不懈才可能达到这个目标。把学习当作一种乐趣，劳逸结合，并在坚持不下去的时候鼓励自己，就这样我慢慢调整好了状态，即使在之后同时面临着党课学习、科研项目、青岛市高校 MPAcc 案例大赛、学习与兼职等多重任务时，我也坚持了过来。学以致用也是十分关键的，我注重将所学理论知识运用到生活实际中，因此我还利用大三寒假的时间参加了实习，收获了一段宝贵的实践经历，也加深了我对于专业知识的认识与热爱。对学习的坚持与付出充实了我整个大学四年的生活，我也收获了不少，大学前三年总成绩排名第一，获得一系列荣誉称号，这些都是我用汗水换来的回报。这沉甸甸的一沓获奖证书，足以激励我迎接未来更大的挑战。也正是这样，我在大三的保研旅途中走得格外顺利，在参加的几个夏令营里都顺利地通过了笔试与面试，斩获多所学校的 offer，最终选择了梦寐以求的上海财经大学。

回顾我的大学生活，我认为自己的坚持与付出很值得。我不仅在学业上取得了成就，也为自己担任过班长、院学生会体育部副部长及管理学院辅导员助理,帮助过这么多同学而感到自豪。多彩的大学生活中,我也忘不了曾经为实践活动奋斗的日子。大一时,我便与同学合作参加了商业实训大赛,毫无经商经验的六个大一新生,第一次参与这样的比赛难免会有些棘手。但是我们分工明确,发挥每个人的专长,在每次比赛前都做好充足的准备。最终,默契的团队合作以及团员们的不懈努力,让我们收获了银奖的好成绩。大二暑假,我与同学一同组队参与了"三下乡"社会实践活动。调研过程充满了波折,甚至调研结果也与我们预期的有所偏差。在调研过程中,我们不断更新调研方案,一遍又一遍地修改,努力让课题方案更加完美。大三时,随着专业知识的不断累加,我又参加了与专业相关的青岛市高校 MPAcc 案例大赛,真正用学到的专业知识解决实际问题,我受益匪浅。当然,我也在尽力突破自我,尝试参加数学建模等比赛,即便没有取得很好的结果也能收获很多。

继续坚持,拥抱未来

时光荏苒,恍惚间,大学生活即将接近尾声。我很庆幸大学期间自己一直坚持着,从未停止过奔跑的脚步,因此我也在不断地完善自己,争取学到更多。生活在继续,我依然会继续前行,不论遇到什么坎坷,我都会坚定信念,永不言败,让坚持之花开满人生之路。

心怀热爱,奔赴未来

管理学院　李　双

李双,女,汉族,1999年4月出生,中共党员,财务管理专业2017级本科生。曾获国家奖学金、国家励志奖学金、校学习优秀一等奖学金、社会实践奖学金;获山东省优秀毕业生以及校级优秀学生、优秀团员、优秀团干部、优秀青年志愿者等荣誉称号。

爱所爱

平心持衡,稳渡山海。我一直坚信,对于学生来说,学习与实践都是非常重要的。学好专业知识,将基础打牢,在实践中才会做出正确判断;进行实践活动,不断拓展自己的视野,才能对知识有更深的理解。付出总会有收获,大学里我认真对待每一门课,与同学交流,与老师探讨,及时解答疑问,取得了专业第一名的成绩。2020年,我作为科研助理参与国家自然科学基金课题"中国上市公司资本效率与财务风险调查",负责按照中国企业营运资金管理研究中心调查方案对上市公司基础财务信息进行采集,并完成调查分析案例报告的撰写。

"纸上得来终觉浅,绝知此事要躬行",积极参加实践活动,不仅可以将所学专业知识用到实处,还让我结识了一群志同道合的朋友,一起探讨,互相学习。2018年暑假,我与团队一起前往黄岛区薛家岛街道的四个社区进行走访,了解当地失海渔民的情况,根据与四个社区居民的访谈,撰写社会实践报告并提出建议,希望能够为他们提供帮助。2019年5月,我参加了第十一届商业实训大赛,拍摄宣传视频,撰写商业策划书,团队蒙阴蜜桃销售额高达1万元,获得了二等奖，更重要的是为"蒙阴县大力发展电商为脱贫攻坚注入新动能"贡献了力量。

行所行

"什么是先锋模范？先锋模范就是自己先做好，然后带着大家一起好。"我心中一直记着在入党积极分子培训班中听到的这句话。大二班委换届，我主动参与竞选，成为财务管理班的团支部书记。我认真完成了新任团支部书记培训，并在团务知识竞赛中获得了一等奖，明确了自己的责任，以期更好地为同学们服务。

一颗星星可能不明亮，但一群星星却可以照亮黑夜。为了提升团支部的凝聚力，我在支部内定期组织形式多样的主题团日活动。在体测到来时，组织"夜跑行动"，让同学们走出宿舍、走出教室，提前"热身"，保证能够顺利完成体测；假期返校后，组织"寒假归来话成长"活动，大家分享自己在假期里的学习生活情况以及身边发生的趣事，"珍惜、陪伴、成长、目标、努力"是我们的主旋律；"诚信教育"主题团日活动上，全班同学朗读了《人心的法则》，班主任和辅导员告诉我们做人要诚信，但同时也要提高警惕，避免被外界的不诚信因素欺骗；"问梦青春"校友讲坛活动中，我们邀请了学长学姐来传授保研、考研、出国、就业的经验，让同学们提前了解各种发展方向所需要的条件，选择适合自己的目标，提早做好未来的规划。2019年6月至2020年6月，我同班长带领大家进行了以"勇往直前，永不止步"为主题的团支部创新立项，旨在通过开展篮球赛等户外拓展活动以及心理健康教育等室内系列讲座，让同学们提高身体素质，养成抗挫折、不轻言放弃的心理素质和团队合作、勇于竞争的进取精神，并顺利完成了结项。在支部成员的努力下，班级先后获得了雷锋团支部、先进班集体、先进团支部等荣誉称号。

作为团支部书记，我做好同学与学院之间沟通的桥梁，听取同学们的意见并及时反馈；作为朋辈导师，我带领学弟学妹开展主题团日活动，让他们尽快熟悉大学生活，认真解答他们的疑问；作为学习委员，我会为学习困难的同学匹配合适的学业朋导帮助他们顺利通过考试，也会帮助大家调整论文格式等；作为财务管理专业本科生党支部副书记，我做好党员发展工作，进行具有支部特色的党支部创新立项，努力建设党支部。风雨兼程，跬步千里，能够服务大家我感到很开心、很荣幸，也让我发现了更精彩的自己。

知己心

心之所向，万物明朗。怀着对志愿服务的热爱，入学以后，我便加入了 V 爱青年志愿者协会，周末会定期到莲花关怀老年公寓打扫卫生、上山做农活儿。"当你老了，有我陪着"，锦云村老年公寓的六楼住着失智的爷爷奶奶，我陪着他们说话散步、听他们讲年轻时有意思的事情，让他们感到温暖。在 2018 年国庆节期间，我参与了"蓝色硅谷"马拉松志愿服务活动，"风很大，天很蓝，大家很热血"，我感受到了参赛者身上"永不放弃"的精神。

2020 年春节，街道上看不见熙熙攘攘的人群和车水马龙的繁忙，新冠疫情的突然来袭，让我们的城市仿佛被按下了暂停键，但一位位逆行者却不曾停下脚步。"若有战，召必回，战必胜"，钟南山院士再次临危受命，义无反顾地赶往防疫最前线；医务工作者坚守岗位，踊跃报名驰援疫情严重地区；公安干警不分昼夜守护防疫一线；社区工作者咽下不解与埋怨，坚持服务群众。作为一名党员，回家完成监测后，我便主动向社区党支部报名参与疫情防控，对来往人员进行检查、测温与登记，给部分进出车辆消毒，向群众宣传疫情防控知识，贡献自己微弱的力量。同时，按照学校与学院的疫情防控规定，我协助辅导员时刻关注班级同学的学习、心理动态，督促完成每天的疫情防控打卡。

经历不一样的故事，体验不一样的风景，帮助不同的需要帮助的人，不仅自己会从中得到锻炼从而获得成长，也会给他人带去帮助与温暖。感谢父母、老师和同学们的支持与帮助，感谢学校和国家的栽培，我定躬行实践，力学笃行，将来为社会提供高质量的会计信息，做一名诚实守信、客观正义的会计人，追着光、靠近光、成为光、发散光！

过去和未来，
都是最好的际遇

管理学院　李雯钰

李雯钰，女，汉族，1995年12月出生，中共党员，旅游管理专业2018级硕士研究生。曾获国家奖学金、研究生学习奖学金、文体和实践奖学金、学习二等奖学金、文体奖学金、实践奖学金、中国银行"自强大学生"奖学金、"国家开发银行"励志奖学金；获山东省优秀毕业生以及校优秀学生、优秀研究生、优秀团员、优秀共产党员、优秀青年志愿者、优秀毕业生等荣誉称号。

黄海之滨，青青之岛，2014年8月我第一次来到这座城市，炽热的阳光火辣辣地照着，微咸的海风轻柔地吹过，当时的我大概没有想到，我会在这座城市一待就是七年。青岛，你好！

缘起于此，青春韶华不负七年海大梦

来到中国海洋大学是个意外，高考前我本一心想着去上海，当时以为铁定能上的第一志愿竟没有录取。来中国海大是个意外，但很美好。

从高三到大一、从大四到研一，每一个重要的转变都在这里。高考的失利让我在大一就坚定了读研究生的想法，这个目标一直鞭策着我认真学好每一门基础课和专业课。大四时，我以班级第四的成绩获得了保研资格，并在推免面试中综合成绩第一，如愿继续留在海大深造。

硕士研究生生活和本科生活的区别很大，更要求有主动性和独立研究的能力。尽管大四推免后已逐步开始跟导师做项目，但在最初的一个月我依旧不适应。幸运的是,导师、师兄师姐为我指明了方向,一点点教我如何做科研。刚开始的时候阅读论文没有方法,花了工夫却没有消化成为自己的东西,后来才慢慢找到了适合自己的科研方式,有了自己的小技巧,成功发表了两篇论文,其中CSSCI 期刊一篇,并获得了国家奖学金。从 0 到 1 的过程很难,但很有成就感。

现在的我,回想大一时的懵懂,不禁感叹七年的时光让我更加成熟、更加自信,也更加坚定。

保持热爱,热血校园找寻真正赤子心

学习和实践可以兼容吗？我会说:"可以!"伴随我整个大学生涯的有三个关键词:志愿、运动、实践。

关于志愿。2014 年 9 月,初入大学的我加入了 V 爱青年志愿者社团,从干事到部长,我尽自己微薄之力去帮助他人:去李沧区圣德敬老院、崂山区莲花敬老服务中心参与志愿活动,与那些同我爷爷奶奶年龄相仿的老人家聊聊天、玩玩游戏,给他们表演节目等。后来虽然没有继续参加志愿类社团,但我未曾停下志愿服务的脚步,如去青岛市海洋科技博览会、马拉松赛做志愿服务。虽然每次参与志愿服务都得起得很早,可是志愿服务工作总是会让人忘却劳累,在服务中有付出、有收获。

关于运动。2014 年 9 月我还加入了一个兴趣类社团——棒垒球协会,在这里一待也是七年,从球队里最小的学妹到最"有辈分"的学姐,我感受到了运动带来的魅力。加入棒垒球协会时,社团刚成立仅两年,连参加山东省棒垒球联赛的队伍都是东拼西凑组成的,初生牛犊不怕虎的我们就这样去了。在济南 30多度的高温中,连续 3 天高强度比赛,大家同甘共苦又相互支持鼓励,最终拿到了棒球项目第三名的好成绩,意料之外。在之后的几年里,我一直坚持推广棒垒球这项小众的运动,看着社团从最初的十余人到如今常规训练队员达三四十人,从男女共队到能够拆分出男女队单独训练,从山东省棒垒球联赛到全国大学生棒垒球联赛,我和社团在共同成长。

关于实践。除了社团活动,通过参加实践来训练个人能力、学以致用亦是我在大学生涯中所坚持的。2016 年 9 月,我和舍友参加了 2016 年全国大学生世界遗产保护论坛暨遗产保护与开发提案大赛,最初只是抱着试一试的想法,没想到成为本专业第一次进入该赛事决赛的队伍。去中山大学参加决赛,与来自中山大学、四川大学等高校的学子交流，在比赛中我们感受到了其他高校学子的专业素养，获益良多，最终获得了第三名的成绩。2018 年 9 月，我参加了2018 年山东省会展行业创意设计竞赛，获得展览策划类项目二等奖；2018 年 11月参加第三届"尖烽时刻"酒店管理模拟大赛，获得国家级三等奖。每一次实践比赛都让我清楚地认识到"人外有人，天外有天"，让我学会更加严谨、更加谦逊。

向阳而生，坚持目标未来踏歌长行

大一的时候受到朋辈导师、辅导员的帮助，我决定自己也要去帮助他人。大二的时候院里招募朋辈导师，我没有犹豫就报了名，希望能够用自己这一年的经验去帮助学弟学妹，在他们初入大学时给予力所能及的帮助。2018 年暑假，我收到学院招募兼职辅导员的邮件，同样没有犹豫，再次报名成为一名兼职辅导员。我负责 2016 级会计学本科生班和 2017 级会计学本科生班，为了加强与学生的沟通，每一位辅导员每学期都需要与学生进行一次谈心谈话，工作量虽大，但却是我挺喜欢的一项任务。每次进宿舍找学生谈心谈话一谈就是一晚上，常常 7 点去，10 点半才出来。真切的交流让我感受到他们对我的信任，我为拥有这份信任而开心；研二时我不再担任兼职辅导员，而是担任了旅游管理研究生党支部副书记，在支部工作中为同学们服务也是一件幸事。

2020 年突如其来的疫情打乱了原本的节奏，在家待的几个月里让我开始思考自己未来想做什么工作、成为什么样的人。那个时候的我其实不清楚自己想做什么，但是很清楚自己不想做什么，我不喜欢重复性强而枯燥的工作。既然无法返校，不如实习吧！抱着这样的想法，我开始了改简历、投简历、面试的生活，最初想进入互联网做运营却没有相关工作经验，最后上"知乎"做实习生，积累了一定的互联网运营工作经验后到"快手"负责商业化产品运营，这些经历让我明确了自己感兴趣的工作内容，找到了未来就业的方向。正是有了这两段实习经历的加持，让我最终找到一份自己喜欢并热爱的工作，坚持目标，向阳而生，踏歌而行。

2021 年 6 月，我即将离开这座生活了七年的城市。未来，满怀期待；青岛，再见！

活在当下，做更好的自己

管理学院 杨 晨

杨晨，女，汉族，1994年2月出生，中共党员，旅游管理专业2017级硕士研究生。曾获硕士研究生国家奖学金、鑫复盛奖学金、校级学习优秀一等奖学金；获山东省优秀毕业生以及校优秀共产党员、优秀研究生、优秀毕业生等荣誉称号。

还记得2013年那个热烈的夏天，经历了高考后的疲惫、欣喜与期待以及踏上求学旅程的忐忑和茫然之后，我在8月24日走进了梦寐以求的高等学府——中国海洋大学。就这样，将近八年的时间，中国海大也在我的人生画卷中涂抹下最为浓墨重彩的一笔。母校，于我有着尤为深刻的情感和特别的意义。我在母校的怀抱里汲取营养、经历风雨，从一颗等待萌芽的种子成长为一棵独当一面的小树，做到了"活在当下，做更好的自己"。

认识自己是做更好的自己的前提。"读万卷书，行万里路"是每个旅游学子的梦想，也是必然选择。在四年本科积累的基础上，我被推免保送本校研究生，继续研读"旅游"这本包罗万象、浩瀚无边的书籍。作为一名学术型研究生，我秉持"'坐得住'方能'立得住'"的精神，戒骄戒躁，努力提高学术写作能力及科研水平，完成论文3篇。其中，一篇关于中国旅游集团的研究成果，从投稿到发表历时一年半，于2019年8月发表于反映旅游学科最高学术水平的CSSCI期刊《旅游学刊》。在这漫长过程中，我彷徨过也气馁过，但始终有导师的倾心指导和师友的暖心关照，扶持我这棵科研新苗不断成长。一方面，我通过参加学术会议，了解旅游学科领域前沿，逐步找到科研方向和兴趣所在。在导师的支持下，我先后参加了第三届中国青年旅游论坛、第五届相思江中国旅游青年学者论坛和 2019 中国城市与区域管理学术年会，并在中国青年旅游论坛旅游经济分论坛上作了专题汇报，助力论文成功发表。另一方面，我通过参与科研项目和课题，拓展研究视野，提高论文写作技能，并多次赴潍坊、东营、烟台等地开展实地调研，参与撰写 4 篇调研报告、多篇规划报告，绘制 30 余幅规划图件。2019 年 10 月和 11 月，我先后有两篇论文被人大复印资料《旅游管理》转载。学术成果受到认可的滋味，犹如经历饥渴后品尝到的果实一样甜美多汁。只要专注认真、尽心尽力去做手头的每一件事，甚至每一件小事，就能有所进步、有所收获。

我会记得那个朝八晚十、埋头苦干的自己；我会记得那个激情昂扬、在课堂上发表个人见解的自己；我会记得那个一次次怀抱着忐忑不安的心情修改稿件的自己；我会记得那个熬夜绘图、乐在其中的自己；我会记得那个和师姐做调研时辛苦奔波却可以用双脚丈量祖国山河的自己；我会记得那个听到老师提出的想法而惊叹不已的自己；我会记得……回忆中的许多画面定格了曾经的许多个瞬间，记录下了作为硕士研究生的我。

中共党员是我自 2016 年 11 月以来时刻牢记的光荣身份。它是一面让我随时用严格的标准来衡量和要求自己的心中之镜；它是一个让我不断汲取温暖和正能量的希望之源；它是一股让我不畏艰难、勇往直前的无穷之力。"全心全意为人民服务"成为我的行为准则。我希望能够有机会在更大平台和更广范围上发挥自己的光和热。幸运的是在研一春季学期末，我参加了在校研究生专职辅导员的选拔。自 2018 年 7 月开始，整整两年的时间，我在管理学院担任辅导员工作，承担学风建设、班级管理、心理健康教育和档案管理 4 个工作模块，负责相关 8 项文件的撰写、发文和落地执行，平均每天工作时长超过 10 小时，回复师生信息上百条，累计与学生谈心谈话 400 余次，走访宿舍 100 余次，召开主题班会 50 余次。通过"朋辈伴铸"实现先进帮后进，受学业警示学生人数同比降低 10%；通过选拔科研小助手，保研留本校的学生数同比增加 73%；通过以宿舍为基本单元的防控网络，心理危机事件同比降低 67%，无一起严重事件；通过规范班委设置和班级管理，学生对班委的满意度提升到 96%。每当学生露出真诚的微笑报以一句"谢谢老师"的时候，我都会感受到辅导员工作的意义与价值。

我不会忘记那个横冲直撞、一次次为学生争取试读机会的自己；不会忘记那个为调解宿舍矛盾而被困在一团乱麻中、被气哭的自己；不会忘记因为家长的误解、感谢、焦虑和说教而情绪起伏的自己；不会忘记因领导、同事给予帮助和温暖而感动的自己；不会忘记教师节收到所带班级学生手写的纪念册时还在加班的自己；不会忘记……这一幅幅画面定格了曾经的某个瞬间，记录下了作为辅导员的我。

将这无数的画面串联，勾勒出过去的我的模样。不论是对待学习还是对待工作、生活，我都是一如既往的认真努力，尽管不能完全实现仰望星空，但至少做到了脚踏实地。"活在当下"的我，为了成就更好的自己，我一步一个脚印，一笔一画雕刻出现在的我的模样。未来的我又将会是什么模样？我是十分期待的。尽管有无限可能，但我知道一定还是一名赤子心不变、将个人价值实现与中华民族伟大复兴的中国梦紧紧相连的"海之子"。

一路奔跑，一路花开

经济学院　王　雪

王雪，女，汉族，中共党员，国际经济与贸易专业 2016 级本科生。曾获国家奖学金、杰出学生奖学金、学习优秀一等奖学金、科技创新奖学金、社会实践奖学金；获全国大学生泰德案例分析大赛一等奖、全国大学生数学建模竞赛山东省二等奖、APMCM 亚太地区大学生数学建模竞赛三等奖等奖项；获山东省优秀学生、优秀毕业生以及校优秀学生标兵、优秀学生、优秀毕业生、优秀团员、优秀学生干部、优秀团干部等荣誉称号。

罗曼·罗兰曾说过，让整个一生都在追求中度过吧，那么在这一生中必定会有许许多多美好的时刻。踏上大学的漫漫征途，我们的人生便进入了崭新的篇章。前方的路或平坦，或曲折，但不管怎样，路就在脚下，梦就在前方。

基础助力，扬科研之帆

他们都说，高考最美的地方，不在于它可让人如愿以偿，而在于它还会造成很多阴差阳错。高考的失利，让我一心一意想去南方的梦想破灭，最终留在了北方的城市。但我渐渐发现，每个人所失去的，终会以另一种方式归来。

进入大学后，身边存在着各种各样的诱惑，但我一直对自己说，做好自己应该做的事，不悲观失望，不骄傲自大，以一种平静的心态全力以赴地走下去。因为我记得父母跟我说过，越努力，越幸运。

我始终坚信，学习是大学期间最重要的事情。教室里第二排最右边的座位一直是我的固定位置，课上我认真听讲，遇到不懂的问题就向老师请教，碰到感兴趣的话题就和老师进行更深层次的交流,最终赢得了多位老师的认可,绝大多数专业课成绩排名第一。课下,我基本每天都会出现在图书馆,图书馆里的课内书籍让我对于所学的知识有了更深层次的理解,课外书籍则让我看到了宇宙的广袤、人间的百态,让我意识到知识的无穷无尽。可以说,图书馆给了我充实自己的机会,让我有了进一步的提升。

大二时,我还带队参与国家级大学生创新创业训练计划,还记得当时为了完成调研任务,我们不畏联系企业时工作人员的不耐烦,不惧调研过程中头顶的烈日,最终实地走访了多家橡胶企业,从生产、市场等方面深入总结青岛市橡胶企业成功"走出去"的发展经验,项目于 2019 年 6 月顺利结题。另外,随着学习的深入,我对国际贸易的相关热点问题产生了浓厚的兴趣,独自撰写了一篇学术论文,运用随机效应—工具变量法实证探讨对外开放对于我国制造业集聚的空间格局重塑的影响。此外,我在大学期间还参与了包括一项国家级课题在内的三项课题的研究,这些经历让我对科研工作有了进一步的了解,也让我更加坚定了攻读研究生的想法。

勇于担当,悟奉献之理

进入大学后,突然增多的空闲时间,并没有让我迷失自己,我选择用积极参加各种各样的实践活动来发掘自己的优势。大二一年,我担任校"黑苹果"青年社团公关部副部长及学院自强社秘书处部长。在校级社团的经历,让我见到了更多学校之外的精彩;而在院级社团的工作,则更多地锻炼了我的领导能力及组织协调能力。也正是因为在这两个社团的工作,我获得了众多老师及同学的支持,得以成功留任自强社社长一职。

在担任自强社社长期间,我带领着社员明确了"为困难生服务,与优秀生同行"的社团定位,举办了包括"自强之家"讲坛、"志者千里"励志访谈等多项活动,致力于解决经济困难生的全面发展和成长成才问题,用榜样的力量带动经济困难生进步,最终社团被评为校级"标兵分社"。

成长过程中少不了失败与尝试。仍然记得自己还是部长的时候,社长让我独立策划超级演说表演赛,当时的自己刚成为部长不久,对如何策划并成功举办一个活动可以说是毫无头绪。但我知道,既然选择留下来,就应该勇于承担自己的责任。没头绪? 没关系,向社长请教。不懂? 没关系,去网上查资料。

那段经历是我人生中的一个宝贵财富。正因为这段经历，我真正明白了什么叫秘书处，什么叫活动策划，什么叫"有志者事竟成"。

身体力行，走实践之路

进入大二之后，我逐渐意识到，光有课本上的知识是不够的，实践才能出真知。因此，我把握每个可以锻炼自己、提高自己学术能力的机会，在这期间我哭过、累过、想要放弃过，但幸运的是，最终我都笑着走过。依旧记得 2018 年 5 月在济南参加案例分析大赛决赛时，济南陌生的环境、闷热的空气、强大的对手，让我和队友们都叫苦不迭。决赛前一天晚上，熬夜到凌晨四点钟的我们每个人的身体已经到达疲倦的极点，每个人都表现得很急躁，团队开始出现矛盾与争端。这时候，作为团队中唯一的女生，我知道自己应该调节团队气氛，因此不顾身体的疲惫，积极思考问题解决方案，给团队成员加油打气。在我的影响下，团队气氛开始缓和，开始步调一致地往前走，最终，凭借着我们的合作与努力，我们拿到了全国一等奖的成绩。

大学的生活是丰富多彩的。在学习之余，我一直没有忘记回报社会。2018年暑假，我带队赴山西省五台县进行扶贫调研，撰写了 7000 余字的调研报告，自己也被评为山东省暑期"三下乡"社会实践活动优秀学生。另外，我积极参与自强社举办的"爱心包裹"的活动，为远在山区的孩子送上一份温暖。虽然在这个过程中会引来路人不解与不屑的目光，也会想过放弃，但是当自己通过努力为山区的孩子筹得善款时，自己心中还是满满的自豪。除此之外，在 2017 年的上半年，自己每周六上午都会去李沧区科技馆进行志愿讲解工作，与小朋友们交流，为他们讲解一些他们不了解的东西，在锻炼自己的同时，也为社会做出了自己小小的贡献。

三年来，我一步一个脚印地往前走，把海纳百川的气质刻在骨子里。我知道，追逐梦想的道路不会平坦，但我会坚定地走下去，向着光与希望，一路奔跑，一路高歌，一路花开，一路绽放。

请学会自己打开那扇窗

经济学院 梅 鑫

梅鑫,女,汉族,1998 年 12 月出生,中共预备党员,经济学专业 2016 级本科生。曾获国家励志奖学金、学习优秀二等奖学金、社会实践奖学金;获 2019 年美国大学生数学建模竞赛 M 奖;获校优秀学生干部、优秀团干部等荣誉称号。

常言道,生活为你关上一扇门的同时,也会为你打开一扇窗。这扇窗是存在的,但往往需要你自己找寻并打开。

小河缠绕,野花飘香,这是我小时生活的写照。虽景色天然、风光无限,但交通闭塞、经济发展落后等问题一直阻碍着村庄的发展,父母外出打工,爷爷奶奶靠务农为生。从小,爷爷奶奶便常在我耳边教导,学习是唯一的捷径,只有好好学习,才可以走出村庄,改变自己的人生。于是,在 12 年的求学生涯里,我一直铭记于心,端正学习态度,探索学习方法,保持好的学习习惯,终于,我考上了梦中的象牙塔——中国海洋大学。就这样,我离开了生活了 18 年的故乡,独自一人踏上了异乡求学之路。

刚进入大学的我,仿佛到了一个岔路口,不知该往哪儿走。五花八门的社团纳新,各式各样的科研竞赛,丰富多彩的院内活动,增添了个人选择之时,也混乱了个人方向。身边太多出色的人,他们努力、优秀、多才多艺;而自己,不会摄影,不会唱歌,也没有一技之长,更不知道自己喜欢什么,我似乎找不到开启大学生活的那扇门。

机缘巧合之下,我参加了校报记者团,在那里,我认识了许多优秀的学长姐,也在一次次与他们的交谈中,我逐渐清楚了自己想要的大学生活是什么样的,大学该怎样度过,我将来要成为一个什么样的人。至今仍记得对一位前辈的访谈。他说:"在适合的大学空气中,最重要的事就是思维训练。掌握知识或者参与社会实践,不过是训练思维的必要条件。让青年人学会用自然科学家、社会科学家或人文学者的方式来思考,才是大学的意义。"在大学里,专业知识的储备是必要的,实践思维训练也是不可缺少的,我似乎在这番对话中领略到了什么。

因为性格外向、乐于助人,在大二上学期,我担任了班级的团支书,组织开展了一系列团日活动和以"改革开放四十年,聚力青春谱新篇"为主题的团支部创新活动,顺利举办了"改革开放时光走廊"路演、"给4年后的自己写封信"以及"模拟高考——40年前的你还考得上海大吗?"等趣味活动。因为工作开展得较好,我们支部也连续两年被评为校级先进团支部。除了常规的支部工作,我每周还有8个课时的勤工助学工作,如何平衡好学习与工作的关系,成了我一直在探索的难题。合理安排时间、提高工作效率,是我在两年的支部工作和"四助"经历中学习到的成果。万事开头难,最初时的手忙脚乱自是必不可少,经验总在风雨后,只有沉下心来,脚踏实地,认真负责,才能真正从实践中积累经验并转化为自己的人生财富。

2018年11月,我开始组队准备美国大学生数学建模竞赛。每周都规定了自学的任务,和队友一起讨论往年题目和优秀论文,慢慢地摸索建模的方法,这样的节奏大概保持了两个月。软件的学习是建模的一大基础,对于我这个编程"小白"来说,Matlab上手都有些困难,无数次在代码出漏洞时绝望,又在绝望中寻找希望。就这样,日复一日,我们坚持到了比赛开始那天。四天时间,每天只睡三个小时,很多次感觉自己快要挺不下去了,可最终还是咬牙坚持了下来,完成了比赛,提交了论文。幸好,结果令人满意。其实准备建模竞赛的那段时间,我的课程作业量繁重,期末复习压力也大,多次想过放弃,可要想有成果,付出自是必不可少,虽然在旁人看来有些孤注一掷,但我们依旧在坚持。而且队友们也一直在互相扶持,互相打气,互相勉励。我们总是说:"无论如何,开始了就不要轻易说放弃。"我相信,不论过多久,回忆起团队一起奋斗的时光,我们的嘴角总会扬起微笑。也正是这段经历让我知道,要永远有重新开始的勇气和决心,面对困境,只有坚持,才可以不随波逐流,走得更远。

时间总是过得很快,我又开始利用课余时间学摄影。从基础的构图教程到后期的调色方案,从最初拍静态物体到渐渐开始尝试拍人像,虽然还有许许多多的细节需要完善,但拍照已成为我日常生活的乐趣之一。记录风景,记录食物,记录心情,拍照是为了记录,但也不只是为了记录,它似乎成为我减压的一种方式。拍照时,我会细致地观察物体特征进行构图,会绞尽脑汁地展现被拍物体的美丽之处,周遭的一切都不足以打扰到我。偶然翻看相册时,我也会回忆起拍照的地点、心情或事件,感觉生活有迹可循。

在很多时候,我们往往只看得到关上的门,却连去寻找窗户的勇气都没有,只是在原地失落着、迷茫着。在大学生活中,我渐渐懂得,在一个地方失去,也终将在另一个地方得到。潦倒窘迫的人生,从来不需要奋斗,幸运女神更愿意眷顾那些努力拼搏的人,所以,我开启了寻找之路,一边寻找,一边坚定。一扇门关上了,有扇窗还请自己打开。而我现在觉得,这寻找并打开的过程,大概就是人们常说的成长吧。

成长路上,经历与良师益友的指点让我成为一个乐观、善良、勇敢、坚强的大学生,也让我深知这一切的来之不易,我也将继续坚持信念,更积极地面对今后的生活,把握机会,用泪水、汗水、笑声编织绚烂的天空。

予人玫瑰，手有余香

经济学院　白文帆

白文帆，女，汉族，1999 年 8 月出生，中共党员，物流管理专业 2017 级本科生。曾获国家奖学金、"杰出学生"奖学金，大学生数学建模竞赛省二等奖；获校优秀学生、优秀团员等荣誉称号。

初遇志愿，携爱起航

始于 2017 年金秋，终于 2021 年盛夏。回望大学四年，我发现自己经常奔跑在志愿服务的道路上。在初入校园时，年轻的我们被各色的社团所吸引，而我选择了"海洋之心"青年志愿者协会，这也是我成为一名志愿者的开端。大一初始，我跟随社团学习如何成为一名合格的志愿者，从一周一次前往市南区王建民老师的手语工作室学习手语开始，我掌握简单的手语交流，排练手语歌曲，参加手语比赛，用一种无声的语言架起交流的桥梁。而从石老人浴场到流清河，干净的沙滩上也留下过我的脚印。

2018 年，协会举办了"海樱使者"活动，从志愿者的招募培训到海报的宣传设计，再到上岗排班监督、最后的工时统计，我全程参与其中。新颖的活动不仅保护了学校的樱花、便利了观樱游客，也被中青网等多家媒体报道，展现了中国海大学子无私奉献的风貌。

2018 年 9 月，我留任协会秘书部部长，除了传承社团特色——手语学习、净沙活动、关爱听障儿童"小百灵"活动等，我参与策划了"体验残疾人一小时"活动，拓展了社团活动范围。学校成立 95 周年之际，66 对新人回到母校参加集体婚礼,为了使婚礼进程更加有序、让新人(学长学姐)们体会到母校的温暖,在团委老师和校友会的鼓励下,我负责了70名志愿者的招募、培训、对接和管理,用自己绵薄的力量为学校华诞和学长学姐送上了一份祝福。

暑期支教,助梦少年

我们不一定能做伟大的事,但可以用伟大的爱去做些小事。教育是提高人民综合素质、促进人的全面发展的重要途径,是民族振兴、社会进步的重要基石,是对中华民族伟大复兴具有决定性意义的事业。我们经过实地调研发现,山东省临沂市临沭县经济条件落后,交通不便,其小学教学设备简陋,教学结构和方式单一,教师人数不足。该地区学生家长大多外出务工,无法长期陪伴、监督、指导孩子学习。为了尽己所能帮助临沭县小学的孩子度过一个有意义的暑假,我在2017年7月和2018年7月连续两次参加了"三下乡"支教活动,并在2018年的活动中担任队长。

活动自策划开始,历时三个多月。首先是媒体宣传,先通过微信推送、微博推送扩大影响力,并通过学校官方微信公众号进行宣传。其次是志愿者招募,招募自愿参加"三下乡"支教活动,能吃苦耐劳,具有奉献精神,有爱心、耐心、自信心和责任心,对于支教的课程设计富有想法和创新性的同学,并进行选拔和培训。同时,开展为期一月的"爱心不毕业,捐物助沂蒙"的活动,针对毕业生收集文具、书籍等物资,能够赠送给学生的,在支教时带给学生;不能赠送给学生的,我们进行了爱心义卖,并用义卖的收入购买文具,在支教时带给学生。最后是课程设计,通过与支教小学校长联系,我们根据学生需求,设计了四类课程,即基础巩固类、创新拓展类、生活健康类和兴趣爱好类课程。基础巩固类课程以语、数、英基础性课程为主,重在巩固学生的基础知识,运用生动有趣的授课方式,创新性地将基础知识融入多种形式的课堂中,包括三行诗、"我的梦想"作文课、小演员的诞生话剧表演课等。创新拓展类课程主要包括文化拓展类和科学拓展类课程,重在通过讲解多种多样的课外知识,开拓学生的知识面,提高他们的动手能力和思维能力,包括"以法之名"法律课、"绿野仙踪"环保教育课、科学实验站等。生活健康类课程重在帮助孩子们养成良好的生活方式和健康的心理素养,包括安全小能手、"美丽心灵伴我行"心理课等。兴趣爱好类课程旨在通过设置多门兴趣课程供学生自由选择的方式,培养他们基本的艺体素养,在全面发展的同时，有所选择，包括舞蹈、音乐、拳击等课程。各类课程的设计提高了当地学生们的兴趣，满足了他们的学习需求。

支教的时间很短暂，但却留下了满满的回忆。首先是那群孩子有的活泼好动，有的文静内向，还有的探索力和求知欲满满。或许几年之后，他们会完全忘了这些老师，但我希望他们能记住我们带给他们的东西。海洋知识课上讲的未解之谜，是想培养他们善于思考、奇思妙想的能力；科学小实验，是希望他们能动手动脑，并从这些实验中爱上化学和物理，善于发现生活中的科学。而同甘共苦的支教团队中，一开始大家还不是那么熟悉，但艰苦的环境总是能最快地融合人们的感情。大家在晚上都会开小会，从刚开始只是简单地谈论"我做了什么"，到后来长达两个小时的关于支教的思想启蒙会，我觉得我们真真正正地融入了这些孩子、这个地方和老师这个职业。我们一起斗壁虎、蛤蟆、蜘蛛，一起在太阳下跑步，一起在放学后蹲在水泥地上吃西瓜，一起熬夜写稿子，一起在操场上、幽暗的灯光下一遍遍地练习着毕业晚会的歌，一起在办公室里因为孩子们稚嫩而真挚的留言而哈哈大笑，一起被孩子们的黑板画感动，一起拖着行李依依不舍地离开，和办公室、宿舍、门卫大爷以及那里的壁虎、蜘蛛说再见。

虽然我们会毕业，但志愿不毕业，爱充实了我的生命，只要还有能力帮助别人，我就会一直在志愿服务道路上走下去。

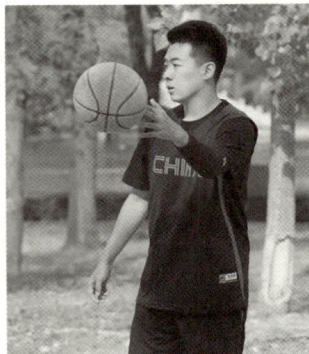

那些年，
我在中国海大的故事

经济学院　王伟龙

王伟龙，男，汉族，1994年7月出生，中共党员，国民经济学专业2017级硕士研究生。曾获第十一届研究生法律文化节法律知识竞赛一等奖；获山东省大中专学生志愿者暑期"三下乡"社会实践活动优秀学生、经济学院优秀共产党员、第三届弘文研究生社会实践优秀个人、校优秀团干部、研究生实践活动积极分子以及第十届"行远先锋"研究生党员骨干训练营优秀营员等荣誉称号。

我的故事要开始了⋯⋯

还记得2017年的那个夏天收到中国海大录取通知书时的那份喜悦，时隔多年仍然难以忘怀。还记得，新生报到的第一天，我是我们学院第一个前去报到的学生，对周围的一切都充满了好奇，就像走进了安徒生的童话世界，内心欣喜而又忐忑。时光飞逝，转眼间，三年过去了，很快就要跟这美丽的校园说再见了，内心有太多的不舍。我希望能通过回忆，书写一点点自己的心得和体会，给学弟学妹一些借鉴。

加强学习，努力提高自身水平

"宝剑锋从磨砺出，梅花香自苦寒来。"学习亦是如此。2017年9月入学以后，我明确学习目标，端正学习态度，注重自主学习，利用课余时间阅读课外书籍，进一步充实自己的大脑。我还积极参与了多项校园文化活动，比如2017年11月，在"智承国学·文漾海大"中国海洋大学第八届"文贯思路·辉华流新"研究生国学活动节艺术作品大赛、中国海洋大学第六届"感恩海大"研究生主题教育之"感恩·铭记"三行情诗征集活动、中国海洋大学第十一届"和谐海大·法治校园"研究生法律文化节法律知识竞赛等。参加学校"研究生素养提升计划"不仅让我接触到了许许多多优秀的同龄人，学习到了他们身上的优点，同时也让我对自己有了一个更加清晰的认识，不断提高自身水平。

坚定理想和政治信念

作为一名共产党员，我热爱祖国，全心全意拥护中国共产党的领导，在思想上时刻保持清醒，时刻铭记作为一名学生党员应当以身作则，在行动上严格要求自己，注重个人思想道德素质的提高，严格遵守党规党章，认真履行党员义务。一名党员只有不断加强理论学习并积极投身到实践中去，才能永葆思想的先进性和纯洁性。一路走来，我铭记党组织对我的培养和教导，不断增强自身理论学习和实践能力，坚定崇高理想和政治信念。

立足本职工作，增强团队建设

"一花独放不是春，百花齐放春满园。"作为经济学院2017级硕士研究生第一党支部书记，我在加强自身修养的同时，更加注重对支部党员的培养和教育，调动党员们的热情和积极性。党支部是一个温暖的家，来自各个系、不同专业的党员，共同组成了我们这个大家庭。我带领支部党员积极响应党组织号召，在2017年11月的经济学院第三届"理想·责任·先进·纯洁"主题教育之"践行'两学一做'，争做筑梦先锋"党员知识竞赛中荣获二等奖；在2018年11月的经济学院第四届"理想·责任·先进·纯洁"主题教育之"践行'两学一做'，争做筑梦先锋"党员知识竞赛中荣获一等奖；党支部也连续两届被评为优秀组织单位，在中国海洋大学第八届"我与祖国共奋进"研究生党员教育系列活动之支部风采展示中获得一等奖。

关心集体，增强自身修养和道德情操

"一滴水，只有融入大海的怀抱，才永远不会干涸。"同样，我们每一个小小的个体组成了一个集体，集体的发展也离不开我们每一个人的努力和付出。自入学以来，我积极主动地承担班级事务，自发召开新生主题班会，让来自五湖四

海的同学相互沟通、相互认识、相互了解，共同融入我们这个大家庭。此外，我主动报名参加了经济学院研究生会，努力工作，并在完成好本职工作的同时，积极主动地分担其他部门的工作，并在 2017 年 12 月被评为"优秀干事"。当我知道集体需要我的时候，奋勇当先，尽自己最大的努力参与到运动会中去，为班级和学院争光，在学校第 72 届体育运动会上表现突出，获得突出贡献奖。

在生活中，我一直践行"全心全意为人民服务"的宗旨，踊跃报名参加志愿者服务。我参加了两岸海洋大学篮球交流活动，圆满完成了志愿服务工作，并展现出中国海大学子的良好精神面貌；此外，我积极参加暑期"三下乡"活动，被评为 2018 年度大学生暑期"三下乡"社会实践活动优秀个人；2018 年山东省大中专学生志愿者暑期"三下乡"社会实践活动优秀学生。作为青年一代的学生，我们应该肩负时代的使命，努力投身到基层建设当中去，在实践中提升自己，在为人民服务的过程中实现自身的价值！

不知不觉，离开母校已经快一年的时间了。离开了海大后，我考入了中共中央党校读博。有时候漫步在自得园，抬眼间，已不是那樱花飘落的景象，也感受不到清凉的海风，身边也不会有疾驰而过的小绿车……有时候真羡慕现在的"海之子"，只可惜过去了的只能成为美好的回忆。因文笔有限，这篇回忆文章写得零零散散，只是想表达我的心声。每一位"海之子"，你们无须去模仿和重复他人之路，因为每一颗星都是璀璨夺目的。"海阔凭鱼跃，天高任鸟飞"，美丽的樱花校园，提供给你们的不止有良好的学习环境和学术氛围，还有其他许许多多丰富多彩的东西需要你们自己去细细品味。

只争朝夕，不负韶华

外国语学院　孙　悦

孙悦，女，汉族，中共党员，英语专业 2016 级本科生。曾获国家奖学金和校级学习优秀一等奖学金、"春华"奖学金、社会实践奖学金；主持 SRDP 科研项目并获评校级优秀；获山东省优秀毕业生以及校优秀学生、优秀团员等荣誉称号。

时间像一位老人，慢慢引领我成长。而我，以一个追梦者的姿态，在他的目光中，在大学的赛道上，从起步，到奔跑，再到冲刺。时间永远流逝得令人猝不及防，一晃大学四年已成为过去。现在我转身，回望来时的路……

一点一滴，都有回响

时光倒流至 2016 年 9 月，我走进校门，成为一名中国海大的学生，怀着对新生活的期待，开启了新的人生篇章。

初次接触英语专业时，我是胆怯而排斥的。虽然进入大学之前已经学习了十年英语，但我的听力和口语并没有得到明显提高，因此处在英文授课环境中的我如坠云雾。记得第一堂外教课，当同学们听懂老师的笑话哈哈大笑时，我只能根据大家的反应尴尬地挤出笑容，心里却泛滥着焦虑和苦涩：难道我的大学就只能这样度过吗？学姐看穿了我的迷惘和不安，安慰我说："站在新的起点上，只要你坚持不懈地努力，一定会有收获。"学姐的鼓励像是给我吃了一颗定心丸，虽然还是怀疑自己，但我决定从一点一滴开始改变。

我认真听讲，不错过重要的知识点，遇到不懂的问题便及时标注，下课请教老师。开始我还会犹豫和胆怯，但每次老师温柔的语气、耐心的讲解、对我想法的赞同,都给我莫大的鼓励。此后我便勤于思考和提问,经常和老师交流。

我坚持每日 6 点 15 分起床。早起给我活力,也让我有时间来思考和安排自己的一天。吃过早饭,我便去教室,或读书,或学习。课程结束,我会坚持上晚自习至晚上 10 点,复习当日所学课程或预习新课,或是学习一些课外知识,提升自己的外语水平。看着一本本摞起来的草稿本,我心中充满喜悦,上面记载的不仅是文字,也是我努力的汗水。从开始时上外教课就会恐惧,到完全能够明白老师讲课内容;从开始的不敢张口,到主动找外国人交流;从开始的畏惧英文课本,到捧着原著阅读,这些变化在意料之外,也在期待之中。经过一年的努力,我在大二开学时获得了学习优秀一等奖学金。喜悦不言而喻,但这给予我更多的是前行的动力。更重要的是,我明白了改变是一点一滴发生的;只要有信心、有行动,就能收获甜美的果实。

高山平川,脚步不息

成长是一个不断发现自己、发展自己的过程。要发现自己的兴趣,发现自己的优点,也发现自己的不足,通过改正来提升自我。大二对于我来说,就是这样一个发现与成长的过程。

步入大二的我好像进入了疲惫期,科目的增多、课程难度的增加,都让我有些手足无措,处于焦虑之中,又无力改变现状,我逐渐迷失了自己。这时我想到了习近平总书记说过的话:"青年的人生之路很长,前进途中,有平川也有高山,有缓流也有险滩,有丽日也有风雨,有喜悦也有哀伤。心中有阳光,脚下有力量,为了理想能坚持、不懈怠,才能创造无愧于时代的人生。"对! 我要坚持,不能懈怠! 我依旧是从点点滴滴做起,很快找到了大一时的状态。

初学词汇学时,词素、形素、语素变体之间的区别令我头痛不已;词根、词干、词缀之间的关系也令我头昏目眩。但是我并没有放弃探索,而是通过和朋友讨论、向老师请教,解决了不明白的问题。过程虽然艰辛,但是心中便充满成就感。散文课上我也收获良多,尤其是罗素的名篇《如何慢慢变老》,让我明白了一个人的心思一定要放在未来,放在力所能及的事情上。我最喜欢的一句话也出自这篇文章——"What is possible has been done."要做到无愧于己,无愧于心。通过修辞学和文体学,我感悟到了语言的美和力量。授课老师性格各异,但他们都有一些共同的品质:认真、踏实、勤奋、热情、肯钻研,还有永不停歇。他们在各自的领域都取得了很高的成就，但依然努力学习，充实自我。这让我反思，那么多优秀的人都还在努力，我有什么理由不好好努力呢？

道阻且长，上下求索

前两年中，通过广泛选修专业课，我渐渐发现了自己对英美文学的兴趣，也坚定了将来要对英美文学进行研究的想法。阅读英美文学对我的外语学习有很大益处，它不仅能让我接触到大量课本之外的表达方式，还能有效拓宽自身视野，提高文化修养。从文学作品当中，我可以获得源源不断的动力与慰藉：塞缪尔·约翰逊历尽艰辛编纂《词典》，使我领略到了一位学者的严谨和坚持；培根字字珠玑谈读书，引导我发现了阅读的重要和奥妙；华兹华斯深情款款咏水仙，让我看到了水仙花在河边起舞，心情变得轻松愉悦。出于对文学的热爱，我修读了本系所有文学类课程；在课外我也主动参加讲座，努力提升文学素养。罗良功教授的"美国现当代诗歌的视觉美学"，让我懂得了诗歌形式对于表达意义的重要性；青岛作协主席高建刚老师的"外国文学与汉语的核心"，教我如何探寻文学作品中的人性。此外，我还坚持阅读中外文学作品，对诗歌、散文、小说、戏剧均有涉猎，在中外作品对比中发现共性与不同。在我看来，文学作品在与人产生联系和共鸣时才能焕发出生命力，因此我也时常创作小诗，分享给老师和同学，希望在发现美的同时，也能够创造美。

我对文学的热爱，不在于它的形式，而在于它所带来的心灵上的冲击和洗礼，在于它所记录的每一字、每一句都耐人寻味。有些内容一时品不出什么味道，但却可以经得起时间的打磨。每当我真正感受到作者的精妙文思后，总是不由自主地会惊叹、会感动、会称赞，原来一切还可以这样被保存和记录。

躬行求索，方得始终

"纸上得来终觉浅，绝知此事要躬行。"要想认识事物或理解事理，必须进行亲身实践，不能仅仅依靠书本，因此四年中我坚持参加社会实践，学以致用，追求全面发展。

在取得成绩的同时，我始终不忘尽自己的力量奉献社会。三年来，我积极投身志愿者活动，累计工时超过 100 小时。大二暑假我远赴云南支教，为山区孩子播种知识与希望。此外，我长期参与学院的助学工作，至今已有三年时间，累计帮助了 5 名同学。不论学业多么繁忙,我都定期与帮助对象进行"一对一"指导,助学效果显著。

仰望星空,脚踏实地

此刻的我,已经踏上了大学生涯中的最后一段旅程。感恩在这里与我一起成长的同学,点滴快乐的记忆都会成为时光中最美的点缀;感恩在这里遇见的每一位打动我的老师,是他们让我体验到学术的无穷魅力所在;感恩红瓦绿树的美丽校园,见证了大学里我一路走来,从稚嫩到成熟,从犹豫到坚定。

现在,站在新的起点上,我将继续以饱满的热情和踏实的行动,谱写新的人生篇章。

越努力越幸运

外国语学院　刘闪闪

刘闪闪，女，汉族，1998 年 8 月出生，中共预备党员，法语专业 2016 级本科生。曾获国家励志奖学金、永旺奖学金；获校优秀学生、新生军训先进个人等荣誉称号。

——"你获得推免资格了！"

——"是啊，难以置信，我真的太幸运了！"

——"是越努力，越幸运！"

我叫刘闪闪，来自河南省一个普通的农村家庭，家中兄弟姐妹四人，父母常外出打工以供我们读书。我一直深信知识改变命运，只有努力学习，才能不辜负父母的期望，才能走出农村去见识更大的世界。正是怀着这样一种信念，在第一次高考失利后，我没有放弃，克服来自外界和自身的压力，参加了第二年的高考，最终以 615 分的成绩考上了中国海洋大学。

时间如白驹过隙，不知不觉中大学生活已接近尾声，入学报到的情景还历历在目，一眨眼学在海大的日子仅剩不到一年。大三结束后的暑假，像众多备战 2020 年考研的学子一样，我也开始了从早上一睁开眼便是学习的每一天，压力很大，但却因为有目标而过得十分充实。

假期结束后，班上开始了推免的相关工作，我按照要求提交成绩后，便继续自己的备研学习，不再对其有所关注。没过几天，成绩排名出来，意想不到的是，我突然发现自己的成绩排名竟然可以争取推免，那一刻我简直怀疑自己的眼睛。因为在此之前，我从未想过与推免有所关联，比我优秀的大有人在，推免对我来说真的就是奢望。对整个推免过程完全陌生的情况下,我提交了参与推免综合评定的申请,9月12日下午,评定结束,等待结果的过程中我坐立不安,心里七上八下。很快,当天晚上8点左右,班群发出推免结果公示的消息,我颤抖地打开页面,心脏都要骤停一般,终于,在众多熟悉的名字里面看到了自己,那一瞬间,我的泪腺决堤。

我以0.003分的优势争得一个宝贵的推免名额。而室友说的"越努力,越幸运"这六个字在我的脑海里挥之不去,过去的点点滴滴开始浮现在眼前。

进入大三后,那种刚入学的新奇与迷茫早已消失殆尽,随之而来的是对未来的迷茫。考研,还是就业?看着自己过去两年的学习成绩,我感到深深的不安,虽然每年都拿奖学金,但是我很清楚自己并没有取得特别优异的成绩,各方面都有所欠缺。因此,在大三伊始,我便告诫自己,新的一年,不管今后是直接就业还是选择读研,我要做的,就是更加努力、更加自律,勇于尝试、提升自我。

叶圣陶曾说过,培养能力的事必须不断地去做,又必须随时改善学习方法,提高学习效率,才会成功。这一年,不管是专业课学习还是个人实践,我都全力以赴,改善方法,努力坚持着。

利用碎片时间,我开始每日打卡法语外刊、单词、听力,英语外刊、单词、口语、听力。一个习惯的养成只需要21天,很快,这些零零碎碎的打卡成了我日常生活不可或缺的一部分。

为了提高法语文学写作水平,我开始按照文学老师的建议,动手去抄写名家文学作品,每天坚持着,像一日三餐一样,从未间断。

手机的诱惑太多,为了克制自己,我卸载了所有娱乐性软件。每天,除了上课、睡觉、洗澡、写作业外,我总是戴着耳机听法语。渐渐地,忘记从什么时候开始,除了学习,和家人朋友都只有简短的问候。这一年,上铺不止一次笑称:"闪闪出门的时候我还没醒,回来的时候,我已经睡了。"还记得临近期末考试,妈妈发消息说:"闪闪,注意身体,胃不好,三餐一定要按时吃,早餐一定要喝粥,你学习忙,不用回我了。"那一刻,视线变得模糊,我擦去落在手机屏幕上的泪水,告诉自己:短暂的疏远是为了更好地相聚,坚持就是胜利!

虽然更多的时间专注于学习,但与家人朋友的感情并没有真正地疏远,我们依然互相关心与牵挂着彼此。

这一年,我还通过了入党积极分子、发展对象阶段的考察,成为中共预备党员;我参与了学业帮扶,和被帮扶同学一起努力进步,还建立了深厚友谊。为了补贴生活费,我在法语系办公室继续"四助"工作,每个周三下午,我在山东外贸职业学院兼任二外法语老师,每个周末兼职家教……

就这么日复一日地坚持着,我的大三生活结束了。期末考试结束后,我惊喜地收到了来自文学老师和外教的微信。文学老师称赞我相比上一学期进步很大,写作水平明显提高,鼓励我继续努力。外教说我的卷面分是最高的,让我不要骄傲,继续加油。两位老师的鼓励和夸赞,对我而言,就像是漫漫长夜里的灯塔,让我更加坚信,只要努力坚持,我定能看到黎明的曙光。

越努力越幸运,是啊,天资并不聪颖因而从未奢望过推免的我,凭借着努力,最后不仅争取到宝贵的推免名额,而且在经过激烈的面试后,我成功收到了广东外语外贸大学和国际关系学院发来的面试通过信息,目前已确认将前往国际关系学院继续学业。我真的很幸运,这一路,有老师、同学给予的鼓励和关心,有父母和好友无言的支持与信任,这一切,对于我而言,有着无穷的力量,让我在一次次自我怀疑时重拾信心,在一次次遭遇挫折时砥砺前行。

冰心曾说:"成功的花儿,人们只惊羡她现时的明艳!然而当初她的芽儿,浸透了奋斗的泪泉,洒遍了牺牲的血雨。"每个人的成功都不是偶然的,这背后必然包含了无数的努力。因为有梦,我永远不会止步。未来的生活中,我会用百倍的信心和万分的努力去迎接挑战,用自己的汗水去创造美好的明天!未来只有自己能够掌握,只管努力前行,因为——越努力,越幸运!

奋楫笃行，臻于至善

——不为人生设限

外国语学院 孙佳荷

孙佳荷：女，汉族，2000年6月出生，中共党员，德语专业2017级本科生。曾获国家奖学金、"杰出学生"奖学金、青岛银行优秀大学生奖学金；获校优秀学生、优秀毕业生、优秀学生干部等多项荣誉称号。

"不为人生设限"是我一直以来的人生信条。高中学理、大学选文、小语种辅修会计、研究生跨专业学习法律硕士……似乎我从来都不是一个中规中矩的人。但我知道通往成功的道路不止一条，也不会平坦，唯有多学多做，不断为未来积攒能量。

高中毕业，面对外界"低薪酬、苦劳力、没前途"的质疑，我毅然选择了语言专业，只因心中热爱。初入大学，即使专业课内容繁重，我仍旧选择在周末学习ACCA，这一方面让我的学习生活更加充实，保持高效的学习状态；另一方面也帮助我拓宽了自己的知识面。大二以来，我开始不断地反思自己究竟要成为怎样的一个人，在学姐的影响下，我早早定下了跨保法硕的目标，希望自己能成为一名精通外语、拥有法律和财务知识的真正复合型人才。

业精于勤，荒于嬉

前期定下的广泛学习的目标无疑为我接下来的学习生活带来了不小的挑战，但也使得我的大学时光没有在虚无中度过。

出于兴趣以及提升自己的迫切希望，我连续两个学期选修了秦玉清老师的英语表达艺术课程。在这一课程中，我接受了秦老师专业的高强度的训练，也遇到了志趣相投又拥有超强英语表达能力的小伙伴。为了培养语感、了解时事政治、背诵演讲稿，我大一、大二每天都到九球广场练习口语。渐渐地，我喜欢上了那里的琅琅读书声和鸟叫声，喜欢上了那种在早读结束后又元气满满地去赶早课的充实，仿佛生命也得到了延长。

为了提高学习效率，避免在宿舍"躺平"，每天自习到很晚后在回宿舍的路上邂逅夜晚九十点钟的月亮也成为我生活的常态，我成功加入了每天最晚离开的学习大军。或许有人说，也许这就是"内卷"吧——你学到十点，我绝不可能九点就走；但也不妨把这当成一种陪伴，毕竟奋斗的日子，有人一起才不孤单。回去的路上，给家人打个电话，分享一天的收获，积累的疲倦与紧张也会逐渐在笑声中散去，每一天都始于平静、归于平静，收获满满。

道在日新，艺亦须日新，新者生机也；不新则死

如果说"多学"是我所定义的大学生活的基石，那么"多做"便是让大学生活更加丰富而具有意义的要领。

抱着对专业的热爱，我在大二担任了德语角的负责人，协助外教开展德语交流活动。接下这个任务时，我为自己设定的目标是，无论通过怎样的方式，一定要引导同学们积极主动地去练习德语、学习德国文化。从初识德甲，到在艺术工作坊中激情创作，再到自己动手制作美味圣诞饼干，我十分感激外教老师的无私付出与同学们的积极配合、参与。

也正是源于同样的热爱，我加入了德语新闻公众号，坚持在课余时间听写并翻译德语新闻，为广大德语学习者提供源源不断的学习资料。看着公众号关注人数一步步破百、破千，收到未曾相识的学德语的小伙伴的鼓励、打赏，公众号文章被各处转发、引用，团队的工作热情日益高涨，我第一次强烈地体会到一群人为了一个共同的、无私的目的而努力的激情。也许这就是青春的力量，这就是青年的热血。

大二时，我开始主持国家级创新创业训练计划创业项目——外国语学院优语教育。在接手之前，项目便已经有了雏形，但团队仍然在创业过程中遇到了许许多多的困难。场地、生源、宣传方案、公司运营、财务管理……这些都成了团队不得不去解决的难题。但正如人们常说的，没有战胜不了的敌人，没有克

服不了的苦难,我们在学院与学校就业创业指导服务中心的帮助下最终步入了正轨。也正是这个项目让我更加深刻地领悟到,理论所不能解决的那些疑难,实践会给你解决。或许这就是大学的意义,用所学去探索。

败而不馁,便是胜利

紧凑的学业安排与丰富的实践活动让我的生活无比充实。我有过在全身心投入之后而收获颇丰的喜悦,但记忆最深的仍然是在深夜赶 DDL 的时候因疲惫而抽泣,在比赛失利后而失声痛哭,抑或是在竭尽全力却也复习不完的时候而深陷绝望。因为每一次崩溃过后,都是毅然决然地再次上路,每一次的坎坷与失败都是对自己的重塑。或许 ACCA 的学习、担任班长的职务、负责举办德语角活动、参与运营公众号并没有为我挣得什么即刻的、功利性的回报,但我深信,奉献本身就是一种回报,每一份投入都会有它应有的价值,每一次的努力都不会被辜负。

无法否认,2020 年对于世界人民来说都是灾难性的一年,新冠病毒的肆虐以及因此而导致的种种恐慌与动荡痛击着人类的心灵。但疫情也让我们看到人类的坚强、民族的坚毅,我深深体会到了每个人都为整个民族而牵挂的温情。无数医护人员、共产党员、普通群众不顾生命危险奔赴抗疫前线,无数民众毅然贡献自己的力量,我看到了中华民族的品格,也让我明白,无论是作为一名共产党员,还是作为中华民族的普通一员,都意味着责任与担当。

疫情之下,在全员线上办公、开课的背景下,我告诫自己,不能有丝毫懈怠,如果不能像那些英雄一样去为大家遮风挡雨、到一线去抗击疫情,便要尽力做到不能辜负他们的一片付出。也正是在这一背景下,我开始了自己的推免历程。前期阅读经验帖和法硕相关书籍,关注时政热点等大量准备工作,让我信心满满地投出自己的材料,然而却迎来一封封拒信,开场惨淡。但家人的支持以及老师、同学的鼓励让我在短暂的痛苦之后又重新整装上阵,并认真地反思自己,不断修改材料。

国内的疫情逐渐得到了控制,我的保研历程也走向了尾声。或许是缘分,也或许是前期的努力都收到了回应,我的名字最终出现在了心仪院校的拟录取名单上,身边的同学、一起努力的小伙伴也都收到了好的结果。在保研感言中,大家最常感慨的便是:念念不忘,必有回响。每一个人看似微小的力量,每一份看似微小的付出与努力都不会因其渺小而失去意义,在抗击新冠疫情中是这样,在大学生活中也是如此。

　　荣誉、奖励都是曾经的努力带来的结果,在享受它们的同时,我们更应该面向未来,继续寻求成长。经济学家阿罗曾提出"有限理性"的概念。根据他的观点,人虽然是理性的,但也同样受制于外部信息、认知水平。我对此的浅陋理解是,虽然我们会做出最有利于实现自己目标的决策,但这一决策仍旧有优化的空间,而优化它的重要方法之一便是提升自己的认知水平。Be humble and keep improving. 愿我们都永远向上。

星光不负赶路人

外国语学院　裴晓宇

　　裴晓宇,女,汉族,1995 年 7 月出生,中共党员,外国语言学及应用语言学专业 2017 级硕士研究生。曾获 2019 年硕士研究生国家奖学金、研究生学业一等奖学金;获校优秀研究生、优秀毕业研究生等荣誉称号。

初见海大

　　初见中国海大,我想用一个"酸"字形容。"酸"为何意?其实,在当代社会,我们习惯于用"酸"来形容羡慕、嫉妒。而在此处,此"酸"非彼"酸"。我的感觉是"腿酸"。学校占地面积非常大,校园的路上上下下,所在宿舍楼层非常高,这让一个在平原长大的孩子不禁每天都在感叹:腿好酸!得益于之间集体住宿生活的锻炼以及一直以来自立自强的性格,我很快适应了这里的环境。

　　来这里之前,我经过大学四年的努力,以较为优异的成绩获得保研资格。随后通过中国海洋大学推免生复试,成为中国海洋大学的一员,也开始了研究生阶段的学习。我怀着继续进行深造学习的心态,也怀着对有着悠久历史的中国海洋大学的敬意,在这个新的城市、新的校园中,在和新老师、新同学的不断交流和探讨中,很快进入了研一的课程学习和生活中。

　　酸酸的梅子,一想起就会让人满口生津,酸掉大牙。研一的生活我也很早确立了目标——打好基础,争取发刊!这个目标就像酸梅,每每想起,就激励我不断向前。本科阶段的学习内容大多是基本的专业知识,而研究生阶段更应该去尝试深入某一领域做一些研究工作。研一阶段除了每天按时上课外,我也经常会去图书馆看文献,不断开阔自己的学术视野。除此之外,我深知自身文化底蕴不够深厚,我还在图书馆阅读各方面的书籍,充实自己。研一时光在对中国海大的新鲜感和对未来学习生活的憧憬中匆匆而过。

研一暑假后的日子要用一个"苦"字来形容。暑假里,我在选题的苦恼中度过。眼看同学都很快确定了自己的研究方向与论文选题,而我还在文献的海洋中"遨游",心急如焚。如今再回想那段时光,还会感到苦不堪言。研二开学后,我继续找寻自身的兴趣点与研究方向。在毫无头绪的日子中,一次博士课的旁听让我迅速找到了自己的兴趣点,并在咨询导师的意见后迅速确定了选题。如今想想,着实要感谢那一天没有偷懒的自己。随后,我有针对性地认真研读了国内外相关文献,为后续的研究打基础。

研二期间,一次偶然的机会,我有幸获得了教师岗位的实践机会。当初只是抱着能够提升自己授课技能的目的进行授课。一段时间后我开始思考,能否用科学的方法指导教学,同时用教学为科研带来灵感?此后我便继续查阅资料,主动与导师进行沟通,确定研究的可行性。在导师的指导与帮助下,我开始了资料收集、问卷发放以及视频录制等工作。那段时间,我每天都在紧锣密鼓地准备,也时常想象着文章发表后的激动场景。

论文的修改可以说"路漫漫其修远兮"。在一次又一次的修改中,我感到身心俱疲。以前经常听老师们提起,当文章修改到"面目全非"时,就是最接近成功时。我要特别感谢我的导师,在他的耐心指导和鼓励下,我终于坚强地度过了那一段让自己"脱胎换骨"的日子。在不断的修改中,毕业论文的写作也悄然提上了日程。毕业论文到了选题阶段,最后确定的题目和小论文所做的研究思路类似,所以我的毕业论文的选题还是比较顺利的。

后面的日子是甜的。凭着一颗向上之心和严谨求实的态度,在导师的指导下以及与师长、同学的探讨交流中,最终论文被拟录用,当时的喜出望外与激动不已的心情至今让我难以忘怀,可能是这一生都无法忘却的美好回忆。因为,这三年的生活,真正让我体会到,苦尽终会甘来。小论文的写作历程为我今后的学习和科研积累了经验,同时也让我树立了极大的自信。虽然,毕业论文的写作同样是一个不小的工程,但经过一番锤炼,我提高了查阅文献资料和选择合适的科研方法的能力,锤炼了书面表达和独立思考的能力。

研三的生活即是毕业生的生活,与找工作脱离不了干系。相比其他同学,我在找工作之前就为自己定好了位,我觉得这是非常有必要的,可以说是决定成败的关键。在研三开学之前我便做好了自己的职业规划,仔细分析了自己的优劣势,明确了自己的求职目标。根据自我分析,我确定了自己的职业目标——一名英语老师,将所学知识传授给学生。随后,我便一直奔波于各大招聘会,在完成论文写作的同时也为一些招聘考试做足准备。功夫不负有心人,很快,我便通过了家乡一所大学的考试,顺利走上讲台,成为一名肩负着荣光与伟大使命的人民教师。

再见中国海大

如今,我已走上三尺讲台近一载。我与中国海大也阔别已久。如果用一个字再品研究生的生活,我想,是一个"辣"字。三年的生活虽然短暂,却毫不像白开水般索然无味。相反,充满了跌宕起伏,多姿多彩,让人回味无穷。研究生学习生活对我来说只有一次,但它的绚丽和多彩是我之后一生的时间都不能忘却的。回眸三年来的求学之路,心中已是百感交集、感慨万千。三年间有失败时的焦虑和痛苦,有选不到科研兴趣点的挫败和灰心,更有研究"柳暗花明"的激动,论文被录用以及拿到毕业证书时的开心和兴奋。

海大园承载了太多导师、同学、朋友对我的关心和鼓励,我一生也无法忘怀。在中国海大的课堂中,我学会了怎样用一颗热情真挚的心去追寻心中的梦想,如何用辛勤的双手、苦涩的汗水去耕耘,艰苦朴素、实事求是、严格要求、勇于探索,严谨规范,脚踏实地走好自己的路。思想上的用心、乐观、上进,指导着行动的方向。星光不负赶路人,在以后的工作中,我也将时刻不忘恩师教诲、母校校训,不忘初心使命,做一名合格的高校教师。

海大园，毕生情

外国语学院　石　珺

　　石珺，男，汉族，1996年3月出生，中共党员，外国语言学及应用语言学专业2018级硕士研究生。曾获研究生学习奖学金、研究生文体和社会活动奖学金、国家奖学金；获山东省优秀毕业生以及校优秀团员、优秀研究生、优秀研究生干部、优秀毕业研究生等荣誉称号。

　　竹边荷外再相逢，湿润的空气中弥漫着初夏的悸动。在电脑上敲这篇文字的时候，我正坐在六区五楼的自习室里。教室里的学生进进出出，脸上洋溢着属于夏天的热情。这是间小教室，大多是考研的学生在这里复习。从大三的春天开始，我就在这间教室选定了一个座位。一年年走过来，已经记不清送走多少熟悉的脸庞了。三年前，在这个位置上，自己写下了第一篇"海之子"稿件。现今，我触碰着这些散发幽幽墨香的铅字，被尘封的记忆又迸发出来，曾经的一切又从眼前闪过。时光从指尖流逝，这次的毕业季格外真切。终归是轮到我离开了，也是时候给三年前的自己交上一份答卷了。

告别昨日，再次出发

　　人生处处充满着选择，然而在得到结果之前，谁都无法知道选择的对错几何。大四推免时，我决定留在本校。若要说当时的自己没有丝毫动摇，那肯定是不现实的。毕竟看着其他同学都去了新校园，见到了新老师，拥有了新的施展拳脚的空间，自己却好像是留在原地打转一般，连每天经过的一棵树、一根草的位置都没有变过，确实有一丝丝失落的滋味。还记着6月底在凯旋门下拍毕业照的样子,两个月后又在体育馆里参加开学典礼了,本该有的新鲜感也顿时失掉不少。现在回想起来,当初的自己的确是有些负面情绪的。

世间哪有什么能重新来过的后悔药,自己也不是一个沉浸过去而无法自拔的人,既然做好了决定,就一定要完成当年定下的小目标。要感谢我的导师,无论是在我的硕士研究生学习之初,还是在此后的日子里,她总能真切地了解我的想法,站在我的角度考虑问题,在精神上给予我莫大的支持,在学习科研上潜移默化地鞭策我,促使我不断向前。我也非常敬佩外国语学院的每一位老师,是他们富有挑战性的前沿课程,让我始终保持着充足的干劲儿,俯下身子打好专业基础。当然,班里的同学,特别是导师团队里的几位同学,他们对科研的热情塑造了积极向上的氛围,不断熏陶和感染着我,让我充满前行的力量。

笃定道路,实现价值

要说硕士生和本科生有什么不同,最直观的,可能就是带了"研究"这一名号。由于自己在本科期间曾带队国家级大学生创新训练计划,毕业论文也获评优秀,原本以为自己摸到了研究的门槛,但真正上手后才发现还有相当多要学习的地方。比如,好的期刊论文有很多,而受到主客观条件的限制,真正能进一步完善的研究却不多。再如,语言学研究中的新技术方法层出不穷,大数据混合式的研究路径开始普及,而自己却还是只会用那些最基础的统计手段。

在这个不断碰壁寻路的过程中,我了解到学院正在开展的国家社科基金重点项目"中国英语学习者二语语用能力发展研究",即刻被这一国际前沿性研究议题所吸引。在研读期刊论文和学术专著的过程中,我不断理清相关研究的发展脉络,对二语语用能力的理论基础和演变过程有了宏观把握。此外,我还关注不同研究范式之间的碰撞与融合,探究可行的研究路径,并在自己的期刊论文中向学界引介本领域的前沿交叉研究成果,也体现出自己对未来研究方法与议题发展趋势的思考和设想,得到了评审专家的认可。

学术研究不是闭门造车就能达到目标的,还需要不断进行交流,在展示自己的成果的同时,吸取同行们有益的经验和建议。在导师的支持下,我先后参加了第十六届全国语用学专题研讨会、第八届中国二语习得国际学术研讨会、第四届全国语用学专题论坛等学术会议,聆听系列前沿研究讲座,在研讨小组中进行汇报。从一开始纠结幻灯片的制作、在讲台上浑身不自在,到对自己的研究得心应手、能够积极和专家学者进行互动讨论,在参会的过程中,我的信心与学科素养得到提升,逐渐感受到科研的乐趣与喜悦。

追随初心,终得收获

说起自己在本科时的遗憾,莫过于与学院的联结较少。在大一时,我加入了其他学院主管的一个社团,随后一直在那个社团里担任部长和主席团成员,自己学院的事情却参与得不多。研究生期间,我选择竞聘班长。要说自己心里没有犯嘀咕那也是不可能的,毕竟其他参与竞选的同学大多有班委任职的经历,我也不清楚自己能否通过一次竞选演讲就赢得大家的信任。令我出乎意料的是,在随后的投票中我获得了全票。得到了大家的肯定,我也要用实力回应每一份信任。在三年里,我们着力建设服务型班委队伍,不断提升全班的凝聚力。令人欣喜的是,我们的努力获得了肯定,我班所在团支部获得了 2020 年"红旗团支部"荣誉称号。

我研究生期间的另一个心愿,是参加更多有意义的志愿服务活动。2018 年秋天刚入学,学院马上就要举办二语习得国际学术研讨会这一重大学术活动。作为工作人员,每天下课后我就要投身会议信息收集、活动手册编纂、海报设计制作、参会报到注册等工作,很多时候还要处理到后半夜。但当我看到大会胜利召开。一切按流程有条不紊地进行时,顿时觉得自己的付出没有白费,拥有了满满的成就感。在全国青少年海洋科学专题营的筹办过程中,我为每一名怀着海洋梦的孩子准备好探索海洋奥秘的装备;在"海之语"服务队社区大学英语教学活动中,我悉心准备课堂材料,耐心解答爷爷奶奶们的问题,共同锻炼英语口语能力;面对突如其来的新冠疫情,我担起中共党员的责任,积极参与社区防疫工作。一次次的志愿活动让我的研究生生活格外充实和满足。

梦有来处,无问归期

晚上 10 点的铃声响起,一会儿值班室师傅就要过来巡查教室了。七年里,我逐渐养成了这个习惯,喜欢自己一个人待在教室里,直到快锁门时才动身返回宿舍。从六区出来,走过樱花大道、梧桐大道,影子在灯光下变换。再走过东区的"绝望坡",听一听"护城河"里青蛙乐队的交响乐,"第六食堂"小吃摊上人头攒动,初夏夜晚的校园是如此迷人。

几天前,团支书问我毕业那天会不会流泪。我跟她说,三年前没有,这次应该也不会。但是说实话,一想到这些司空见惯的场景在二十几天后就可能永远见不到了,心里多少还是有点感触的。七年间,我见证了中国海大和外院的奋勇发展,也留下了我的一丝印记。从时间上来看,这七年或许只是人生长河中的一朵浪花,但它对我来说,却是最宝贵、最真切的记忆。

但行前路,无问西东。这场中国海大人的青春聚会或终将散场,但属于我们的时代舞台的帷幕才刚刚拉开。

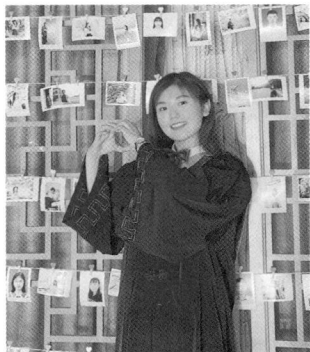

用行动践行初心使命，用奋斗书写青春底色

文学与新闻传播学院　杨璐萍

　　杨璐萍，女，汉族，1998 年 11 月出生，中共党员，新闻学专业 2016 级本科生。曾获国家奖学金、中国电信奖学金；获山东省优秀毕业生、山东省暑期"三下乡"社会实践活动优秀学生以及校优秀学生标兵等荣誉称号。

赤子之心，信念铸造理想

　　心怀理想，百炼成钢。杨璐萍作为 2016 级第一批学生党员，积极通过各类学习机会提升理论素养，在实践中坚定理想信念。大二暑假，她作为学生领队代表学校参加了团中央 2018 年"井冈情·中国梦"全国大学生暑期实践季专项行动，并带领团队开展"纪念井冈山革命根据地建立 90 周年文创产品设计"课题研究项目，获得了全国优秀实践团队的荣誉称号。

　　2020 年的冬天，新冠病毒疫情席卷全国，面对疫情，她选择用实际行动践行入党誓词。作为学院本科生党支部组织委员，她积极动员支部同志捐款捐物并多次组织开展疫情防控主题的主题党日活动和集体学习，保证并加强了支部党员的教育管理，做好疫情防控时期的支部建设工作。

经世致用，知识照亮未来

　　专业为本，务实创新。新闻学是她的专业和理想，更是她想用一生去践行的事业。凭借着对专业的热爱和严谨认真的学习态度，大学四年她的综合成绩位列班级第一。

经世致用，她运用专业所学为抗战史的研究与传播贡献力量。借助学校国家级大学生创新训练计划的平台，她组织团队开展"山东省抗战老兵口述历史"的研究，遍寻省内抗战老兵进行访谈，最终以近万字调查报告、2篇论文及多辑影像资料等研究成果成功结项，担负起一个新闻学子和新时代青年的家国使命。

"纸上得来终觉浅"，杨璐萍在各种媒体平台进行了全方位、多层次的新闻实务实践。2018年暑期在新京报社实习过程中，她作为见习记者参与多个热点的报道，担当起新闻人时代记录者与"预警器"的责任；2019年她作为学校两位本科生代表之一参与团中央2019年"扬帆计划·中央和国家机关大学生实习"。

专业知识的学习和专业实践的参与让她坚定了未来的道路。她获得了山东大学硕士研究生推免录取资格，在新闻传播学科领域继续深造。她希望用专业知识照亮的不仅是自己的道路，更是行业的明天、民族的希望和国家的未来。

海纳百川，小我融入大我

"海纳百川，取则行远"，母校所给予杨璐萍的，不仅有坚实的人文底蕴和不断开拓进取、提升自我的精神，更有将小我融入大我，在服务和奉献中找寻自我价值的品质。在海大园中的四年，她就像一条小溪，从这里汇入大河，奔向大海。

入学四年来，杨璐萍一直担任班长。对于她来说，班集体更像是一个大家庭，班里的同学都是她的家人。在疫情防控期间，她坚守岗位，协助学院完成统计排查和信息上报等一系列细致严谨的工作，关心班级每位同学的身心状况，并重点关注和帮扶在鄂同学；作为毕业班的班长，她主动摸排班级同学对于毕业、升学和就业等相关事宜的疑惑困难，及时与学院领导和老师沟通，解除特殊时期信息不对称的隐患，帮助班级同学们顺利毕业。

回首与班级同学相伴的四年，从青涩到成熟，他们一起努力拼搏、争取集体荣誉，也见证着彼此的成长。她常常戏称自己是"老班长"，与同学们一起努力，也陪伴、见证着每一位同学的点滴成长。得到大家的一致认可是她在服务过程中最大的收获。

见证和陪伴她四年成长的，还有她的另一个"家"——学生会。入学至今，她一直投身于学生会工作中，将自己点滴的力量融入服务同学成长发展的努力中。四年中，她作为正式代表参加省学联第十二次代表大会、参与省学联官微运行、筹办校第十六次学生代表大会、筹办学校"真情·责任·发展"学生座谈会和多期校长下午茶等活动……四年来，她坚守为同学服务的初心，坚持履行学生会桥梁和纽带的职责，稳步推进学生会改革的步伐。

本科的最后一年，做好了充足准备的她，从前辈手中接过接力棒，担起了中国海洋大学学生会主席的重任。在她心中，她更希望和大家一起建设好这个"大家庭"——一个信念坚、本领强、风气正的学生组织，弘扬中国海大学子正能量，并稳步推进学生会改革的步伐。疫情防控期间，作为学生会主席，杨璐萍立足于同学们的实际需求，积极作为。她和伙伴们充分利用网络新媒体平台，通过线上倡议书、线上活动等形式引导同学们遵守疫情防控各项要求，自律自修、提升自我，弘扬正能量；她还充分发挥"校—院—班"三级联动的学生成长与发展服务机制作用，联合全校 19 个学院（中心）学生会组织，通过线上联合工作会议等形式，充分调查"宅家"和线上学习期间同学们学习和生活上存在的困难与问题，积极与学校职能部门对接，推动问题解决，为同学们远程学习生活扫清障碍。

四年来，新鲜血液不断涌入学生会，所有成员的互相帮助和进步，都让她深深感触到"传承"的意义所在，更明白了学生会这个"大家庭"对于每一位成员的意义所在。

饮水思源，感恩心向社会

幼苗初成，饮水思源，杨璐萍希望用自己的实际行动力所能及地给后行者提供帮助。作为 2018—2019 学年 10 位优秀学生标兵中的一员，她在优秀学生标兵访谈的论坛上，向学弟学妹们分享了自己在学习、工作和实践中的经验，耐心解答学弟学妹提出的每一个问题；在保研结束后，她主动加入了由同学们自发建立的"OUC 思源"公益团队，就专业学习和保研事项等向学弟学妹们进行系统全面的讲解；作为两次国家奖学金的获得者，她还担任了学校资助体系宣传大使，回到高中母校筹办宣讲会，为学弟学妹们未来高考和择校等事宜扫清顾虑。面对学弟学妹的每一个问题，她都选择倾囊相授；当看到大家疑惑消解后轻松的笑脸时，她感觉到自己也可以为他人带来一丝光亮，便更加坚信所有的努力都是值得的。

　　除此之外，杨璐萍还积极参加各类志愿服务活动。在她心中，只有在志愿者服务岗位上挥洒过汗水的大学生活才是完整的。在青岛国际马拉松赛事活动和学校毕业晚会中，都能够见到她作为志愿者积极服务的身影。未来，她也希望能够继续践行志愿者精神，用自己的双手去帮助更多的人、做更多有意义的事。

　　时光如白驹过隙，四年的大学生活一晃而过，杨璐萍也马上要离开母校，踏上另一段征程了。希望每一位同学都有光明的未来，希望大家都能无愧于心、不负韶华！

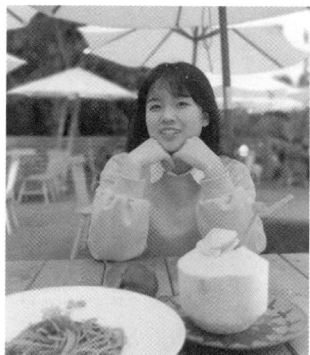

比努力更可怕的是坚持

文学与新闻传播学院　　王学雨

王学雨,女,汉族,中共预备党员,汉语言文学专业 2016 级本科生。曾获国家奖学金、国家励志奖学金、学习优秀一等奖学金;获山东省大中专学生志愿者暑期"三下乡"社会实践活动优秀学生、山东省优秀毕业生以及校优秀学生、优秀团员等荣誉称号。

我们时常告诉自己,要努力——失败时要努力,受挫时要努力,成功了更要再接再厉,仿佛没有什么是努力概括不了的。我固然知道努力的重要性,但四年的成长经历也让我明白,其实比努力更可贵的是坚持。

在尝试中坚持

说实话,初入校园的我并不清楚自己想要什么,只知道比起平淡,自己更希望精彩。

我并不全能,但仍愿意尝试一切。百团大战、各种竞赛以及各项班级和学院活动,几乎所有活动都会出现我的身影,虽然也经历了无数次的失败,但还是在坚持中有所收获。我不善表达,但还是参加了校学生会实践部的选拔,那是我第一次参加无领导小组讨论,甚至是第一次听说,看着面试的学长学姐、把控全场的 leader、身边侃侃而谈的组员,没有任何准备的我脑袋一片空白,但还是硬着头皮完成了。

虽然这次尝试失败了,但我没有因此而放弃,而是吸取这次的教训,又参加了学院学生会的面试。这一次的我在经历了上次的失败后反而更加自信,一方面是因为有所准备,更重要的是这一次的我目标更加明确。直到现在我还清楚地记得自己在面试时坚定地向学姐直言:"我是为了'篮球宝贝'而来。"或许是因为喜欢,所以我的回答是那样的自如且自信,但没有人知道,我是一个没有任何舞蹈基础的人。

我不擅长,但仍坚持自己所爱。虽然没有基础,但技术的空白没有阻挡我对舞蹈的喜爱,更不能阻挡我努力追求的脚步。我知道对于我来说大学生艺术团意味着什么,也曾在看到报名表上爵士、民族舞等字眼时有过退缩的想法,但最后我还是选择去尝试。虽然这一次也是失败的,但一次的失败不足以让我否定自己,因为这里的舞台是那样的魅力十足,它可以给予所有的不可能以无限的可能。

在经历了多次的失败后,我终于如愿以偿地进入了学院学生会,成为女生部的一员,更成为"篮球宝贝"的一员。我很感谢部长们的认可和鼓励,更感谢自己的坚持,因为这一次的坚持,我收获的不仅仅是梦想的实现,还有一份更大的惊喜——进入校啦啦操协会的机会。这次的经历也让我明白,坚持一定会迎来机会,努力也终将被看到。

在校啦啦操协会的两年里,从校内的各种活动到全国比赛,我获得了更多的机会、更大的舞台,也收获了更多的朋友,更重要的是明白了坚持的力量。

虽然曾三次参加全国比赛,但印象最深刻的还是 2017 年的夏天。8 月份的青岛是潮湿闷热的,多动一下汗水都会止不住地往下淌,即便如此,我们也会克服三十多摄氏度的高温天气,每天在大学生活动中心的空地上训练三到五个小时。因为我们并非专业运动员,在柔韧度以及控制力上与专业水平还有很大差距,为了缩小差距,我们只能一遍一遍地重复。两分钟的舞蹈每次跳下来都是800 米的感觉,同时训练过程中因为下地动作很多,所以即便是带着护膝,每个人的膝盖也都会有淤青,但即使是这样我们也还是咬牙坚持下来了,因为这是我们热爱的事情,愿意为之倾尽全力、付出一切。也正是因为一次次不知疲倦、不觉疼痛的训练,我们的控制力、整齐度都得到了很大的提升,在不懈地努力和坚持之下,我们取得了全国第二名的好成绩。

在坚持中坚持

虽然我一直在努力地尝试不同的事物,但自己追求的核心却一直未变,也一直在为此而努力着、坚持着。

可能比起很多同学，我的生活并没有那样的精彩，甚至有些单调，因为更多时候是"三点一线"的无限循环，但这对我来说不是无味的，而是充实的。因为四年日复一日的坚持，很多事情早已变成了一种习惯。习惯了每天 6 点 40 分起床，早早地来到教室开启一天的课程学习，习惯了和室友一起抢前排的座位，与老师互动，习惯了从教室到图书馆的那条路，也习惯了图书馆开馆的等待和闭馆的音乐。

我知道自己没有天赋异禀，也不是绝顶聪明的那个人，但却是永远坚持在路上奔跑的那个人。也正是因为自己的这份坚持，我也终于获得了心中那张渴望已久的入场券。

在大三下学期我获得了保研的资格，在得知这个消息后我迅速投入考试的准备当中，但这一切并没有想象的那样顺利。夏令营报名时我的情况并不是十分乐观，只获得了厦门大学和北京师范大学两张入场券，而这两张入场券在时间上还有重叠，所以这就意味着我必须舍弃其中一个。一边是较为稳妥的选择，一边是充满了不确定但却一直向往的地方，而长久以来我都是一个十分谨慎且保守的人，所以对于我来说，前者一定是最优选择。但在无尽的纠结中，隐藏在心底的梦想一直在拉扯着我，最终梦想还是战胜了习惯，我来到了北京。

讲座、笔试、无领导小组讨论、论文考核、面试、结营晚会，五天的行程安排得满满当当，丝毫没有喘息的机会。虽然最终我没有通过考核，没能抓住这个宝贵的机会，一下子将自己推入了险境，但我并不后悔自己的这个选择，因为在这里我认识了许多优秀的人，从他们的身上我看到了不一样的闪光点，也看到了自己存在的很多不足，让自己有了更大的进步空间。虽然在做这个选择之前我也曾预想过这个结果，也为此做了一定的心理准备，但当结果公布时，内心还是止不住的失落，甚至有些崩溃，也曾因此颓废过。幸好有家人、朋友以及老师的陪伴和鼓励，短暂的调整之后我又迅速恢复了备考状态，为下一阶段的挑战做更加充足的准备。

2019 年的我没有暑假，夏令营失利后我只在家短暂休整了一个礼拜，然后便踏上了返程的列车。虽然这时的青岛酷暑难耐，宿舍只有风扇，图书馆早早闭馆，教学区也只有部分教室开放，但仍有很多人挤在一间教室里为了自己的梦想在努力坚持着，而这一切是我之前并不知道的。所以我很感谢这一次的失败，因为这次的失败我看到了更多努力坚持的人，也因为这次的失败我有了更多坚持的力量。

经过一个暑假的调整和准备，我终于迎来了新的机会，也是最后一次机会。虽然我知道北京的高校对我来说很难，也经历了上一次的失败，但我还是没有放弃追逐自己的梦想，依然选择继续向上攀登。我再一次投递了北京师范大学的报名表，虽然曾经在这里跌倒了，但我深知这次的我已不再是夏令营时的自己，此刻的我拥有更大的力量，更多的自信，更多的坚定。与此同时，我还收到了中国人民大学和北京大学的邀请函，虽然我知道这对我来说是更大的挑战，充满着更多的不确定，也同样面临稳妥和冒险的选择，但最后我还是带着破釜沉舟的信念来到了北京。

五天的时间里，一个人拖着满载书籍的行李箱辗转于三个城市，每天伴着夜色来到一个陌生的城市，简单休整之后又迅速投入复习，虽然经过一天的考试已经非常疲惫，但还是不愿放下手中的书，每次半夜醒来都发现书仍抱在怀里。压力、疲惫、紧张、恐惧，这五天对我来说确实是一个巨大的挑战，虽然其间也曾想过放弃，也曾崩溃大哭，也曾不知所措，但我感谢自己还是坚持了下来。也正是因为这份坚持，最后我如愿收到了北京师范大学和中国人民大学两所高校的录取邀请函。

在坚持中成长

四年的时间很短，短到让我仍对这美丽的校园恋恋不舍；四年的时间也很长，长到让我们有足够的时间去坚持一件事。虽然这个过程很漫长，也可能很孤单，但只要坚持，就一定有达到终点的一天。希望我们都能在坚持中慢慢成长，不在这美丽的校园中留下遗憾。

一脉文心向远行

文学与新闻传播学院　张易平

张易平,女,汉族,1998 年 6 月出生,中共党员,汉语言文学专业 2017 级本科生。曾获国家奖学金、"杰出学生"奖学金等;获山东省优秀学生等荣誉称号。

我从小就喜欢中文,2017 年终于如愿考入了中国海洋大学文学与新闻传播学院。秉承中文人应有的人文情怀、社会担当,我努力涵养和历练自己的一脉文心,做到不骄躁、不功利、有热忱、肯钻研,用自己的态度和行动为中国海大汉语言文学专业代言!

以文惠人,砥砺初心

弄潮儿向涛头立,手把红旗旗不湿。入学伊始,我便递交了入党申请书,非常光荣地成为同级学生中第一批共产党员。在此过程中我不断强化理论学习,提高党性修养,作为山东省两名学生代表之一,参加教育部开展的全国高校学生马克思主义理论学习夏令营并获得"优秀营员标兵"荣誉称号。在丰富自己的基础上,我致力于践行自己入党时许下的服务他人的承诺,同时最大限度地发挥党员的先锋模范作用。

作为学生党员带班班主任,我协助学院党委做好党建和团建工作,协助班主任、辅导员做好班级日常管理工作,我是学姐、是朋友,也努力做学生思想的引路人。带班两年来,我开展谈心谈话 80 余次,所带班级零学业警示、零宿舍矛盾。当听到学生说"易平姐是我大学中的第一道光"时,我无比幸福。

作为本科生党支部书记,我协助学院党委顺利完成本科生党支部考核;进一步优化发展党员流程,服务于 150 名入党积极分子、68 名党员发展对象;扎实开展党史学习教育,打造支部品牌活动"致敬者",讲述榜样故事,传承中国精神;结合专业优势成立网络宣传阵地"文心文行"公众号,强化网络思政引领,加强支部思想建设,打造有情怀、有温度的党支部。

怀崇敬之心向党致礼,用中正之道与人相处,平和怡悦,惠人及己,我的初心日益清晰。

学文济世,不负韶华

其实,哪有什么天赋异禀,哪有什么一蹴而就? 光彩的背后是辗转反侧的深夜冥思,是日久天长的晨起勤学。每天早上七点前起床,上课坚持坐在第一排,经常全天待在图书馆,这便是我过去四年的日常。

日常学习之余,我还参与国家社科基金重大项目"汉语盲文语料库建设研究"子课题"国家通用盲文语料库词性标注审核",并担任项目组科研秘书。在这里,我潜心学习研究方法、论文表述,并开始关注盲人等社会群体,深入了解语言学与社会之间的密切联系。在此期间,我发现问题和解决问题的学术意识日益增长。2020 年 6 月,我撰写的学术论文《"X 不起"结构的词典收录情况与词化表现的关系》于中文核心期刊发表。

机会总是垂青于那些有准备的人,安心负重前行,方得岁月静好,北京师范大学 A+学科语言学及应用语言学的硕士研究生录取资格就是我过去四年学业的最好见证。未来,我将致力于对现代汉语词汇、语法进行探索研究,并将所学所思应用于社会实践之中,为社会发展尽力尽心。

博文笃行,取则行远

作为一名中文系学子,我致力于用笔尖记录生活,用文字传递能量,将理论付诸实践,用实践传承文化。

我立足专业特长,从世间百态中汲取力量进行文学创作,目前已在市级以上媒体发表文章 40 余篇、十万余字,中篇小说《毕业时代》曾在《淄博晚报》连载 30 天。

为传承齐鲁文化,我调研聊斋文化,作为项目负责人创立 SRDP 项目,制作编辑"一部《聊斋》的三种讲法"系列推送,获得蒲松龄纪念馆和淄川文化旅游局的高度认可;助力脱贫攻坚,我关注特色农业,赴湖北潜江参与"探究乡村特色农业产业的发展——以湖北潜江浩口镇小龙虾产业为例"的"三下乡"社会实践活动,并撰写了四篇调研报告,当地媒体《潜江日报》对此进行了采访报道。

一花独放不是春,我善于团结和协调,尤其专注文化引领。作为主创策划制作《小张作"访"》系列栏目,挖掘身边人的闪光点,营造良好班级文化氛围,提高班级凝聚力;作为组织委员,组织策划班级各项活动,所在班级获得校、院各项文体比赛大满贯,获山东省优秀班集体、校优秀班集体标兵,所在团支部获校红旗团支部,我也因此获得校优秀学生干部的荣誉称号。

博采众长,全面发展,丰盈内心,静水流深。跳出舒适圈,收获新气象,在日复一日的坚持中,我的学识如春日之苗,虽不见其增但日有所长。

一脉文心,养吾浩然

作为中文人,我秉承中国海大的人文精神,爱校荣校,传递希望;作为新时代青年,我培养自己的家国情怀,勇挑重任,奋力前行。

我长期参与文新学院人文历史脉络挖掘项目,制作"中国海洋大学的人文历史脉络"系列推送,参与设计学院文化长廊,主创红色话剧,献礼中国共产党成立 100 周年,我决心为践行中国海大精神、接续中国海大文脉贡献力量。我连续两年担任"海之子"宣传大使,宣讲覆盖家乡 4 所重点中学、6000 余名学生,在自身最大能力范围内扩大中国海大的影响力,提高学校的美誉度。我连续两年参加中文系新老生交流会,用自己的亲身经历为学弟学妹们提供参考;我作为优秀学生代表在 2020 级本科生开学典礼上发言,给大一新生提出"用心、专心、恒心、初心"四点建议,为他们的精彩未来助力。

抗疫期间,我与父母一起积极响应党组织号召,责无旁贷地投入这场没有硝烟的特殊战斗中,参与家乡 5 个社区的疫情防控志愿服务工作 2 个月,获得社区的充分肯定,所在家庭获评淄博市张店区抗疫最美家庭。2020 年 7 月 1 日,在《青岛早报》庆祝中国共产党成立 99 周年对青岛市"后浪"青年党员的专题报道中,我作为唯一一名大学生,代表中国海洋大学出镜。

凡此过往,皆为序章;所有将来,皆为可盼。在成长与前行的道路上,长风新起再阔步,必以丹心写芳华!

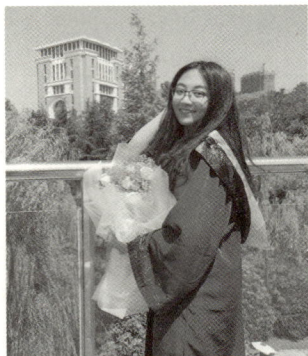

志愿奉献，
把爱刻入生命轨迹

文学与新闻传播学院　王梦雅

王梦雅，女，汉族，1993年11月生，中共党员，汉语言文字学专业2017级硕士研究生。曾获研究生国家奖学金等；获山东省高等学校优秀学生、山东省优秀毕业生以及校五四青年奖、杰出青年志愿者、研究生年度人物等荣誉称号。

"青年一代有理想、有本领、有担当，国家就有前途，民族就有希望。"这是习总书记给北京大学援鄂医疗队全体90后党员回信中对青年提出的殷切期望，青年们生逢其时，也重任在肩。早在近百年前，鲁迅先生也曾呼吁青年人"有一分热，发一分光，就令萤火一般，也可以在黑暗里发一点光"。我愿成为这样的萤火，用力发光放热，照亮自己，温暖他人。

热心公益，将志愿服务融入生活点滴

2012年盛夏，初遇中国海大。在学好专业知识的同时，我积极参加各项社会实践，曾先后担任院学生会干事和校学生会新闻部副部长，曾担任光线传媒、百度百科等企业的校园大使，成立校级社团微电影协会……丰富多彩的实践活动提升了我的综合素质，也培养了我吃苦耐劳的精神。

学习和工作之余，我积极投身社会公益活动，联合百度百科举办"保护濒危野生动植物"公益活动，号召大家关注濒危野生动植物；担任学校第三届"科学·人文·未来"论坛志愿者和校庆活动志愿者，在学校工作中贡献自己的力量；在第四届全国海洋航行器设计与制作大赛中担任志愿者，"一对一"接待海洋领域的专家学者，在服务中展现中国海大学子的风采；在学校"海纳百川 众志成城"青年交流活动和"2016 海峡两岸大学生海洋文化交流活动"中分别担任接待组和秘书组成员，在和我国香港、台湾地区大学生的交流中互相学习、共同成长。跨越学科界限，打破知识壁垒，志愿服务工作提升了我的人际交往能力和组织管理能力，开阔了我的眼界，也让我在志愿奉献中收获颇多温暖和感动，在内心深处埋下爱和奉献的种子。

上合峰会期间，在志愿者管理岗的我，专项负责全校所有志愿服务岗位的上岗登记、班车调度、日常考勤等，同时负责新闻中心的志愿者巡岗和协调工作，被评为"优秀志愿者"。2019 年 4 月，我同岛城万余名志愿者一同上岗，为人民海军成立 70 周年多国海军活动在青岛举行交出一份满意的志愿服务答卷。在非注册记者新闻中心，我时刻关注媒体记者需求，从入住办理、服务引导到办公咨询，微笑在脸，服务入微。

此外，我还积极参与研究生数学建模大赛、海峡两岸青年交流活动等多项赛事活动的志愿服务工作。

支教扶贫，用一年光阴书写青春故事

2016 年本科毕业后，我前往贵州省煎茶中学进行了为期一年的支教扶贫工作。支教期间，我承担一个班级语文科目的教学工作，始终尽职尽责，认真对待自己的工作和学生。我每天备课至晚间十一二点，每周定期旁听学校优秀教师的课；每次课后，有针对性地找学生谈话，及时关注学生的学习状态和生活状况，无偿为学习后进生坚持补课两学期；不定期与学生家长进行电话联系和家访，手机中保存着每一位学生家长的联系方式，保证每月与每位学生的家长进行一次沟通和交流。任教班级在每月月考和年级考试中均取得年级第一的好成绩，受到学校老师和学生家长的赞扬。支教的第二学期，我又主动承担起另一初中班级的语文教学任务，为师资紧缺的学校解决燃眉之急。

除了日常教学，我还承担着学校团委的部分工作，协助团委开展学校文艺活动，关注学生心理健康。在高考前，为高三学子举办心理辅导讲座，取得良好的反响。同时，我尽己所能为所带班级提供良好的教学内容，制作微视频记录学生成长，为每位学生制作成长册以纪念共同的回忆。

我所在的德江服务队，是中国海洋大学研究生支教团最有历史的一个分支,在扶贫工作方面做得十分完善。"一帮一"爱心帮扶助学活动已有十几年的历史,面向煎茶中学初中、高中以及煎茶镇各乡村小学家庭贫困的学生,每年通过初期申请和资格排查,最终遴选出100多名"一帮一"受助候选人。他们中有父母双亡、跟随爷爷奶奶一起生活的孤儿,有亲人重病、自己扛起家庭重任的孩子,有母亲离家出走、父亲在外打工的留守儿童,有身患疾病却身残志坚的学生……支教团成员联络社会各界爱心人士对其中品学兼优或急需帮助的学生进行"一对一"帮扶,采取奖、助结合的方式,关爱贵州山区中小学生,帮助其完成学业。

一年支教生涯,凝聚成16万字的支教日记和一份份刻骨铭心的煎茶回忆。

志愿续航,把爱与奉献刻入生命轨迹

虽然已经回归校园生活,但我并未中断与贵州支教地孩子们的联系,而是时刻关注他们的学习状况和心理动态,其间帮助两名学生进行心理健康方面的康复治疗,远程为五六名学生进行补课和作业指导,协助班级班委开展文艺活动的编排和演出指导等。部分学生家长也与我保持良好沟通关系,学生们也总以各种方式反馈他们的最新动态,虽已分别,但真情常在。

自2017年8月起,我担任汉语言文学2017级2班的学生班主任,陪伴他们蜕变的同时,我也在悄然成长。为凝聚良好的班风、学风,我从微信公众号、班建、团建、学习兴趣小组等多角度入手,协助辅导员和班委打造有创意、有活力、有激情的团结班集体。

我曾借助班级微信公众号发起"一对一"的"成长书信"活动,鼓励汉语言文学2017级2班的本科生和煎茶中学的初中生结成"一对一"交流伙伴,通过书信进行交流,借助当代大学生的榜样作用,引导山区中学生的成长。

带班期间,班级同学积极参与志愿服务工作,累计志愿服务工时达2000小时以上,所带班级曾被评为山东省高等学校先进班集体、中国海洋大学先进班集体标兵,所带团支部连续两年被评为"先进团支部",我也被评为"助学公益之星",在助学公益岗延续爱与责任,用实际行动感召身边人,聚小力成大事,聚微光成大爱。

此外,我连续两年担任中国海洋大学研究生德育辅导员,"有困难,找德辅"的口号始终指引着我在工作和生活中奉献自己,虽然不能在讲台上继续发光放热，但我以另一种身份践行着志愿者精神，把爱与奉献刻入生命轨迹！

青春是用来奋斗的，青春更是用来奉献的。在志愿精神的召唤和带动下，志愿服务已经成为我的一种生活方式。我愿以微笑和真诚，用热情和朝气，大力弘扬志愿服务精神，在志愿奉献中勇担家国重任，让青春因奉献更加精彩。

脚下有泥土，
笔下有真情

文学与新闻传播学院　杨　轩

杨轩，女，汉族，1996 年 3 月生，中共党员，传媒文化专业 2018 级硕士研究生。曾获研究生国家奖学金、中国银行"学术之星"等奖学金；获 2019 上海市新闻与传播学类研究生学术论坛优秀论文奖、第九届全国大学生广告艺术大赛山东赛区优秀奖等奖项；获山东省优秀毕业生等荣誉称号。

积学以储宝，酌理以富才

本硕 7 年，有幸在中国海大与新闻专业相逢。自此，我的生活开始被镂刻上新闻的底色，希望在"知"与"行"中向"铁肩担道义，妙手著文章"的新闻人看齐。

硕士研究生期间，我积极开展学术研究，在导师的指导下深耕自己感兴趣的研究方向。用一年半的时间进行深度访谈和问卷调查，积累了 5 万字的访谈笔记；广泛阅读相关著作和文献，最终发表了 4 篇学术论文，其中包括 1 篇 CSSCI 期刊、1 篇北大核心期刊，综合成绩排名专业第一。

为开拓学术视野，我多次赴其他高校参加高水平学术论坛活动，了解新闻传播学的研究动态，提升自己的问题意识。我曾在 2020 中国广告学术研讨会暨中国广告教育学术年会上宣讲论文，参加 2020 南京大学新闻传播学研究生暑期学校并获得结课证书。此外，我也曾跟随日照海洋与渔业文化研究会项目课题组，参与编写《日照海洋文化概论》一书，撰写"日照海洋对外交流"等部分章节。在学术研究这条道路上走得愈远，我就愈加温和、从容、谦卑，愈加不惊不惧，愈加热爱我所学的新闻专业，并希望在此道路上行稳致远。

新闻在哪里，光就在哪里

为了解传统媒体和新媒体的发展趋势，硕士研究生期间，我曾先后在大众报业集团、京东集团总部、腾讯北京总部等媒体或互联网公司实习。一段段实习经历堆砌起我对新闻专业的认知，也让我认识到"新闻在哪里，光就在哪里"。

在那些炎热的暑假里，我奔走于大街小巷，第一次体会到新闻工作者"脚力、眼力、脑力、笔力"的重要性。实习中，为了揭露非法经营的早教机构，我曾乔装成新手妈妈多次暗访，揭开早教机构利用虚假营业资质欺骗消费者的内幕，体验了一把调查记者的艰辛与惊心动魄。我也曾独立采访一位105岁的抗战老兵，记录老人揣着2颗手榴弹护送军鞋的抗战故事。"一万多双军鞋，落到敌人手里可不行！"老人用颤抖但有力的声音回忆着当时的细节，并强调如果真的遇到危急情况没了退路，一定会拉响手榴弹，因为宁死也不能让人民群众做好的鞋成为敌人可用的战利品。当老人将其珍藏了几十年的入党志愿书放在我面前时，我不禁体会到，作为一名新闻记者，能够用自己的笔记录下这些珍贵的口述史是多么有价值的一件事情。而那些拿着录音笔、扛着摄像机、挂着采访证、搬着笔记本电脑的日子，也成为记忆里最生动、最鲜活的碎片。

互联网的发展带来新媒介技术的迭代，传统媒体面临着传播形式的融合与媒介转型。身处大变革时代，我深知新闻人所面临的考验与挑战，因此积极参与一线互联网公司的内容生产项目，希望紧跟时代潮流，在守正创新中提升专业素养。在京东"6·18"周年庆典中，我独立策划的宣传文案点击量超过8万；在腾讯实习时，我曾参与QQ浏览器、QQ看点、腾讯快报三端的需求优化工作，撰写10余篇产品优化策划案。互联网的实习经历让我明白尊重用户需求、深挖用户体验对于新媒体产品的关键作用，也帮助我在秋招过程中披荆斩棘，收获字节跳动、百度、快手、联想等互联网大厂的offer。

2020年疫情防控期间，我参与清华大学沈阳教授发起的"雷火研究"志愿团队，负责疫情防控期间的谣言辟谣和舆情研究工作，累计志愿服务时长达90多个小时。在一个月的时间中，我每日负责从微博、微信等平台上搜集各地疑似谣言的信息，进行信息核实与求证，撰写辟谣报告，累计辟谣50余条，为抗疫期间杜绝谣言"杂音"贡献自己的力量。此外,我围绕疫情防控期间的相关谣言开展数据分析与学术研究,撰写两篇舆情分析文章并发布在"雷火研究"微信公众号上,对疫情中的谣言传播问题、舆情走势情况进行梳理汇总。疫情是时代的大考,更是生动的校外课堂。在将所学的新闻传播知识与志愿服务相结合的过程中,我愈加体会到作为一名青年党员的责任与使命,那就是尽自己所能将学术论文写在中国大地上,用手中的笔刻画脚下的中国。

讲中国海大故事,书校训精神

2018年,我作为主要负责人参与国家级大学生创新创业项目"之末文化创客空间",作为股东之一成立青岛海之文创文化传播有限公司,与团队一同探索互联网+背景下文化IP的传播问题,试图打造中国海大学子专属的原创IP表情形象。当时的我想法很简单,作为新闻传播学专业的学生,我希望能够为传播校园文化贡献自己的一分力量,书写海大故事,借此表达我对母校的一份真挚的情谊。我作为手绘者独立设计了校园IP表情包,借助新媒体平台进行传播,上传至微信表情平台,共推出3期,平均下载量达11万,累计发送量达30余万。表情包中涵盖了爱如海大、海大樱花、小公交、智能卡、映月湖等元素,受到老师和同学们的好评。

在此基础上,我所在的创业团队依托原创IP形象在校园内开办线下甜品店,开发校园文创产品,组织建设创客孵化空间。为了响应"大众创业、万众创新"的时代号召,我们设置创客文化展架,邀请校内其他创业团队入驻,秉承着团结互助、平等自主的原则,帮助校内的创业团队拓宽销售链路,打造具有"海味"特色的创业文化氛围,书写着"海纳百川、取则行远"的校训精神。该项目于2018年获得中国海洋大学春华奖学金,并于2019年顺利结项。

这份创业经历让我对母校更加依恋。在母校的臂弯里,我度过了人生中最宝贵的7年求学时光,映月湖畔、五子顶上有着我最青春、最澄澈的记忆。我很庆幸自己与中国海大相逢,是她教会了我坚守初心、锐意进取,让我有勇气去做自己喜欢的事情。站在毕业的十字路口,纵使心中万般不舍,我也将带着母校的希冀,乘理想之马,挥鞭启程。未来道阻且长,母校永远是我头顶的星辰,有她在,夜晚再冷再黑也有温暖的光。

在未来的学习和工作中,我将在新闻宣传领域持续深耕,努力在"守正"中

"创新",在"创新"中"守正",做一个好奇但不冲动、从容却不局促、笃定却不盲从的新闻人,保持足够的清醒与超越,把视野投注于远方去追求我内心坚守的新闻理想。时光或许能够让很多河流改道,让长在春天的花变成野草,让无数的青春只留下苍茫的影子,却摧毁不了理想。也只有理想,能在亘古的星空下永远闪烁微光。

大学之道，在明明德

法学院　祁　琦

祁琦，女，汉族，1998年1月4日出生，法学专业2016级本科生。曾获国家奖学金、青岛银行大学生奖学金、学习优秀一等奖学金、社会实践奖学金、文体活动奖学金、科技创新奖学金；获全国高校海洋法模拟法庭邀请赛二等奖、最佳辩手，第一届（中国）国际海洋法模拟法庭比赛季军，第七届刑事法院模拟法庭竞赛（英文）二等奖，"调研山东"省级一等奖等；获山东省优秀毕业生以及校优秀团员、优秀学生等荣誉称号。

大学之人，物有本末，事有终始。须做到有理想，有追求，有担当，有作为，有品质，有修养。明大学之道，知而后能定，定而后能静，静而后能安，安而后能虑，此所谓学业有成。大学四年让我明白，一个精致的利己主义者往往会走入自己编织的牢笼，只有不忘初心、胸怀他人才能够越走越远。

初露锋芒，潜心找自我

初入大学校园，我的人生似乎也进入了一个崭新的阶段，学长学姐们的优秀事迹让我也渴望着能够在大学中尽情闪耀自己的光芒。向着这一目标，我摩拳擦掌，在荆棘路中奋力开出属于自己的征途。

于是，上课我总是抢着坐第一排，实践活动我总是最积极的那一个，各类"评优"我也努力争取。一个学期下来，在旁人眼中，我几乎完全践行了初入校园时的决心和精神，成为我所渴望变成的"模范生"。然而，当我的目光仅仅局限于金字塔顶端，内心便变得偏狭和多疑。为了成就更为优秀的自己，我开始不自觉地捕捉别人的只言片语，生怕自己错过一点点机会；我逐渐将注意力分散到脚踏实地之外，在努力之前总在思考有无捷径；我逐渐变得对荣誉和成绩斤斤计较，不关心事实对错而总是着眼于利益得失。意识到这一点的我，不禁叩问自己：我所追求的是荣誉和成绩，还是自我的成长？

脚踏实地，庭辩竞风流

正值自我怀疑之际，学院的海洋法模拟法庭比赛开始招募队员。然而，由于比赛案例是以南海仲裁案作为蓝本，并且全程须以英文对海洋法热点难点问题展开辩论，对于未曾修习过海洋法课程的大二同学而言着实是一个不小的挑战。因此，无论是老师还是参赛队员都清楚地意识到，此次比赛等待我们的很可能不是鲜花与掌声，而是汗水与泪水。

不出意料，备赛的日常被枯燥艰深的文献所填满，基础薄弱的我和队友们逐渐感到成功的机会渺茫，很快就消磨了最初的比赛热情。然而，作为团队成员之一的我这次没有办法再像以前一般计较得失、做出取舍，而是必须承担起作为主力队员的责任。面对着日益临近的比赛日期，我鼓励大家振奋起精神，根据老师的提议组织队员分成控、辩双方，把自己当作一名国际律师来为各自的国家和立场据理力争。渐渐地，小小的讨论室又响起激昂的讨论声，队员们在事实与法律之间试图找到最适合的逻辑与措辞来构筑己方攻防线。出乎意料的是，抛去了对结果的执念，备赛过程变得更像一次生动的学习之旅，鲜活的案例串联起了国际法的前沿问题，我和队员们也在实战中感受到修习法律的魅力。

经过无数个日日夜夜的努力，我和队友怀着忐忑的心情终于站在武汉大学边界与海洋研究院模拟法庭的比赛场上。经过扎实的准备和出色的发挥，团队最终获得了全国高校海洋法模拟法庭邀请赛二等奖，第一届（中国）国际海洋法模拟法庭比赛季军，而我个人也获得了国内赛最佳辩手的称号。

模拟法庭的比赛经历重新定义了我对优秀的看法，也让我意识到过于计较得失与荣誉反而会成为成长路上的绊脚石，脚踏实地地提升自己，风景自在眼前。

功不唐捐，平凡见不凡

经过了模拟法庭比赛的历练，在外人眼中我似乎没有什么改变，但只有我心里知道，自己已然发生了天翻地覆的变化。我仍然坐在教室的第一排，却不再仅仅是为了学期末的绩点；我仍然早睡早起，却不是为了自欺欺人的自律假象，而是打心底里想变成一个更好的自己；我仍然积极地参加学校的各种活动，却不仅仅是为了去争荣誉，而是认识自我、提高自我；我仍然不遗余力地去帮助他人，却不是为了得到赞赏的目光，而是真心实意为他人献出温暖；我仍然在课余学习各种实用工具与技能，却不仅仅是为了未来工资单上的数字，而是为了更好地探寻这个世界。

心态不同，境界自然不同。放弃了反复的利益考量没有让我失去已经取得的鲜花与掌声，反而让我收获了更多实实在在的东西。

在各类优秀称号的竞选中，我已不再执着于称号本身，也就无心罗列成绩与奖项，更不会空泛地喊口号，而是回归到法律人所应有的洞察力和同理心，通过揣摩、倾听与对话，理性地说服。令人惊讶的是，在摒弃了功利的心态后，各种我曾梦寐以求的荣誉变得顺理成章，我也如愿实现了在初入大学时对自己的期许与愿望。

除此之外，我也深刻地认识到自己不应仅关注学习，还应当承担起作为一名法律人的社会责任，以自己所学的专业知识普惠社会。我积极参加各项普法活动，通过流动法庭的形式教导中小学生远离校园暴力，通过宪法日宣誓活动增强基层群众的法律意识。为了更好地利用自己的专业知识去帮助弱势群体，我还加入了公益组织，与来自北大、人大等高校的伙伴一起为偏远地区及孤儿院的孩子们提供法律援助。迄今为止，我们已经为 8 家孤儿院和小学提供了20000 小时以上的志愿服务。在这个过程中，我进一步认识到，所谓的优秀并不仅仅是纸面上的荣誉，还在于尽可能利用自己发出的一点微光照亮身边的世界，为他人带来温暖。

大学之道，明德在吾心

四年的时光匆匆过去，起初的我，锋芒毕露，为了优秀而优秀；后来的我，用心对待每一件事，发扬大学之精神，不再执着于成绩与荣誉，以一颗平常心对待学习与生活，在砥砺奋进中书写人生华章。我深刻地认识到人生不只有单一的评价尺度，将自己置于集体、社会中，以精益求精的态度和宽宏博大的胸襟对待生活中的点点滴滴才是真正的"大学之道"。

勇敢地踏出那一步

法学院　赛依丁·沙拉依丁

赛依丁·沙拉依丁,男,乌孜别克族,1997 年 6 月出生,中共党员,法学专业 2016 级本科生。曾获国家励志奖学金、獐子岛励志助学金;获校优秀学生干部、优秀学生、优秀毕业生等荣誉称号。

你改变不了环境,但你可以去改变自己;你改变不了事实,但你可以去改变态度;你改变不了过去,但你可以改变现在。一分耕耘,一分收获,凭借对优秀品格的执着追求,我收获了四年丰富精彩的大学生活。踏出勇于改变的那一步之后,便是一个新世界。

博观而约取,厚积而薄发

家在大西北的我,从小就听大人们说,只有好好学习,才能有机会去见世面、长见识。谁家的孩子要是考上了好大学,便成了邻里口口相传的好孩子。是啊,我也想做人们口中的好孩子。

从小在一个并不富裕的家庭里长大,我深知家人的艰辛与不易,我没有引以为傲的起点,没有丰富的物质资源,这意味着所有的成就都要靠我自己的努力来获得。家乡匮乏的教学资源未曾削减我对知识的渴望,我从小便刻苦学习,渴望能够改变自己的命运。我见过大漠孤烟直的壮丽,但我也想去看看塞上江南的清秀、滨海城市的暖阳。经过多年的努力,在党的政策的关怀下,我有幸考上了浙江的一所中学,后来经过层层筛选,终于来到了自己梦寐以求的大学——中国海洋大学。

　　我深知现在的一切都离不开党和国家的关怀,因此,入学后我第一时间递交了入党申请书,并在大四上学期成为一名中共预备党员,我始终牢记为人民服务的宗旨,积极发挥模范带头作用。担任班长期间,我带领班级获得学校"先进班集体"的称号,而我本人也和集体一起成长蜕变。

　　四年来我上下求索,连续三年获得学习奖学金,在少数民族同学当中名列前茅,位列全专业新疆籍少数民族学生第一名。同时,我连续两年荣获国家励志奖学金,并有幸参加了2019年"彩虹桥"高校学生交流活动,聆听专家讲座,培养爱国情怀,积极参加实践活动,与其他高校师生融洽交流。我利用假期担任"海之子"宣传大使,前往西部贫困地区宣传国家的助学扶贫政策。作为一名法学生,我以专业为本,通过了法律职业资格考试,为少数民族学生树立了榜样。

　　作为法学院篮球队的队长,我带队刻苦锻炼,经常练至深夜。正是因为日复一日的刻苦训练,法学院篮球队成绩优异,我也因此连续两年荣获文体活动奖学金。

　　成功的道路从不拥挤,只是坚持到底的人不多。

事成于和睦,力生于团结

　　我从小便接受汉语教学,与各民族同学打成一片。然而,我发现有很多少数民族同学不能够运用汉语清晰地表达出自己的意思,甚至很多同学因为汉语较差而无法融入集体,甚至产生自卑情绪,也错失了很多锻炼自己的机会。了解到这些情况后,我决定为此做些工作。为了提高少数民族同学的汉语水平,我积极组织策划了中国海洋大学"改革开放辉煌40年"少数民族学生演讲比赛,同学们用汉语讲述了改革开放40年来少数民族地区翻天覆地的变化,这激励了更多同学敢于交流,勇于挑战自我。作为学长,我时常和少数民族的学弟学妹们交流,进宿舍和他们促膝长谈,了解他们的想法,为他们解答学校的有关政策,相互带动学习。作为同学和老师之间的纽带,我多次参加少数民族学生交流座谈会、院长午餐会等活动,向老师们反映少数民族同学的困难,争取更好的机会。

　　少数民族学生大多不愿意参加社会实践活动,为了让更多同学踏出那一步,我主动申请课题,担任队长,召集了部分少数民族同学,组成了"中国海洋大学赴新疆精河县震后重建调研小组",前往实地调研。小组成员各司其职,认真负责,遇到问题,我们共同讨论解决,最终我们圆满完成了"三下乡"项目,并且荣获优秀实践团队称号。通过这次活动,也让少数民族同学了解到,只要敢踏出那一步,他们也可以做得很好。

大学期间,我担任了西域民族文化社社长,在两年的时间里,我们将一个不怎么起眼的小社团建设得颇具规模。在学校的帮助下我们有了自己展示的平台,多次以"诉民族风俗,展多姿文化"为主题,带领少数民族同学开展民族文化节,展现新疆独特的魅力,促进民族间融合和交流,在校内引起热烈反响,喜登校报。少数民族同学相互交流,勇于挑战自我,渐渐地越来越多优秀的少数民族同学崭露头角。

"真正的强者,不是流泪的人,而是含泪奔跑的人!"正值青春年华,大家应勇敢地去编织自己的梦想,做自己想做的事。无论前方如何,我愿一路坚定,勇敢前行!

培养学科兴趣，
自主安排时间

法学院　陈嘉玮

陈嘉玮，女，汉族，1999年6月出生，中共党员，法学专业2017级本科生。曾获得国家奖学金、学习优秀一等奖学金、科技创新奖学金等；获山东省优秀毕业生以及校优秀学生等荣誉称号。

时光如影，岁月如梭，四年本科学业已近尾声。虽然没有特别亮眼的学生干部工作履历和实践活动，但我认为自己的大学生活算得上充实、愉快、恬静。本科期间，我对刑法学产生了浓厚的研习兴趣，大部分时间都用于学习刑法学的相关知识。这种安心学习的状态使我愉悦。

本科期间，受刑法学授课教师的影响，我对刑法学产生了浓厚的研习兴趣。老师精心细致地准备每一堂课，确保每一堂课都干货满满、引人深思。刑法学具有一定的理论和思维难度，为了使我们更好地吸收授课内容，老师尽量用幽默诙谐的话语化解刑法问题的沉重苦闷，用睿智犀利的评论点出刑法问题的要害。从老师身上，我感受到刑法学是一门关于智慧与启迪的学问，是一门兼具威严与慈悲的学问，更是一门关于苦难与救赎的学问；我感受到真诚、责任、担当，感受到刑法学人的奉献与使命。

在学习兴趣的驱使下，我选修了法学院开设的各门刑事法课程，并取得了不错的成绩。通过这些课程，我感受到刑事司法的严肃性、严厉性、严谨性，感受到刑事司法是一项庄严、崇高、伟大的事业。我要求自己尽力掌握每一个基本概念以及基本制度和基本理论，因为稍有不慎，将来某人就可能会因我的失误而白白失去财产、自由乃至生命，某个家庭就可能会因我而遭受灾难。刑事司法不会制造喜剧，但我希望可以凭借自己的力量减少悲剧。

在专业课学习之余，我广泛阅读了刑法学、犯罪学、刑事诉讼法学等领域的经典著作。在刑法学方面，我阅读了《论犯罪与刑罚》《刑法格言的展开》《思索死刑》《死刑的温度》《受审判的监狱》《刑罚的历史》《海盗、囚徒与麻风病人：关于正义的十二堂课》《规训与惩罚》等著作。在犯罪学方面，我阅读了《犯罪控制工业化》《暴力解剖：犯罪的生物学根源》《破窗效应：失序世界的关键影响力》《犯罪心理分析》《犯罪心理学》《道德动物》等著作。在刑事诉讼法方面，我阅读了《看得见的正义》《最好的辩护》《致年轻律师的信》等著作。在其他部门法方面，我阅读了《合作的进化》《想点大事：法律是种思维方式》《政法笔记》《斑马线上的中国》《批评官员的尺度》《法律帝国的崛起：罗马人的法律智慧》等著作。在人文社科方面，我阅读了《叫魂：1768年中国妖术大恐慌》《乡土中国》《袍哥：1940年代川西乡村的暴力与秩序》《大河移民上访的故事》等著作。于我而言，这些作品内容丰富、文字隽永、理论深度适中，既能加深我对刑法学的兴趣，又能丰富我的知识储备，使我受益匪浅。

在阅读的过程中，我发现了自己的很多不足，想借助这个机会把自己的经验教训分享给学弟学妹们。一是建议大家选择自己感兴趣并能读下去的书籍进行阅读。兴趣是最好的老师，大家不妨多跟着兴趣走，多倾听自己内心的声音，尊重自己的心声。同时，建议大家选择理论深度适中的书目阅读。在我看来，学习是有周期的，我们应当尊重知识消化吸收的规律，由浅入深，循序渐进，慢慢学习。选择适合自己知识水平的书籍进行阅读，既能保证学有所获，又不会因读不懂、畏难而减损学习兴趣。二是建议大家进行专题阅读。我觉得自己在阅读方面的不足之一就是阅读的作品十分零散。建议大家尝试专题阅读，在同一专题的前书和后书之间寻找联系，使自己对某一专题知识的把握更加全面和系统。三是建议大家不动笔墨不读书。在阅读的过程中，及时动笔总结核心论点、梳理支撑论据，及时捕捉自己的心得体会。我在阅读的过程中，虽然会在正文旁边空白处总结作者的观点、写下自己的心得体会、记下自己的疑问，但我觉得这远远不够。我建议大家每次以章节为单位阅读，每一个章节都要写一份总结，总结这个章节作者的主要论点、论据，自己的主要疑虑和心得体会。在读完一本书后，要对全书进行总结，并尝试对作者的观点、论证、写作方法进行评价，记下自己在各个方面得到的启示。四是建议大家重复阅读。对于经典作品以及第一次没有读懂的书，要回头看进行重复阅读。读书不能盲目追求速度和数量,要注意消化吸收。温故而知新,相信大家回头重复阅读时,一定会有新的理解和体会,说不定自己以前写在空白处的疑问自己就能给出解答。五是建议大家阅读英文著作。英语是我们获取信息、了解世界的重要工具,也是大家今后学习、工作、生活的必备技能。要多阅读英文著作,多感受原汁原味的英语,多培养自己的语感,实实在在地提高英文素养。

除了读书,在课余时间里,我还参加了与刑法学有关的各类学术和实践活动。

一是参加了第一届"金企鹅杯"全国大学生网络法学模拟法庭大赛并获得二等奖。撰写文书时,我字斟句酌,反复凝练表达。在老师的指导下,我初步学会了如何在书状中使用"法言法语"。庭审赛后,我开始刻意训练自己的语言表达能力,要求自己在阐述问题时尽量做到严谨凝练、条理清晰、语速适中。此外,作为队长,我还学会了如何与老师和同学沟通,如何更好地服务于整个团队。这次比赛不仅使我对盗窃罪与诈骗罪的边界有了更为清晰的认识,而且提升了我的法律分析能力、语言表达能力与团队协作能力,使我受益匪浅。

二是参加了第七届国际刑事法院模拟法庭(英文赛)并获得二等奖。备赛期间,我刻苦学习国际刑法知识,对网络时代中的刑事司法管辖权等问题建立起初步的认识;阅读了几十万字的英文文献和英文判例,英文阅读能力显著提升。此外,我还掌握了利用英文进行检索的方法,并完成了以英文文献作为主要参考文献的期末论文。这次比赛不仅锻炼了我的阅读、分析、研究、应用、写作能力,而且极大地激发了我从事法律职业的热情和决心。

三是参加了国家级大学生创新创业训练计划项目"大学生实施偏差行为的心理动因及政策因应研究——以逃课为例"并顺利结题。该项目旨在利用犯罪学和心理学的理论工具解读大学生逃课现象。通过研析该主题的既有调查问卷、阅读关于社会调查研究方法的文献,我与小组成员共同编制了调查问卷,并创新性地通过精确锁定调查对象的方式完成了问卷发放工作。此外,我还主笔完成了立项书、中期检查报告等文件,研究能力和写作能力得到了极大的提升。

总而言之,本科期间,我主要根据自己的兴趣安排课余时间。在我看来,大学是丰富多元的,具有多种可能性。我们不需要完全照搬优秀学子的模式,而应该寻找并倾听自己的声音。每一个人都是独一无二的。希望大家度过健康、愉快、充实、舒适、惬意的大学生活。

不忘初心，方得始终

国际事务与公共管理学院　郭献航

郭献航，男，回族，1998 年 4 月出生，中共党员，行政管理专业 2016 级本科生。曾获国家奖学金、学习优秀一等奖学金、科技创新奖学金、社会实践奖学金、文体活动奖学金以及第十六届"挑战杯"山东省大学生课外学术科技作品竞赛一等奖；获校优秀学生、优秀团员、优秀毕业生等荣誉称号。

刚入大学时，我告诫自己一定不能忘记最初的目标，要让自己走在正确的轨道之上。大学毕业时，回首过往，我有收获也有遗憾，跌宕起伏过后却也很庆幸，因为坚持，自己没有偏离原来的方向。

少年壮志不言愁

2016 年夏天，我步入大学校园，朝气蓬勃，充满无限活力，期望在大学中能够有所作为，不虚度四年光阴。为此，我信誓旦旦地罗列出一系列大小不一的目标："考过英语四六级、拿到驾照、完成一场旅行、获得奖学金、学会一种乐器、获得保研资格……"时光流转，如今这份清单依然小心翼翼地保存在我身边。或许是年少轻狂，或许是少年壮志，清单上的目标实现也好，搁置也罢，都已不重要了。重要的是这些目标给了我激励，让我下定决心，要活出精彩，要活出意义，探求自己无限的可能。

从清晨的梧桐苏醒，到日暮的晚霞流光，自幼体弱的我，持之以恒地奔跑，不知疲倦地奔跑，就像翻越一座座山丘，去探寻生命的速度。就这样，我参加了院运动会，参加了校运动会，获得了第二名。在创新创业的大潮中，我也不甘人后,参加一切和创新创业有关的活动。在志愿服务活动中,我挤出时间在周末去担任社区义工,那时学校还没有通往市区的地铁,公交车上来回 4 个小时的车程,也不曾让我感到疲倦。阴天的傍晚,城市灯火通明,霓虹闪烁,一道道流光在车窗外闪过,那个略显青涩的脸庞就这样靠在车窗边,安静地思考着人生的方向。

门前流水尚能西

渐渐地,我开始对自己所学的专业感到迷茫:行政管理到底在学什么?政治学、经济学、社会学、管理学的知识交杂在一起,快节奏的课程和抽象庞杂的知识让我束手无策。2017 年夏天,大一学年的成绩排名出来之后,我是班里第 13 名,内心也没有太大的波澜,甚至有着"人生天地间,忽如远行客"的感慨,在昼夜更替中逐渐沉沦。直到有一天,面对着 70 多分的成绩,我依旧心安理得地打了一天的游戏。突然间,我意识到,这样下去断无保研的机会,那个曾经高呼"不忘初心"的少年,为何如今和自己渐行渐远?也正是那一天,我对着身边的人宣布,"我要拿下个年度的国家奖学金!"瞪大了双眼的朋友,一脸诧异和质疑地看着我。回想起当初那个壮志凌云的"宣言",我做梦都没有想到,后来自己实现了不止一次。

大一学年结束后的暑假我留在了学校,下定决心去寻求所学专业的应用,参加了暑期"三下乡"活动去做田野调查,同时还参加了青岛团市委发起的社会调查实践。那段时间里,作为调查访员,我顶着炎炎烈日,带着厚厚的一摞材料,奔波于青岛市各区市的大街小巷。这个过程中,在和政府、社区面对面接触时所了解到的远非课堂上能够学到的知识,让我兴奋不已,对所学专业的理解也渐渐有了眉目。如今回顾这段经历,一切都觉得弥足珍贵。

长风破浪会有时

大二学年为了专注学业,提高成绩,我推掉了所有的校外活动,但没有错过学校里一切可以锻炼自己、磨炼自己的机会。从海洋政策知识竞赛,到时政分析大赛,到商业实训比赛,再到船模大赛,我逼着自己尽可能多地参加各类活动与比赛,去更广泛地接触其他学科的知识。在那些枯燥而单调的日子里,我尝试着结合时政热点去撰写案例分析报告,参加案例比赛;基于社会实践撰写社会调查报告，参加"挑战杯"比赛……一份份汗水拼搏而来的成绩，渐渐为求学的路垫上基石。数不清的活动填充了闲暇，同时也培养了我广泛的兴趣，生活也渐渐地重新忙碌了起来。

2018年的春天，也就是大二学年的下学期，我开始深入理解自己所学的专业。在那段时间里，两门课程让我受益匪浅。在公共政策学课堂上，老师带着我们读专业经典论文，在教授知识的同时，也教授我们读论文的方法。穿过了最初混沌的岁月，一切似乎在渐入正轨，我逐渐感觉到自己对于公共政策学的兴趣，找到了未来的学习方向。有一天在思修课堂上，老师以身作则，向我们深刻诠释了何为敬业，让我感触颇多。也是那一天，我决心以他为榜样，往后的岁月要热爱并忠于自己所从事的事业。我心中铭记着老师们的谆谆教诲："方法胜于知识，态度先于做事。"

牢记初心不曾忘

从青涩到成熟，从迷茫到坚定，如今，看着镜中的自己，我恍惚间发现，自己已渐渐成长。

作为班级第一批发展的共产党员，我深知自己身上承担的责任与担当，这四年的时间里，我参加了不胜枚举的党团活动与志愿服务活动，基于大家对我的信任，我深受感动。我始终认为信任是双向的，信任也意味着责任，我更愿意将这份信任视作为大家服务的机会，也是自己的责任。为此，我选择担任学习委员，尽自己最大的努力为同学们提供服务。在大四的时候，我承担了班长的职务，希望以此回报前三年时间里大家对我的信任与支持。

从大一时的入党积极分子，到大四时的中共党员，我可以问心无愧地说，我仍在用实际行动践行着加入中国共产党时的誓言，不曾忘记初心。

吾将上下而求索

时光飞逝，岁月荏苒。仿佛昨日还是那个蝉鸣绿树的夏天，午后慵懒的倦意来袭，刚大一的我趴在教室的角落沉沉睡去。我仿佛做了一个漫长的梦，梦见那个夏日的午后越来越遥远，醒来才发现，四年就这么悄无声息地溜走了。过去的遗憾无法弥补，取得的成绩也已成为过去，成长的脚步如行云流水，唯有不懈地努力拼搏才能给人生留下美好的印记。翻看自己步入大学时确立的那些目标,我很感谢自己的坚持,感谢身边的同学们,也感谢那些愿意倾囊相授的老师,正是诸多因素汇合在一起,宛如百川汇流,让我辗转而入大海,探索知识的海洋,游溯于正确的方向和轨道。在诸多因素当中,我认为关键在于对自己的规划,倘若没有方向,何来远方?而制订了规划并未到此为止,牢记自己的初心,无论周遭环境如何变化,坚定如一,不要因为走得太远而忘记了自己为何出发。很多人进入大学后逐渐失去了动力,慢慢变得贪图安逸而不愿意走出自己的舒适圈,以至于逐渐沉沦,虚度了美好的大学时光,正是因为没有对自己进行规划,抑或是渐渐忘记了自己的初心。

　　既然已确定了自己未来的方向,便要一往无前。我的大学生活中曾感到过彷徨,却不曾忘却初心。那个少年不曾改变,却又渐渐成长,只是终点未至,路漫漫其修远兮,吾将上下而求索。

奔跑不息，不负韶华

国际事务与公共管理学院　许方明

———————————————————————————

许方明，男，汉族，1998年5月出生，中共党员，政治学与行政学专业2016级本科生。曾获国家励志奖学金、"锦绣前程"励志奖学金、学习优秀二等奖学金、社会实践奖学金；获校优秀学生干部、优秀学生、优秀团干部、优秀毕业生等荣誉称号。

回望四年大学时光，最令我骄傲的，是自己的奔跑不止。青春奔腾，唯有大显身手，方才不负韶华。

用力奔跑，以爱之名

2016年8月30日，我第一次来到海大，那天天蓝得像一汪海水，几朵飘悠悠的云懒洋洋地点缀在天空，一切宛若一个美妙的梦。小鸟在五子顶的树梢间欢快地飞翔，仿佛被地上热闹非凡、生机勃勃的氛围所感染。我是坚持不让父亲送我的，一是怕他身体不适，二是他像我一样，没有到过这么远的地方。可他似乎认定儿子的大事不能缺席，父亲的尊严更不能缺席。火车慢吞吞地驶过平原和山谷，前半程父子俩一路无话，后半程父亲突然变得婆婆妈妈，反复叮嘱，说了很多从没说过的话。暮色笼罩时到了学校，我把手续办完，提出让他找个酒店住一晚再走。他云淡风轻地说："放心吧，你好好读书。"

电话里，母亲不经意间提起他没住酒店，凌晨坐火车回的家。我的脑海里浮现出他在青岛的大街小巷徘徊不定、在火车站或某个地方待到凌晨的场景。"为了省钱，还是因为陌生？"我心里像打翻了的五味瓶，感动、后悔、自责、无奈涌上心头。但这些情绪渐渐化为坚定，我望着校园里陪着孩子流连美景的家长们，眼前浮现出他的音容笑貌。那一刻，我决心一定要在学校好好表现。

冲破迷惘，循序渐进

入学伊始，我努力让自己忙起来，将有限的大学时间投入无限的自我增值中去。然而，关于该做什么以及如何去做，我却陷入了深深的迷惘。高考前，路是黑的，只有前方亮着一盏灯，于是你只能坚定地朝那个方向走；高考后，周围忽然亮了，很多条路在你面前，你反而不知该往哪儿走。所幸在彷徨之际遇到了我的引路人——班导生学长学姐、班主任以及辅导员老师，他们为刚入大学的我指明方向，提供了令我受益无穷的建议。

循着前辈的足迹，我发现大学校园是如此的丰富多彩，各类社团百花齐放，锻炼机会应有尽有。于是，我开始借助各类平台锻炼自己，竞选班长、加入学生会、报名参加社团、参与志愿服务、选有挑战性的课程等。我还加入了学院啦啦操队，通过各种训练、比赛锻炼了身体，为学院争得荣誉，并因此有幸参演了当年的毕业晚会。班级工作和社团活动教会了我很多从前不曾具备的技能，晚会筹划、活动策划、志愿服务等活动有趣又有意义。这个过程中，我还结识了许多志趣相投的新朋友，虽然占用了很多时间，消耗了很多精力，但我也极力与学习课程进行平衡。第一学年过去，我不仅成为班级和所在社团的工作主力，还获得了诸多荣誉。

更上一层，自强不息

然而，与我的热情和忙碌程度形成鲜明对比的是大一学年平淡如水的成绩，也许是选了过多的课程，也许是学习和实践的天平上出了偏差。于是从那时候，我开始思考如何让自己的学习成绩更上一层楼。大二学年，我还是坚持选了很多课程，但我开始摸索如何合理利用和安排时间，并且在一些实践活动上做出取舍，专心投入学习。我也试着去改变，改变自己听课的习惯，改变思考的方式，改变看待学习的态度，在课后积极阅读与专业相关的书籍，以此来弥补大一落下的基础知识。功夫不负有心人，我的成绩进步了十多名，这种进步也让我更加坚定和自信。

为了提高自己的学术研究能力，我先后参加了许多研究项目。在"北极年鉴团队域外国家组"研究项目中，我学以致用并完成了万字报告《论现阶段印度的北极参与》《北欧国家对中国北极事务参与的态度》。在"山东综合社会调查（SGSS）"项目中有幸担任绘图员，走进社区开展调研。在学校 SRDP 项目"公众转基因食品风险认知调研"和"青岛市地铁空间内文化传播现状调研"中，我亲力亲为。这些经历不仅锻炼了我思考问题的能力，还提供了观察社会问题的视角，对我后来的发展大有裨益。

2017 年暑假，我作为学校"海之子"宣传大使回到高中母校做了招生宣讲。在我看来，这是一个莫大的奖励。当我把自己美丽、优秀的大学介绍给家乡的学弟学妹时，我在他们眼里看到了向往和憧憬。不知道这件事是否会给他们带来长足的影响，但直到今天它都是我在困难时刻继续前行的动力之一。后来，我有幸参与中国海洋大学"海之子"赴日本交流见习项目，前往日本学习一周。那一次日本之行不仅令我开阔了眼界、萌生出强烈的报国热情，还使我体会到两国文化的差异，收获了看问题的不同视角。2019 年的暑假，我报名参加了李沧区政府机关实习，成为李沧区文新局的一名小科员，如愿以偿地体验了人民公仆的辛苦，积累了许多课堂外的知识。

不忘初心，负重前行

对我来说，大学生活有着自己的主线。一入学我就递交了入党申请书，我竞选成为班长，以便更好地为同学们服务。担任班级里如此重要的职务，我也曾感受到巨大的压力，怕受到同学们的质疑，一度想要放弃。但每每有所动摇，便会想到自己高中时因准备不足而错失了入党机会，大学让我再次接近党组织的大门，我告诉自己不能再错过，可是一个不懂得为班级奉献、遇到一点挫折就轻言放弃的人是伟大的中国共产党想要的成员吗？答案当然是否定的。我告诉自己要不忘初心，牢记为班级同学服务的初心，不会就学、不懂就问，努力把班级工作做好。被确定为入党积极分子之后，我陆续得到了很多党课学习的机会，也不断修正着自己的价值观，"哪有什么岁月静好，不过是有人负重前行"，我愿成为那个负重前行的人。2019 年 6 月 19 日，我加入了中国共产党。那天，我告诉自己，这是一个新的开始。

写这篇文章时，鼠年肆虐的疫情还未过去，全球抗疫形势严峻，牵动着亿万人民的心弦。待在家中似乎岁月静好，但为了守护万家灯火，一批批的"逆行者"顾不得团圆,正在风雨无阻地负重前行。他们义无反顾地冲在武汉甚至全国防疫的最前端,展现了新时代共产党人应该担负起的光荣使命。防控疫情,全民有责,无法奔赴前线救治患病同胞,留守后方的我们能做的就是搞好预防,守好自己片区的堡垒。我加入了村子里的防控岗,成为一名防疫志愿者,为过路行人监测体温、发放口罩。那段时间虽然累,但我却很充实,我知道自己做不了惊天动地的大事,却可以做一些力所能及的小事。

四年时光如流星瞬间划过静谧的夜空,短暂而美丽。疫情来势汹汹,势要给这个毕业季烙下难忘的印记或是难以弥补的缺憾,但世事无常,只要我们顺势改变自己,便会收获有益的成长经历。如今,我即将告别母校,在母校学习、工作与生活的日子将会是我一生中最美好、最宝贵的记忆。我想这对我是一个新的开始,忘记恐惧、抛却悲伤,我将在青春的路上再次奔跑,奔向未知的远方!

跨洋越海，逐梦远方

国际事务与公共管理学院　叶高升

　　叶高升，男，汉族，1998年11月出生，行政管理专业2017级本科生。曾获国家奖学金、校学习优秀一等奖学金、德才奖学金、社会实践奖学金；获校优秀学生等多项荣誉称号。

路漫漫其修远兮，吾将上下而求索

　　进入中国海大是我人生的重要转折，学习公共管理为我实现人生理想指明了方向。横渠四句"为天地立心，为生民立命，为往圣继绝学，为万世开太平"指引着我深入探索公共管理的世界。因为热爱，所以努力；因为努力，所以卓越。三年来，我有幸以93.36分的平均成绩位居专业第一，专业课平均分93.67分，外语类课程平均分94.6分，英语四、六级分别以638分和649分通过，并获一系列荣誉。

　　在掌握好基础理论知识的同时，我积极投入学术科研活动之中。在大一的小学期便参与了课题"向往与无奈：快递从业人员生活保障与城市融入研究——基于山东调研的实证分析"，感悟了城市快递小哥的工作生活现状，深化了对公共管理者责任的认知。这项社会调查也提高了我相应的专业技能，成为我后期申请国家级大学生创新创业训练计划的直接契机。围绕着教育发展，我后续又参与了课题"'互联网＋'背景下高校智慧工会建设需求分析与实现路径"，促进教工权益维护；以国创课题"女生比男生更优秀吗？大学男女生学习成绩差异及影响因素研究"探求教育质量优化，在中国海洋大学、山东大学、青岛大学、青岛科技大学等七所驻青高校发放近 1000 份问卷,把握共性问题。在这些过程中,我作为组织者的沟通协调能力得以提升,也完善了社会调查理论与方法的理论储备和实践能力。最终通过撰写接近 3 万字的结题报告,为分析青岛市教育现状、完善驻青高校教育教学提供了一定的对策建议,获得了学院的认可,取得了结题优秀的成绩。

公共管理专业学生不仅要关注校园身边事,也需要有更为深刻的洞察力。2017 年以来,各地抢人大战风起云涌,围绕着天津人才新政的困境与探索,我和学长学姐走访了天津市滨海新区人社局,对相关负责人开展了半结构化访谈,撰写出报告参与中国人民大学"求是杯"公共管理案例大赛,最终杀出重围,取得了全国三等奖的成绩。作为中国海大的学生,我密切关注国家海洋事业的可持续发展,从行政机构改革的专业化视角解读了 2018 年国家海洋行政管理体制改革的相关内容,并与导师合作撰写《非职责同构:地方海洋机构设置逻辑研究》,总结了海洋行政管理机构改革中的特点,对现有问题的解决提出了建议。

同时,我积极参与校际学术交流活动,在中国人民大学、中山大学、四川大学夏令营中脱颖而出,取得了优秀营员推免拟录取资格。

滋兰之九畹兮,又树蕙之百亩

"一花独放不是春,百花齐放春满园。"中国海大作为综合性高校为我提供了多元发展的平台。感谢母校的栽培,我得以在众多对外交流、基础学科竞赛、社会实践当中屡获殊荣。英语表达艺术班、高级口语、国际辩论、跨文化交际视听说课程都是我成长的土壤。大一时,我作为校级社团英语俱乐部英语角的相关负责人,联系外教举办每周一次的面向全校的英语角活动;中国海洋大学美国国会议员助手团来访的接待工作丰富了我对国际关系的有关认知;国际教育学院迎新注册工作的志愿参与使我广交外国朋友;参加"2019 年香港教育大学公共政策夏令营暨 48 小时公共政策分析挑战赛"更进一步拓展了我的国际化视野。"外研社杯"阅读大赛、写作大赛、英语演讲比赛、辩论赛都是我驰骋的赛场,并取得了多项荣誉。

同时,我还通过积极参与社会实践走进社会、了解社会。2019 年开展"建国七十载,重走井冈路——探访井冈山根据地,传承红色精神"活动,探访井冈山革命根据地,体验井冈山精神在新时代焕发的生机与活力;2020 年暑期主导"以

'三会一约'促'三治融合'：莱西市日庄镇河北夼社区治理创新志愿服务项目"系列"三下乡"活动，希望通过莱西经验的理论总结与升华助力国家乡村振兴战略。

未知天地恩何报，翻对江山恩莫开

滴水之恩当涌泉相报，人生路上所接受的馈赠与帮助是我自强不息的动力之一。心怀感恩，我希望通过自己的努力接棒，用志愿服务回报社会。作为大学生的我关心义务教育，希望将爱、知识与希望传递给能帮助到的每一位小学生。三年以来，我坚持参与爱心社义教活动，数次前往崂山区第二实验小学开展服务，"环保 DIY 大赛""海洋环保知识竞赛""海鲜厨房"等授课以鲜活生动的方式，帮助小学生了解海洋生物知识，提高海洋保护意识，得到了校方的认同。同时，我还作为澳大利亚访问学生团外文志愿者前往李沧区广水路小学协同外语授课，在传递知识的同时，感受到了义教的能量。

2020 年暑期，我于厦门市湖里区慈善会进行实习，参与福建省残联 2019 全省残疾人收入调查，并在方案设计中体会活动的意义，在入户摸底中了解社会，在宣传教育中坚定信念……

上述经历塑造了我对于公共管理学科的理解与认同，培养了我面向社会、追求公共利益的情怀。我将立志于心、服务于人，不断在这条道路上前行……

心之所善,上下求索

国际事务与公共管理学院　王晓青

王晓青,女,汉族,1994年3月出生,中外政治制度专业2017级硕士研究生。曾获研究生国家奖学金、学业一等奖学金、山东省高等学校人文社科优秀成果三等奖和山东省优秀毕业生称号。

2013年,初遇海大;2020年初夏,告别海大。时光流转,我仍旧走在漫漫求学路上。虽然现在我来到了全新的环境,但是樱花路下的斑驳树影,五子顶上的万里余晖,记忆中的恩师和同窗,那风、那景、那人,每当想起都还历历在目、念念不忘。母校的一切似乎化为我心中的一抹蔚蓝,温暖我、鼓励我继续去求知求索。面对心之所向,屈子曾说,"亦余心之所善兮,虽九死其犹未悔","路漫漫其修远兮,吾将上下而求索"。对于我而言,回头看来时路才发现,正是在"那片海",我渐渐明晰了自己的"心之所善",也拥有"上下求索"的勇气,而这些也推动着我对学术研究的不懈追求。

启智明善篇

高考结束后,怀着一份追求社会正义的无畏热血,我毅然填报了中国海洋大学政治学与行政学专业,但初学时那些晦涩难懂的概念、复杂抽象的理论却使人却步。沮丧时我怀疑过自己的选择,但多次反思后我意识到是自己思辨能力的不足制约了对专业的理解。在老师们的循循善诱下,我一方面鼓励自己在课堂中多发言,提高观点表达的专业性和逻辑性;另一方面多去阅读政治学的经典著作,培养自己的哲学思维和学术兴趣。还记得大一寒假在家中读柏拉图的《理想国》时，文字艰深我却读得津津有味。

大四学期初我被保研至本系中外政治制度专业，怀着对知识的渴望我做好了读研后刻苦努力的准备，本以为毕业前顺风顺水，但却在毕业论文答辩时经历了挫折。当时老师们对文章中研究方法的运用存在不同看法，因此建议我重新修改后二次答辩。尽管心中充满委屈，但答辩失败也让我重新审视自己的文章，并进行了更为合理的调整，修改后的架构和逻辑也使我更有信心去面对可能的质疑和挑战，二次答辩的结果是我获得了优秀论文的推荐。这个事件使我重新思考了"批判""质疑"在个人学术发展中的意义。尤其是在硕士研究生入学前的暑假，我在本科毕业论文的基础上修改提炼出《"一带一路"沿线东南亚国家的政党轮替风险及中国应对》的小论文。这篇历经波折的小论文忽然变成了一个幸运符，使我在入学初就有机会参加了北京大学举办的学术会议。在导师指导下经过多次修改，这篇论文也顺利地发表在 CSSCI 期刊上。可以说，以论文为基础的学术交流和发表使我第一次尝到了学术的甜头，让我意识到也许"学术人生"就是"余心之所善"，这个念头在内心升腾以后，自然地一步一个脚印地走了下去。

上下求索篇

研究生的学习节奏比较快，幸得恩师引路使我迅速适应了研究生学习的状态，而我的"学术人生"计划也由此付诸实践。首先是认真修读专业课程，同时阅读经典文献，了解学术前沿。在此过程中我体会到一些学者"码字为生，思想为乐"的幸福，也养成了每天阅读文献的习惯。其次是保持每天练习专业写作的习惯，尽管最初的写作可能很不成熟，但"否定"往往成为下一次"创新"的起点。滴水穿石，聚沙成塔，如今想想，就是在知识吸收和知识生产的碰撞中，我慢慢掌握了科研的方法和能力，对学术、对自己都有了更加清醒的认识。

日复一日，上下求索，此后我还以第二作者的身份在核心期刊上发表了《"一带一路"沿线国家腐败风险及应对》一文，并于 2019 年 7 月应邀参加清华大学"一带一路"建设和涉腐防控论坛并做主题发言；论文《中国国家认同的仪式塑造——以国旗升降仪式为中心的考察》收录于云南大学"国家治理：历史、现状与未来"主题论坛会议论文集并荣获三等奖。这些成果为我能够顺利进入博士生面试增加了不小的筹码。

由于疫情的影响，国内高校的博士生考试时间不断延期，我也因此面临了很大的压力，在继续等待考博和找工作就业之间摇摆。当时我在纸上写下了各自的利弊，最终还是选择了潜心复习和准备考试，因为我清楚我的内心不会满足于此，对于读书、知识的渴求会一直驱使我回到这条道路上，去寻求学术研究所带来的快乐和成就感。幸运的是，我最终来到了复旦大学的校园，这里的学术氛围包容宽松，给了我更多坚持学术道路的动力和机会，也赋予我更加自主地钻研求索的时间和空间。

明政致远篇

常常有人问我为什么会选择学术这条道路，我总是说，我希望像我的老师们一样深耕学术，今后育人为乐。事实也的确如此，一路走来，许多老师的言传身教、身体力行，让我看到了扎根祖国大地做研究和"桃李不言，下自成蹊"的使命感与幸福感。不过，在我的内心深处，还有一个更为重要的答案——因为政治学本身是一门追求至善生活和美好社会的学科。

从古至今，许多的政治学家，无论是柏拉图、亚里士多德，还是马克思，他们一生苦苦追寻，研究政治，就是为了寻找这种美好的社会。多么缥缈却美好的愿望！也许在很多人看来，政治学的研究缺乏实际效益，但实际上它不仅是一门基础性的理论学科，而且历来是一门"治国平天下"的应用型学科。现代政治学已经很大程度地修正了"不接地气"的研究范式，通过学者的科学调查和切身体会，将研究触角延伸至最为基层的治理单位，触及个体的行为和心理，致力于建立和谐的政治秩序，促进全人类发展。国际事务与公共管理学院"笃行为公，明政致远"的院训，使我时刻谨记"寻政治文明发展之义，求公共事务治理之道"。正是这种学科使命，激发了我对社会现实的关切意识和审慎求善的价值理性，更使我思考作为新时代的青年学生，该如何将自己的学术研究融入国家发展，将"小我"融入"大我"。

在学术道路上的求索并非易事，但若是心之所向，便无论如何也会甘之如饴。我想，走上学术道路是我今生最为重要的决定，而这一切都始于中国海大的教育和培养，使我得以启发心智，打下扎实的学术基础。未来的道路依旧充满挑战，但"海纳百川，取则行远""笃行为公，明政致远"的精神将永远伴我左右。

初心不变，一直在路上。

遇见海大，
结缘"海洋政治"

国际事务与公共管理学院　　王　雪

王雪，女，汉族，1994 年 3 月出生，中共党员，国际政治专业 2018 级硕士研究生。曾获国家奖学金、青岛市国际关系学会 2018 年学术年会一等奖等；获山东省优秀毕业生、山东省大学生暑期"三下乡"社会实践"优秀学生"以及青岛市"百名优秀大学生"等荣誉称号。

2021 年 6 月的到来，意味着我硕士研究生生涯接近尾声，也意味着我将以毕业生的身份离开与我朝夕相处的母校。在青岛七年的生活与学习，我得以走向海洋、认知海洋、研究海洋。在诸多良师益友的引导之下，与海洋政治研究结缘，不胜荣幸。

三年前，我通过推荐免试实现了从政治学与行政学本科生到国际政治硕士研究生角色的转换，也以新的身份与中国海大重逢。研一伊始，面临着选择研究方向的问题，我毫不犹豫地聚焦全球海洋治理领域。而这个决定源于 2014 年的政治学与行政学导论课，时隔近 7 年，我依然记得在那节启蒙课上，老师满怀期许地对大一新生的我们说："政治学是一门向善的学问，实现善治是政治学人最高的追求。"作为一名"海之子"，我总是在思考，如何将一名学术"小白"对政治学的善治的情怀与其专业研究领域真正结合在一起。直到我遇到了全球海洋治理这个方向，我也找到了自己与海洋政治研究的缘分。

在研究起步阶段，我首先从中国与大国的海洋安全合作入手，探讨国家间海洋合作对全球海洋治理的贡献。完成《中俄海洋安全论析》一文的整个过程使我真正走近了科研学术,也体会到了学术人的酸甜苦辣。一项学术研究需要建立在一定的创新性之上,或资料创新,或方法创新,或理论创新。在学术训练起步阶段,学术研究的资料创新是最普遍的选择,但也并不容易。与"中俄海洋安全论析"这一主题直接相关的文献资料不超过三篇,自己也没有俄语学习经历,整个文章的完成需要充分发挥想象力。刚踏上科研之路的我犹如黑夜中的攀登者,望不到山顶,也不能后退,只能一步一步地向前摸索。在这段艰难的时光,我的导师贺鉴教授不仅是我的学术启蒙导师,也是我研究起步阶段的指路明灯。从论文的学术规范、行文框架到各级标题的措辞,甚至是标点符号,导师都会细致耐心地给出修改意见,从无不耐烦之意。导师的指导给予了我极大的持续前进动力与勇气,我在经历了许多痛苦与无奈之后到达山顶。事实证明,这段艰难的经历却成了我极为宝贵的研究训练过程,有效提升了我的科研能力素养。《中俄海洋安全论析》最终刊发在于政治学专业核心期刊《国际安全研究》(CSSCI)2019 年第 2 期,我也品尝到了"海缘政治"研究结出的第一颗学术之果。得益于第一篇核心期刊写作经验的积累,我在完成第二篇论文《全球海洋治理视野下中非"蓝色伙伴关系"的建构》的过程中轻车熟路了不少。

踏入海洋政治的研究门槛,我加快了提高独立科研能力的步伐,也更加珍惜与任课老师互动的机会。在学习国际组织这门课过程中,与任课老师沟通之后,我最终把题目确定为"全球海洋治理进程中联合国的作用、困境与出路"。凭借这篇课程论文,我作为唯一的硕士研究生参加了武汉大学"第四届边界与海洋研究博士生论坛",并获得三等奖。后来经过一年的修改打磨,这篇文章最终发表于中国外交部主管、中国国际问题研究院主办的学术期刊——《国际问题研究》(CSSCI)。得益于长期参与课题的科研训练,我也成功申请到了题为"蓝色伙伴关系与中国参与全球海洋治理"研究生自主科研项目,阶段性研究成果《中国与东非国家海上能源通道合作》一文发表于《现代国际关系》(CSSCI)。这个自主科研项目于 2021 年 3 月结项后,被评为 2021 年中国海洋大学研究成果二等奖。与此同时,我在海洋政治领域的独立科研能力得以提升。

作为一名学政治学出身的研究生,我也怀有以"家国情怀、爱国之志"服务国家战略决策的情怀。2020 年 4 月居家学习期间,我第一次尝试了资政专报的撰写。在导师指导下执笔的《新冠肺炎疫情背景下中非人文交流面临的挑战、机遇与应对》一文被教育部采纳,并刊发于《中外人文交流研究专报》(疫情防控专题)第 6 期。

在中国海大的七年时光，我与海洋政治研究结下了不解之缘，也成了一个更加成熟自信的"海之子"。在此期间，我挑战了所有我想尝试的事情，在保质保量完成每一项工作的背后，也有许多不为人知的艰难。在与导师合作打磨每一篇文章的过程中，经历过漫长黑夜的"秃头冥思"和"能力有限"的无奈以及"终于见刊"的欣喜。体会过学术研究的酸甜苦辣，我也因而更加坚定了未来的职业规划。2021年5月，我收到了中国南海研究协同创新中心博士研究生的拟录取通知。在未来四年新的学术探索中，我将聚焦南海问题与国际关系的交叉研究。

在这个辞旧迎新的学期，所有过往，皆为序章，所有将来，皆是可盼。面向未来，我依旧心怀热忱、自信勇敢、执着专注，在披荆斩棘中迎接新的未知。

做踏实勤勉数学人

数学科学学院　孙　迪

　　孙迪,女,汉族,1998年8月出生,中共预备党员,数学与应用数学专业2016级本科生。曾获国家奖学金、杰出学生奖学金、学习优秀一等奖学金,第34届美国大学生数学建模竞赛二等奖;获山东省优秀毕业生以及校优秀学生标兵、优秀团干部、优秀学生、优秀团员等荣誉称号。

　　有许多个夜晚,我因为作业里的一道题目而纠结难眠;更有许多个时刻,我因为证明过程里的精彩而惊呼。数学带来了大学生活里的酸甜苦辣,带给了我严谨的逻辑、缜密的思维、冷静的态度,更为我带来了克服困难的信心和勇气。

当青春撞上数学

　　来到中国海洋大学数学科学学院的那一天,我还带着些稚嫩,对大学生活的一切都充满了好奇,尤其是那未知的、令很多人都望而却步的专业——数学。

　　我向来不认为女生在理科上会有些逊色,也用实际行动证明着。从中学就涉足数学竞赛的我拿到了高考数学148分的成绩后,果断地将数学作为第一志愿。入学教育的讲台下,我认认真真地听着2013级优秀学生标兵赵钰学姐的经验分享;每天的数学课上,我都为专业课老师的踏实肯干、严谨务实而打动。于是,我定下了自己的目标:向他们学习,做一名踏实勤勉的数学人。

　　在距离三尺讲台最近的地方,总有我奋笔疾书的身影;图书馆三楼的书架下,总有我不满于理解太浅、努力找书的焦灼。一张张白纸上,是我为了理清定理间的逻辑而画的关系图;一本本笔记里,是我比着老师的板书一步一步写下的推导;"课后题至少刷三遍""期末复习分三轮"成了我夯实基础的必做功课。正因如此,大一第一学期的四门专业课,我全都取得了 99 分以上的成绩。

因为热爱,所以更加努力。大二学年,我选择到山东大学数学学院做一年交流生,那儿是数学家的殿堂。在数学学院基地班这个精英聚集的班级里,我如饥似渴地汲取着知识,从起初的困难重重、灰心丧气到拿下期中考试"常微分方程"班里唯一的满分,只用了两个月,唯一的秘诀就是勤奋。老师课上的例题我演算了一遍又一遍,图书馆里放着的相关书籍都是我课后的参考材料,抄书也成了我的学习方式之一,我逐渐学会了自学,慢慢了解了自己的学习特点。大三学年我更是取得了 95.77 分的平均成绩,打下了厚实的基础,掌握了适合自己的方法,这一年学得轻松自在。

三年下来,我凭借自己不懈的努力,为大学学习生涯谱写了一曲精彩的乐章。大学三年我的平均成绩高达 94.85 分,排名年级第一,所修的 27 门专业课中有 16 门在 95 分以上,7 门在 99 分以上;15 门专业必修课中,98 分以上的课程更有 8 门之多,两门核心课程取得满分。而这些全部都是我用汗水和对数学的热爱换来的。

用奉献点燃希望

与数学结缘,我还有了另外一个身份——助力数学学习的志愿者。自 2017 年"辅助线"数学公益平台成立之日起,我就成了为全校数学公共课答疑的一员。"我们或许不会成为英雄,但注定不会平庸"是我们不变的口号。三年来,从负责讲解高等数学期末试题的考题解答组成员、负责推送文章的微信组成员,到为中国海大学子进行现场数学答疑的一员,再到成为"辅助线"数学公益平台的总负责人,我始终以服务同学为宗旨,不断变化和创新服务形式,力求更方便地让更多的同学受益。为了进行实时答疑,我联合信息科学与工程学部爱特工作室,为线上答疑开发了"iouc 掌上数学"微信小程序;为提高数学公共课答疑质量,我广泛吸纳来自各学院的专长数学、勇于奉献的同学加入团队。疫情防控期间,为了帮助同学们线上学习,除了利用公众号和小程序后台答疑,我还建立了公共课和专业课两个 QQ 群进行在线答疑交流。在大家的坚持和努力下,团队获评春华奖学金提名奖、李小勇奖学金一等奖。

除此之外,我还主动申请了学院学业帮扶岗的工作,帮助同学摆脱学业警示；作为学校"海之子"宣传大使，我回到高中学校宣讲国家资助政策，让有经济困难的孩子摆脱顾虑；加入学生会权益部，开展权益大调查、报修宿舍问题，竭尽所能为维护学生权益而努力。作为班委，我始终把责任与担当放在第一位，在主要班委备战考研的大四，承担起了缺席的全部工作。我还担任学院的新生辅导员助理，将自己的学习生活、班级管理经验分享给学弟学妹们。

纸上得来终觉浅，绝知此事要躬行

与数学结缘，我还遇到了"逃不过的建模"。三年中，我利用所学数学和计算机知识，参加了全国大学生数学建模竞赛等科技竞赛活动十余次。选题、查资料、分析题目、跑程序、写论文，每次和队友一起经历的三天三夜都历历在目，格外充实。我还能想起 2018 年国赛和队友几乎没合过眼的 72 个小时，让我第一次感受到了用数学知识解决实际问题的乐趣。

我还在课余时间参加了两项国家级大学生创新项目，更深刻地体会到了数学知识在实际问题中的应用。三年来不断的尝试，让我的创新能力、实践能力、团队意识都有了显著的提高，也让我对专业有了更深的认识和思考。

四年大学路，我逐渐成熟稳重。刚上大一的我是同学眼中的高冷女生，或是文静内向的"典型学霸"。而如今，我在台上谈吐自如，在台下和同学打成一片，是学弟学妹参加各种考核和答辩前的"锦囊"，更是同学们眼中"段子满天飞"的开心果。外出交流的经历、丰富充实的活动、敢拼敢搏的尝试让我成长，是学校的栽培让我逐渐自信大方。

越努力越幸运，我会继续踏实勤勉、步履坚定，不断向优秀的老师、同学学习，成长为一名学业突出、勇于奉献、全面发展的海大学子！

朝夕山海间

数学科学学院　耿淑莉

耿淑莉，女，汉族，1998年8月出生，数学与应用数学专业2016级本科生。曾获国家励志奖学金、学习优秀一等奖学金；获全国大学生数学建模竞赛省一、二等奖，第八届山东省大学生数学竞赛三等奖；获校优秀学生、优秀团员、优秀毕业生等荣誉称号。

又是一年芳菲始，樱开樱落，三次邂逅，一场离别。大学入学时我满怀憧憬来到中国海大，四年后我行将毕业奔赴下一段旅程。四年时光，我欣赏过烂漫的春意盎然，也经历过刺骨的寒风凛冽，在高潮与低谷中起伏，在得意与失意间游移，在努力，在成长，在蜕变。

于迷茫时思学

那是一个寻常的夏天，对于刚从高三学海中挣脱出来的我们来说，大学校园里到处是新奇与热闹。来自五湖四海的同学，令人眼花缭乱的社团，还有此前从未享受过的充裕时间和自由。有道是"海阔凭鱼跃，天高任鸟飞"，我们好像刚学会飞翔的雏鹰，在广袤的天空中忘却了高耸的峭壁。我们充满了豪情壮志，仿若天地间唯见少年意气。

然而，新奇过后竟是迷惘，热闹冷却最是寂寥。曾经，我们要以梦为马，不负韶华。可当高考过后，当我们或多或少地达成了这日复一日、年复一年的目标之后，只有少数人仍坚定不移地前行。大多数人和我一样，失去了生活的方向，不知人生意义何在。许许多多的"空心人"开始在校园穿行，在课堂上浑浑噩噩,在宿舍里百无聊赖。我迷茫又无知,想要努力却不得其法,黑板上的分析代数犹如天书。

当又一次在宿舍里消磨了下午时光后,我终于意识到,这本不是我应有的大学生活。可我还是不知道要怎么做,甚至不知道为什么要努力,除却迷茫还是迷茫。直到我想起开班会时班主任说过的一番话,这个时期的迷茫是每个人的必经之路,或长或短。没有人可以帮你,除非你自己想明白,熬过去。如果你真的不知道要做什么,那就去学习,这样当你找到自己的路时也不会耽误。

既然想也想不明白,索性放下思绪,转身投入学习。观牛顿与莱布尼茨的微积分之战,看费马与帕斯卡的赌局分注之争,在黄金分割下惊叹毕达哥拉斯的智慧,在心脏线里体会笛卡儿的浪漫。从有理到无理,从有限到无限,从罗素悖论到 ZF 公理体系,历经三次危机,引无数伟人前赴后继,数学,它的魅力令人无可抵挡。

于孤独中求知

匆匆复匆匆,大一就这样从指缝间溜走,如水入流,悄无声息。然生活是逆水行舟,当我开始寻求改变时,周围同学早已经过历练而愈发优秀。既艳羡别人的精彩,又痛恨自己的懒惰,一时之间百种滋味在心头。或许这就是榜样的力量吧,多看看优秀的人才会发现自己与他们相差的不是一星半点。我开始重新制订自己的时间规划和学习目标,迎晨曦而起,伴幕夜而归,在这山海间只争朝夕。可是,有些事只能一个人做,有些关只能一个人过,有些路啊,只能一个人走。渐渐地,孤独就成了一种常态,图书馆、自习室,还有食堂和操场。耳机里 BBC 与 CNN 轮流播放,桌子上永远少不了密密麻麻的课堂笔记,而我,逐渐习惯并享受这种状态。

当然,平静之余也有微澜。彼时我常苦恼于近代数学的晦涩难懂,天知道伽罗瓦怎么在五年内就做出如此成就。翻来覆去,覆去翻来,不懂还是不懂,于是只好从头再来。稍微理解一点儿,不期又掉进了芝诺的知识怪圈。当时我因为大一基础不好而自卑到极点,课堂的提问也很少敢于回答。非常幸运的是遇到了 G 老师,他给我们讲了好多伟人的小故事,他说你看那些伟人也有不那么厉害的时刻,所以不要害怕出错。有时我也会怀疑天道酬勤,甚至讨厌别人的讶异目光,但总归是无须害怕失败的。挫折更像是无法避免的系统误差,时刻提醒我们保持警惕，勿忘初心。

就这样数日如一日，朝夕复朝夕，我的大二和大三忙忙碌碌。那时的早春微凉，风中夹粉，金跃阶上，那时的晚秋萧瑟，枝丫空空，霞光满廊，那时 4203 的窗外便是我整个夏天，那时东区的桥头，暖黄路灯映着晨雪漫天。我一个人走过四季，看来往过客匆匆。热闹有热闹的好处，孤独有孤独的趣味，不必强求。只不过对我来说，独处时的思考更容易看清未来要走的路，内心的充盈才能让自己真正强大，所以孤独而不孤僻。我逐渐学会在孤独中与自己交谈，听自己说话，就这样慢慢地去学会深刻。

于平凡处寻真

遗憾总归是有的，生活中也少不了"大佬"们的降维打击。有时刚为自己的一些小收获志得意满，就发现别人在你从未了解过的领域已经学有所长。不过这还不算糟糕，当发现自己努力许久却丝毫没有进展时，心情才是一落千丈，随之便陷入深深的自我怀疑。我们总会有一段找寻自我价值的时期，明明存在着，却丝毫发现不了合理性。为什么只能位于正态分布的中间？为什么不能像谢尔顿那样可爱又聪明？幸运又不幸，平凡且无奇。或许就是在这个时候，我喜欢上了跑步，有时候会想点什么，更多时候什么也不想。一场大汗淋漓下来，多巴胺和内啡肽总能让人心情愉悦，然后继续热爱生活。

我参加过无偿献血，也当过血站的志愿者，帮助别人得到的快乐是加倍的。为逃离舒适圈，我也曾独自报名建模比赛，一个月来多是通宵达旦。最忙时兼职了两份家教，在路上备课，看到窗外车水马龙霓如虹。你若热爱，生活哪里都可爱。平凡或许是唯一的答案，而平庸却不是，因为这里还有朴素的英雄主义。我曾见过 G 老师一连站在讲台上讲五节课，谈起数学、物理如数家珍；也曾见过眼睛有星辰大海的 S 老师，上课时的她整个人都在发光；可爱又可敬的 F 老师和 Z 老师，传道授业解惑，择一事而忠一生；只闻其名未见其人的虾米学长，仅凭一己之力服务于一众师生。平凡的人，平凡的事，平凡的我感知着这平凡的一切，连一草一木也分外生动。

我喜欢这个时空的概率解释，一切早已注定，一切又皆有可能，最重要的是我们做何选择。在这里求学四年，有遗憾，有错失，但从未后悔过当年的决定。我在这山海间度过了最好的四年，等风时积蓄，风来时释然。如果你天性烂漫，大可鲜衣怒马,诗酒年华,抑或独爱安静,读书写意也是风流。大学里我们有自由,也有身不由己,总之要找到一个适合自己的生活方式,而不是随波逐流。不过也不要陷入极端,成为一个精致的利己主义者。身为青年一代,应该有为天地立心的傲气,有为生民立命的仁心,有为往圣继绝学的担当,有为万世开太平的侠义。韶华易逝,四年光阴不过弹指一挥间,愿我中国海大学子珍惜在校时光,有得有失有坚持,能哭能笑能尽欢!

破茧成蝶迎风行

数学科学学院　吴林芳

　　吴林芳,女,汉族,1997 年 10 月 27 日出生,中共党员,数学与应用数学专业 2017 级本科生。曾获国家奖学金、一等奖学金、李小勇奖学金一等奖;获 2020 年"读懂中国"活动最佳征文奖、全国大学生数学建模竞赛山东赛区一等奖、第六届青岛市大学生职业生涯规划大赛本研组三等奖;获山东省优秀毕业生、山东省大学生暑期"三下乡"社会实践优秀学生以及校优秀学生干部、优秀学生、优秀团员等荣誉称号。

　　时光匆匆,转眼已经到了毕业的季节。回首大学四年,许多光景历历在目,有很多不舍,也有很多感慨。这四年,从迷茫到坚定,成长悄然发生,蜕变的过程艰辛而又美好。

往者不谏,来者可追

　　我想数学天赋奇佳的选手应该是少数,多数人像我一样资质平平,偶尔凭一点小聪明能尝到学习的甜头,却时常被数学难题劝退。

　　刚踏上"大学"这趟旅程时,我对眼前未知的一切充满了憧憬,有过对优异成绩的渴望,也有过对全面发展的追求。但初入大学的一腔热忱很快被高难度的专业课程消磨殆尽,数学分析试卷上是令人羞涩的分数,高等代数一道题目两个小时解不出来,与人交往时内心充满了自卑与窘迫,丰富多彩的活动中也鲜少出现我的身影。我开始怀疑自己,觉得自己可能不适合学数学,不适合做基础学科的研究。我对自己没有信心,自我要求变得越来越低。大一学年,我的素质测评成绩平平，那时的我以为"平淡"就将是这大学四年的生活基调。

或许是因为心中本有不甘平凡而燃烧的火种，又或许是受幸运之神的眷顾，所遇皆善。大二学年，我成为一名入党积极分子，这份荣耀提醒我必须以身作则，为身边的同学树立榜样。同年，我认识了我的数学建模竞赛队友，一位非常优秀的计算机科学与技术专业的同学，受他的勤奋、自律的影响，我决心做出改变，向他看齐。

真正意识到应该迎头赶上时，已经是大二下学期了。由于基础薄弱，我在学习之后的课程时往往要比其他同学付出更多，不仅要掌握本门学科的知识点，还得不停地补前面的知识漏洞，"事倍功半"也成了必备技能。所幸这些努力慢慢返以正向回馈，在找对学习方法后，我对于数学的学习越来越有信心，也有了更多精力去探索考试之外的内容。

后来我才意识到从一开始就不该给予自己消极的心理暗示，不该给自己设限。关于数学的学习，有的人理解得快一些，有的人理解得慢一些，理解得慢时不应该急着否定自己，而应找到适合自己的方法和步伐，迈过中间那个学习"高原期"，再稳步前进。

厚积薄发，破茧成蝶

2019 年 9 月，在学院崔琪老师的推荐下，我参加了大学生职业生涯规划大赛，度过了一段十分难忘的时光。在这场全方位考验个人综合素质的比赛中，我重新审视自己，在整个备赛过程中逐渐对自我有了一个清晰的定位。从校初赛到市决赛前后共历时两个多月，其间的每一次赛前培训都能带给我新的启迪，每一次完善材料都很考验耐心和细心。拍摄 VCR、编排情景剧，每一项新技能对我来说既是挑战也是突破。记得在参赛的那段日子里，专业课任务繁重，我又赶上发展成为预备党员的关键时期，每天都有排不完的任务、一个接一个的 deadline，甚至连续两周每天只能睡五个小时，没有周末、没有课间。但在这期间我却没有落下过一节专业课。

回首这段经历，我内心充满了感恩。这与其说是一场比赛，不如说是一次认识自我的学习经历，我因此明晰了自己未来的努力方向，更在比赛中收获了难能可贵的友谊。

2020 年新年伊始，一场前所未有的新冠肺炎疫情席卷全球，我们被迫居家学习。"云端课堂"对于每个人的自律、自觉都是一大考验。除了认真学好大三下学期的几门课程,我还需要考虑毕业后的去向问题。我明白以自己当前的能力,比起步入社会、参加工作,继续读研会是更好的选择。但由于前两年成绩平平,即便后来迎头赶上,也不一定能获得保研的资格。于是我开始做考研、保研的两手准备,一边复习考研知识点,一边准备高校夏令营。这样的决定无疑会带来很大困难和压力,但对当时的我来说,这是唯一的选择,我只能坚持下去。

2020 年 9 月,我顺利获得保研资格,被推免至上海财经大学攻读硕士研究生。12 月,我有幸获得国家奖学金,为我的大三学年画上了圆满的句号。

迎风而上,行之未晚

升学方向确定下来后,我没有尽情享受保研后的惬意生活,而是把大四看作一个新的起点,重新出发,去收获更多宝贵的经历。

大四这一年,我担任了数学青年媒体中心的总负责人,这是我在媒体中心的第四年。媒体中心带给我的远不止媒体运营本身。最初我是带着兴趣进入这个组织的,再后来心中更多的是责任,到现在是一种难以割舍的情愫。四年里,我和媒体中心共同见证了彼此的成长,它从一个年轻的组织慢慢变得功能齐全、体系完备,我也在这里找到了自己的归属感、被打磨得更立体。同时,我有幸担任了 2020 级新生辅导员助理。和大一的学弟学妹在一起时,有时候会在他们身上看到自己的影子。作为一个亲历者,我明白这段旅程刚开始时的艰难,所以总想尽自己所能帮助他们少走弯路,希望自己的某些遗憾不再成为大一同学的遗憾。成为一名正式党员后,我担任了数学科学学院本科生党支部的宣传委员,在支部内,我积极开展各项工作,带头打造支部的品牌建设方案,充分发挥党员的先锋模范作用。

2020 年 10 月,在"读懂中国"活动中,我采访了国际著名的微分方程振动性理论研究专家、老党员张炳根教授。张老是新中国伟大建设工程全程的见证者,他用一生的勤奋努力追求卓越,致力于扩大中国数学界的世界影响力,几十年如一日坚持慈善事业,用实际行动践行着一名党员的初心和使命。这对我们后辈来说是莫大的鼓舞。针对张老的事迹,我撰写了征文《心怀大爱行致远,纳得百川归海来》。后来,这篇征文被评为 2020 年"读懂中国"活动最佳征文,我在 2021 年 4 月受邀赴中国教育电视台参加"读懂中国"优秀作品展播节目录制,现场讲述张炳根教授的感人事迹。在 2021 年的"党史故事百校讲述"活动中,我担任"中国海洋大学赫崇本的故事"主讲人,追本溯源,探寻赫崇本先生不凡的生平故事,展现中国海洋大学"海之子"的青春风采。

中国海大的开放和包容,塑造了我健康积极的人格,让我学会勇敢和坚守心中所求,也使我明白"一滴水只有放进大海里才永远不会干涸"。2021 年是中国共产党成立 100 周年,我们应向前辈看齐,牢记百年历史,坚定理想信念,立志为祖国的建设接力传薪。

一路走来,我得到了很多老师、同学的帮助与支持,心中充满感激。特别还想和自己说声"谢谢",是那个曾经迷茫、自卑却不放弃的我成就了今天这个坚定、自信而又勇敢的我。如果你恰好处在迷茫的阶段,又恰好看到我的故事,希望它能带给你一些鼓励和勇气。

离港的笛声已经响起,未来还有很长的路要走。不论未来走得多远、身处何方,我都会铭记"海纳百川,取则行远"的校训,传承中国海大精神,延续行远之风,不负韶华,笃定前行。

脚踏实地，仰望星空

数学科学学院　马　迪

马迪，女，汉族，1995 年 9 月出生，中共党员，计算数学专业 2018 级硕士研究生。曾获 2020 年研究生国家奖学金、中国海洋大学文体和社会活动奖学金；获山东省优秀学生以及校优秀毕业生、优秀研究生干部等荣誉称号。

"一起穿过樱海等待夕阳，把记忆装满青春的行囊。"耳边又响起樱海的旋律，思绪突然回到 2018 年那个盛夏，我拖着行李，带着满腔热爱和欣喜，来到了中国海大的数学院。

青岛的 8 月是凉爽的，风中带着微凉的大海味道，蜂拥而至的梦想伴着 2018 年的夏天，就这样，我的硕士研究生生活的序幕也拉开了。

研究生一入学，我便被推选为研究生班党支部书记。从开始的小心翼翼、害怕出错，到现在能够总结出一套适合支部的工作方法，离不开老师和同学们的帮助。党支部工作培训后，学院负责党建的老师为我们制作了一份工作手册，里面详尽地记录了各个发展过程中用到的材料和注意事项，这也成为我们工作的宝典。老师们定期召开工作会议指导我们的工作，如材料审核注意事项、材料填写节点，力保工作的规范性。在定期的会议和年度述职会议中，支部委员们会交流分享工作经验，在交流和学习中，我受到了很多启发，抓住机会记下适合自己支部情况的方式，在实践中更新工作方式。比如，材料填写时，先填写电子版审核，再进行纸质版的填写，这样既省时，又不会浪费纸张；拍摄情景剧、制作微党课等创新组织生活会形式……

三年的党支部工作让我成长了很多，不仅对工作内容更为熟悉，更在和老师、同学们的相处中体会到人与人之间的美好感情。难以忘记，在害怕出错被批评时，老师笑着说"没关系，下次注意就好"；在遇到困难、觉得工作开展不下去时，老师和同学们给予的坚定的鼓励的眼神；在忙到分身乏术之时，同学们的一句"我来帮你"。于是又想到那句话，一个人只要是友好的，那他也会被善意包围。也正是因为被善意拥抱着，才更想多做一些，去回应这些帮助。

奋斗是青春最亮丽的底色，党支部工作之外，科研占据了我研究生生活大部分的时间。

我的导师刘老师是个认真严谨的人，她对我们要求很严格。研究生一年级有门课程的作业是提交论文报告，记得当时我们在论文写作的格式和措辞上略显稚嫩，于是刘老师专门为我们讲解了论文写作的规范和格式，在我修改好了论文拿给她看时，刘老师还是不满意，于是叫着我去办公室，一字一字地指导我改论文，甚至是标点符号，老师也会带着我推敲很久。这种精益求精的态度深刻影响了我。刘老师常说："科研，一定要认真，哪怕是标点符号和格式。"老师常给我们很多与课题相关的论文让我们研读，还带着我们一起去旁听高年级的课程，开拓我们的思维。就像老师说的，一篇论文的完成就像是在筑楼，若是没有框架支撑，缺失理论做根基，那么这篇论文必定无法立足。刘老师认真严谨的态度在我心中深深地埋下了一粒种子，日后撰写论文的时候，脑海中总浮现老师伏案的样子，于是也渐渐对自己要求严格了起来。

论文的撰写有时候需要实验支撑，编写程序是需要反复试错的。程序无法运行或者结果不甚满意对我来说是家常便饭，那些焦头烂额的时刻，就像是一只航船迷失了航向。那些日子是难挨的，一边是时间截止的紧迫，另一边是无从下手的焦虑。焦头烂额之时，我常常带着程序向老师和师兄师姐请教，和前辈们讨论，常常一问就是很久，前辈们耐心地给予我指点，并且给我鼓励：不要着急，再试试。经过前辈们的耐心提点，我对于程序的编写有了思路，论文也一点点有了实质性进展。如果说老师为我播种了科研的种子，那么师兄师姐们便为这颗种子播撒了阳光、浇灌了甘甜的水。最终，在各方帮助下，在日夜钻研下，辛劳没有白费，我的论文发表了。论文的发表给了我极大的鼓励，激励着我继续向前，我也在努力中感受到了科研带来的快乐与欣喜。

2020年6月，我通过入校申请，成为第一批返校的学生，返回学校与导师一起研究课题。由于疫情原因，当时班里只有我一个女生返校了，宿舍里也没有几个同学，楼道里空荡荡的，但我的内心觉得很充实。日子在修改论文和与导师的不断探讨中度过。傍晚时分，我和几个返校的同学在操场上吹着风散步，交流着学习和生活上的问题，谈理想。那段日子是幸福的，是属于青春的。写论文之余，我常坐在看台上听国防生同学唱军营里的歌曲，听他们谈自己的抱负，突然觉得，未来好像也不远，似乎踮踮脚就能摸到。在返校的那段日子里，我不但完成了一篇论文的写作，还认识了很多朋友。那段日子让我深刻地认识到，一个敢于逐梦的年轻人是多么耀眼。经过近两个月的努力，很幸运，在导师的指导和同学们的帮助下，2020年10月，我获得了研究生国家奖学金。这份殊荣是一种肯定：青春是需要奋斗的，努力是会看到回报的！

如今三年研究生生活即将画上句点，我又一次站在人生的新起点上，回望过去，深感自己是个幸运的人，成长路上获得了太多人的帮助和提点。有导师指导和帮助打磨论文，有老师们帮忙一遍遍修改申请材料、提供接触国内外数学专家的机会，有学长学姐帮助修改程序、提供学业上的指点，还有家人、同学、朋友在生活和学习上给予事无巨细的帮助……可以说我是在身边的人的包容、鼓励、支持下成长的。在这个过程中，我认识了太多优秀的人，感到自己渺小的同时，我也渐渐意识到，只有脚踏实地，才能在自己的领域发挥专长、获得成长。如今我即将走上工作岗位，三年的研究生时光将成为最美好的珍藏，它教会我迎难而上，告诉我坚持的力量，带给我一往无前的勇气。

不知道此刻的你是不是也曾有坚持不下去的念头，我想说请再坚持一下吧，也许再过一阵子，这些日子都成了回头的风景。那时候我们都会长舒一口气——还好我们没放弃！

道阻且长，未来可期

材料科学与工程学院　冯瑞雪

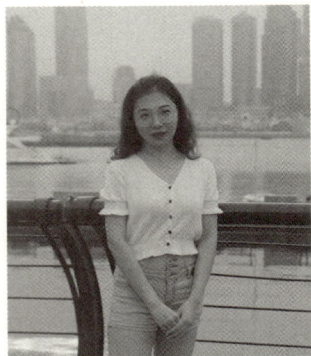

冯瑞雪，女，汉族，1998年1月出生，中共党员，材料化学专业2016级本科生。曾获国家奖学金、学习优秀一等奖学金、社会实践奖学金、科技创新奖学金、獐子岛百佳优秀学生奖学金；获青岛市大中专学生志愿者暑期"三下乡"实践活动优秀学生以及校优秀学生干部、优秀学生、优秀团员、优秀毕业生等荣誉称号。

我们每个人都渴望成功，那么我们就应该在梦想起步的时候，用自己的无悔付出，去浇灌那刚刚萌芽的种子。

学会尝试，学会坚持

红瓦绿树，碧海蓝天，青岛这座充满活力的海滨城市，给了人们最美好的幻想。

"海纳百川，取则行远"，中国海大，这个低调而不凡的"双一流"名校，为莘莘学子提供了无限机遇与可能。

《礼记·大学》说："大学之道，在明明德，在亲民，在止于至善。"正如人们说的那样，大学是一种特立独行的思想，一种深远巨大的影响，一种兼容并收的氛围，一种穿行时空的光芒，一种刻骨铭心的境界，一种运行人生的潜力……大学是一个精神的理想园，在大学里，我们每个人都能够实现自由发展，慢慢成熟长大，褪去青涩，增长见识，提升内涵，成为更好的自己。

我在大学里学到的第一课是尝试。初到大学，周围的一切事物都充满新鲜感，充满吸引力，却又让我有些望而却步。

　　学生会要纳新了，我不会唱歌跳舞，不会摄影写稿，那我能加入吗？迎新晚会要招主持人了，我没有经验，那我有机会吗？课程节奏有点快，内容有点难，那我能学好吗？

　　既然一切结果都是未知的，为何不给自己一个机会去试试呢？我没有什么才艺，但我有做事踏实认真的优点；我没有主持经验，不过凡事都有第一次，我可以多加练习；大学课程固然有难度，但我相信只要找到了适合自己的学习方法，就可以很好地应对。

　　那就试试吧！我迈出了第一步，又稳稳地迈出了下一步，然后一步步愈发坚定地走了下去。后来的我，在院学生会度过了收获满满的三年时光，成为学院晚会常常出现的面孔，拿到了保研名额。

　　回首过往，我逐渐懂得，面对新鲜美好的事物时，不要犹豫，不要怀疑自己的能力，勇敢地迈出第一步，试试看。至于未来会怎么样，要用力走下去才知道。

沉淀升华，追求更好

　　入学后，经过一段时间的学习，我发现自己对所学的材料知识很感兴趣。工业要发展，材料是基础，每一项崭新技术的实现都离不开高性能材料的支持。材料，这是一个充满机遇与挑战的领域，是一个需要攻坚克难、奋战一线的领域。而我，希望迎接挑战，希望做有意义、有价值的事，希望自己能够成为一名优秀的材料人，能够在科研道路上奉献自己的光和热。在明确自己的发展定位后，我下定决心要更加认真地学好材料类的专业知识。

　　大学的学习，仅仅依靠课上听讲是远远不够的，想要做到更好，就要付出更多的努力。面对有疑惑的问题，不管是阅读相关专业书籍和文献，还是与授课老师和同学进行讨教和交流，我一定要弄个明白。面对很多同学觉得可以"划水"的课堂 PPT 展示，我每一次都会认真对待，无论是内容还是形式，都追求极致。

　　我经常会被身边同学问"你是不是有强迫症呀"，也许是吧，不尽全力把事情做到自己满意的结果，心里总是不安。

　　学习之余，秉承着"料要成材，材要成器，器要可用"的观念，我在大二上学期参与了国家级大学生创新创业训练计划，项目名称为"核壳型载银铁铈材料的碳烟催化氧化性能及抗老化能力考察",现已结题,获评优秀。在此期间,我深刻地意识到,要想继续在材料领域走下去,科学研究能力是极其重要的,然而自己在这一方面还很缺乏,还需要更多的锻炼。于是,我积极联系指导老师同期开展另一项目的研究。期间我充分利用课余时间和暑期时间进行实验,虚心向师兄师姐请教学习。功夫不负有心人,最终我以第三作者在 SCI 一区 TOP 期刊 *Applied Catalysis B：Environmental* 上发表研究论文 1 篇。

三年的努力付出,让我不仅提升了自己的专业素质,也大大提高了自主学习能力,连续三年获得学习优秀一等奖学金,最终推免至中国科学院理化技术研究所读研深造。我始终相信,越努力,越幸运。而所谓幸运,不过是当你准备好了的时候,机会来了。

全面发展,逐梦扬帆

作为一名大学生,学习是我非常重要的事情,但却不是唯一重要的事情。我要做的,是实现全面发展,提高内在素质,获得真正的成长。

我在大一加入院学生会成为一名小干事,大二竞选成为学术部部长,大三成为副主席,这一路看起来似乎很顺畅,但过程中我也曾有过犹豫,有过要放弃的念头。每次当自己因为负责组织活动而熬夜加班时,我心里常常会想,如果没有这些事情,我是不是可以像身边许多同学一样,拥有更多属于自己的时间?是不是可以多学习一会儿,多去几次实验室,多和朋友出去玩一玩。大二下学期,到了决定去留的时候,我认真考虑了很久。留下?大三是学业的关键时期,学习任务和科研任务都很重;离开?还真有点不舍,两年的相处与陪伴让我对学生会有着很深的感情,虽说工作忙碌,但忙碌过后满满的收获感却弥足珍贵。决定就在一瞬间,既然我还热爱着这个大家庭,那就没有什么理由选择放弃,我的心中仍有期许,仍有责任。至于时间问题,我想忙碌早已成为我的生活常态,如果真让自己闲下来,生活反而感觉少了点什么。

三年的学生会经历让我得到了快速成长,提高了综合素质,收获了自信,还结交了一群志同道合的朋友。而原本以为可能会被自己搞砸的大三,到头来却是过得最充实、收获最多的一年,工作顺利完成,成绩和科研也都没有落下。"青春虚度无所成,白首衔悲亦何及。"不给自己一点压力,怎会知道自己有多大的潜力!

  结束了学生会工作之后，我并没有停下自己的脚步，而是一直向着德才兼备、全面发展的目标继续前进。无论是积极报名参加暑期支教等志愿服务活动，还是担任所在党支部组织委员承担工作职责，我都乐在其中。因为这时候的我，已经更加明白了什么是责任与担当，什么是服务与奉献。这时候的路，也已经越走越宽，越走越远。

  回首大学四年，我很庆幸自己没有虚度。一路走来，我没有过于在乎得失，没有计较每一份付出是否都能换来回报，但求做到不愧对自己的内心，不辜负时间的馈赠。如今看来，是这份平凡而又坚定的信念帮助我度过了美好而充实的大学四年。鲁迅先生说，青年"所多的是生力，遇见深林，可以辟成平地的，遇见旷野，可以栽种树木的，遇见沙漠，可以开掘井泉的"。我会一步步坚定地走下去，始终坚守自己的初心，既然选择了远方，便只顾风雨兼程！

求学求知志不渝，
不负韶华不负己

材料科学与工程学院　赵广志

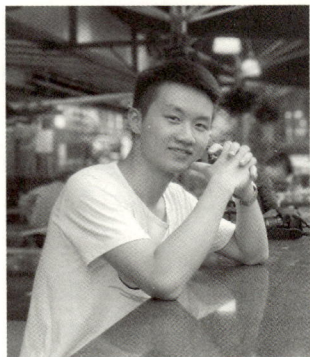

　　赵广志，男，汉族，高分子材料与工程专业 2016 级本科生。曾获国家励志奖学金、国家奖学金、中国银行"自强大学生"奖学金、学习优秀一等奖学金，第四届全国大学生材料设计邀请赛三等奖；获校优秀学生、优秀团员、优秀毕业生等荣誉称号。

　　"我还是从前那个少年，没有一丝丝改变……"坐在电脑前凝视着屏幕，悦耳的歌声将我的思绪带回到 2016 年 8 月。我清楚地记得，在那个炎热的夏季，一名普通的少年穿越千里一路北上，来到了一直憧憬着的海滨城市青岛，成为一名中国海大学子，开启了求学求知之路。而今天，这名少年即将辞别母校，去放飞理想的首都北京，继续新的故事。

红专并进，理实交融

　　作为初到校园的"OUCer"，我和每位新生一样，对大学生活充满了期待、好奇与向往。"生于忧患，死于安乐"，我希望自己不当"废柴"，不虚度青春，不断在挑战中成长。在学院的辩论队中，我结识了一帮志同道合的朋友，享受思想与思想的碰撞，享受拿到校辩论赛亚军的喜悦。四年辩论队的历练，让原本怯于表达的我，变得思维活跃，勇于表现；在国旗中队的一年让之前遗憾青春缺失军旅生活的我体验了一番身着军装护卫国旗的荣誉感和责任感；在学院忙碌于学生工作的四年让之前不谙世事的我学到了许多人际交往的实用原则。正如那句话所说，你读过的书、走过的路，最终都会成为身体和思想的一部分；所有的经历，不管好的坏的、对的错的，都会成为宝贵的人生财富。

自强不息，厚德载物

《易经》中要求君子刚毅坚卓，奋发图强，增厚美德，容载万物。我一直赞同这样的观点。尤其是作为青年大学生，我们正处于人生中最美好的年华，但青春稍纵即逝，若没有好好珍惜将会抱憾终身。也许是还保留有一些高中时期的上进心和专注力，又或许是看了不少公众号推送的鸡汤文，大学期间我一直把大部分时间留给学习。当然，我也拿出不少空闲时间去丰富自己的生活，拓宽眼界的同时，也开发自己的其他潜能。而科研便是最常见的"课外活动"。

作为一名工科生，实验室便是第二个宿舍。我自大二起进入实验室，所参与的三项科研项目愈发让我觉得科研是一项充满乐趣的工作。科研过程中有时会感觉到些许疲惫，但在获得了满意的产物、得到理想的数据后便只剩下了快乐与欣喜。写论文的过程可能有些烦琐，但在修改完毕并发表后，剩下的是满满的成就感。记得在从事国家级大学生创新训练项目的过程中，我曾连续一个月，在白天几乎满课的情况下每天晚上准时出现在实验室。有人问过我为什么做这些事可以克服各种阻力和困难，我想应该是把科研当作一种爱好吧。并且，当我遇到困难抑或是由于一些原因有点懈怠之时，我往往会给自己积极的心理暗示，超强的自我修复能力让我免去了很多的烦恼。

海纳百川，取则行远

中国海大的校训教导我们应虚怀若谷，容纳各种学术思想，既能够遵循科学规律，又能够眼界高远并且脚踏实地。我十分清晰地记得，在听"海洋工程材料"这门课程时，老师告诉我们，也许若干年以后，你们会忘记课堂上的知识，也许会忘了老师叫什么，甚至会忘记这门课程叫什么，但老师所教授的学习态度和学习方法会让大家受益终身。随着年龄和知识的增长我越发认同这一观点。想想初、高中的课本知识，很多已经变得模糊，甚至本科阶段的很多课程已经开始遗忘，但这并不会妨碍我们继续前进、继续创造奇迹。授人以鱼不如授人以渔，在中国海大学习了四年，遇到过太多优秀的老师，他们以自己丰富的知识和独特的人格魅力深深影响着我，让我知道如何在知识的海洋中汲取养分，如何在学术领域开展自己的工作。或许我真的会忘记课堂上的知识，但是学习方法和科研思路会一直陪伴着我。

　　2018 年秋季学期,我到北京科技大学交流学习一学期,这个学期如同当初刚刚入学时那般新奇,与之不同的是,思考问题比那时多了几分深度。在交流学习期间,一位思政课老师在课堂上完美地诠释了什么叫作"腹有诗书气自华",给我留下了极其深刻的印象。她的课堂几乎无人缺席,亦无人做与课堂无关的事,因为她在课堂里穿插大量的历史事件和名人事迹,并且总是能"随口"举出基本相关的著作书籍。和老师交流的时候,她告诉我在大学阶段不光要实现一些看得到的"高度",还要丰富自己的"厚度",美好的事物往往需要一定厚度的积淀才显得完美。听完这位老师的课,我发现自己在人文社科方面的知识储备显得过于苍白。于是乎我开始安排时间到图书馆阅读相关书籍,也成了平淡的科研生活之外又一项乐趣。

　　生活中的乐趣往往来自努力后取得的成就。我做辅导员助理时,在老师的指导下,联合学院多位同学一起组织了学院第一届材料知识竞赛。知识竞赛的前期准备工作量比较大,我与大家一起组建了自己的题库,并设置了相关竞赛规则和环节内容,现在这一活动已经成为深受学弟学妹们喜爱的富有专业特色的活动。而我最开心的时候就是在看到竞赛举办时,学弟学妹们踊跃竞答的场面,竞赛举办后,学弟学妹们拿到奖项时脸上开心的笑容。大二暑期,我与来自不同学院的四名同学赴新加坡开展调研并交流学习。因为机会难得,我们的行程安排得满满当当,队员们常常在结束一个地点的活动赶往下一个地点的路途中疲倦地睡去。天气炎热又潮湿,加上蚊虫的叮咬让人苦不堪言。但相比之下,当地的风土人情与增长的见识更让我感到激动,完成调研任务回国后撰写的总结报告获得好评更令我感到满足。

流年笑掷,未来可期

　　"可时光啊不听话,总催着人长大……"耳边传来的歌声,我看了看眼前的时间,距离毕业只剩下一个多月的时间。这四年让那个少年发生了质的蜕变。人生有着多样的选择,我很庆幸自己有机会可以继续在求知的道路上继续前进。由于疫情的影响,今年的毕业生或许会错过毕业典礼,因而不免有些遗憾。很多事情总是充满变数,而人生最大的乐趣恰恰就在于不确定性。未来的不可预知让生活充满激情与挑战,也让我们更加期待明天。

　　愿我们都能在未来遇见更好的自己,不负好时光。

突破幻想,迎难而上

材料科学与工程学院　刘　虎

刘虎,男,汉族,1999年1月出生,中共党员,材料科学与工程专业2017级本科生。曾获国家奖学金、国家励志奖学金及全国大学生数学建模竞赛二等奖;获校优秀学生、优秀毕业生等荣誉称号。

流光易逝,岁月无归。恍惚间已在青岛度过四载春秋,回想起往昔经历,犹历历在目。或许待到下一个9月,又是一批眼中满含期待的学生自五湖四海奔赴而来,用自己的方式讲述着自己的故事,心中满是骄傲与欢喜。

一时冲动,立下狂言

2017年8月,我与众多学子共同来到了美丽的青岛,开启了我们的大学生活。初来此地,深感陌生,对自己的未来也有诸多迷茫之处,不知自己将来会变成什么样子。农村出身的我,更是发现这里的同学都身怀绝技,每个人都散发着不可遮掩的光辉,我亦想成为他们那般闪耀,却只能暗自叹息自己技艺匮乏,除了学习几乎身无长技。想要改变这个状态,就必须拿出实际行动,很快我就为自己制订了大学计划,严格督促自己完成各项任务。改变的初期总是存在诸多困扰,但只要耐住性子,还是可以控制住自己的。于是,那一年,我第一次开始接触演讲,第一次尝试各种运动器材,第一次敢于走向人群中央,开始广泛阅览书籍,四处云游景点,与众多优秀学生一起讨论,不断开阔视野,增长见闻。也是在那一年,我第一次体会到了大学生活的美好。

如果我的大学生活继续这样发展下去,那我或许会过得比现在舒适,但没有如果，就算再给我一次机会，我还是会做出同样的选择。记得2018年的6月，大四优秀毕业生在学院会议室里做了一个经验分享，会议室里的同学从大一到大三都有，大家都来向优秀学生请教经验，我也在现场。有一位学长令我印象深刻，他说当你选择自己感兴趣的方向时，你将会有无穷的力量，成功只是时间问题，因为你找到了真正的自我，而这正是大学的意义。确实如此，要学会找到内心真实的想法，提升个人能力，为梦想保驾护航，这样才不会有任何遗憾。他最后选择的道路是去研究所进行深造，如他所说，科研带给了他无限的乐趣和动力，这正是他所要寻找的。那我想要的是什么呢？我时常在想，自己这一年来似乎天天在进步，又似乎在原地踏步，对待自己的未来依旧迷茫得很。我开始进行反思，畅想自己的未来，甚至有时候还会翻阅高中到大学的日记，看看曾经的梦想。

后来，我明白了，我的路没有走错，只是走得太慢，从始至终，我都想要让自己做科研，时常幻想自己有一天披上实验服，成为一个为国为民的科学家，起初选择材料的研究缘由亦是如此。但比起在实验室里奋力创新实验，我更希望自己去做理论研究，去探求材料的基本原理，但这条路走起来太难了，它需要一定的数学和物理基础，还要有扎实的材料专业课知识。而要同时具备这些，对于一个本科期间只学习五六门数学、物理课程的我而言谈何容易。于是，2018年暑假，我做出了大学四年最"不可思议"的决定——我要辅修数学，把自己的理论推导空白给填补上。现在回想起来，真觉得那时候的自己是"初生牛犊不怕虎"，完全没考虑到等待自己的会是什么。光是那多出来的几千块钱的学费以及二十门课程就已经超出了我的预想，何况我这等于是从头开始学习数学专业课，更是累人，但我不后悔，不光如此，我还要迎难而上，实现自己的"幻想"。

草船借箭，矢志前行

不要去埋怨经历的挫折和苦难，那些都是用草船借来的"箭"，等到东风吹至，便可扶摇而上。自2018年秋季学期开始正式辅修数学与应用数学专业课后，我几乎每个学期的学分都在30分以上，从早上八点到晚上九点一直在教学区学习，再加上各种班干部工作上的事情，总是会熬夜蛮干。虽然自己总是叫苦不迭，还开玩笑说要一走了之，学不下去了，但生活终归是生活，总能在只言片语中得到慰藉，平凡的生活也因为坚定的意志而变得生动有趣。我偏爱早上七点五子顶处那云破日晓的风光，执迷于东区操场挥洒汗水的运动，沉醉于图书馆斜阳微落的黄昏，也偶尔为自己解出数学难题而感到激动。至今仍然为自己在大二那年的校级数学竞赛专业组里拔得头筹而惊喜万分，看到结果的那一天，准确来说是那一个月，我整个人都飘了起来，忘乎所以。

说起来，这三年辅修经历是长途漫步，教会了我如何有效调配时间，提升学习能力，也让我在一次又一次的失败中磨炼了意志。感谢曾经与我一同前行的朋友，作为一个极普通的学生，能有诸君的鼓励实乃吾之所幸。我有幸曾与戴同学和彭同学一起参加 2019 年的全国大学生数学建模竞赛。在这次比赛之前，我们已经参加了一次校级数学建模竞赛，并没有取得较好的结果，但这次结果让我们格外惊喜，仿佛三个月的努力在那一刻得到了回报，让我们在未来的道路更加坚定自己的步伐。我们因为一次竞赛而相聚于此，都对自己的目标有清晰明确的规划，未来我们会继续努力，奔赴那远方的田野。

回归平静，圆满收场

当时间来到大四上学期，所有的事情都几乎圆满结束，我在材料专业的成绩也名列前茅，我如愿以偿地保研至中国科学院长春应用化学研究所的高分子物理专业深造，研究课题正是我想要的材料理论模拟，整个大学时光好似也开始了倒计时，在诉说故事的结尾。我对大学生活没有遗憾了，因为我已经按照自己的意愿去争取一切，能够如此酣畅淋漓地去奋斗拼搏，倒真还是第一次。时至今日，我仍然为自己大一的"幻想"而感到庆幸，更骄傲于自己把这个"幻想"变成了现实。我想对各位同学说，我们的大学生活非常珍贵，它记载了我们的青春，让我们有勇气敢于拼搏争取，并不是因为有了希望才走下去，而是因为走下去才会有希望。如果你还在对自己的大学生活感到迷茫，不妨静下心来想清楚自己的目标，大胆去争取。正如古罗马哲学家塞涅卡所说，我们何必为了生命的某个片段而哭泣，我们整个人生都催人泪下。何苦纠结于当下，前方未定，更应策马奔腾。

海大印记

材料科学与工程学院　王冠程

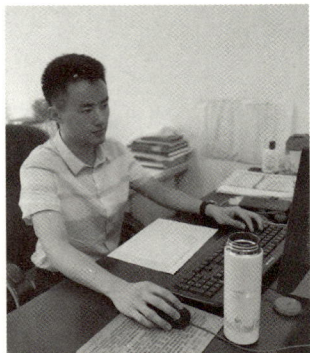

　　王冠程，男，汉族，1995 年 11 月出生，中共党员，材料工程专业 2017 级硕士研究生。曾获国家奖学金、东升研究生奖学金、校一等奖学金；获山东省优秀学生、山东省优秀毕业生以及校优秀研究生、优秀研究生干部等荣誉称号。

　　毕业的时间是 2020 年的 7 月，天气闷热，山海间的风也停止了脚步，日夜盼望开学的我迎来了不到一周的返校时间。记得那几天行程很满，好像要把三年来的时光全部塞进这一周不到的时间格子里。恍惚间我才明白，从毕业的遥遥无期到转瞬即逝，仅需三个冬夏，好在，最美的时光留在了海大；好在，最深的印记来自海大。

印记，在路上

　　工作后的一个晚上，连续加班数日后，我终于有了喘口气的机会，来自心底的声音敦促着我脚步迈向中国海大，在学校周围散步时看到背着书包从图书馆、自习室赶回寝室的同学们，不禁回忆起自己考研的那段时光。大三开学时我便树立了读研的目标，没有选择的纠结和踌躇，只有对中国海大的坚定向往。心不唤物，物不至。愿望是种子，是一切的开始。非比寻常的心愿，才能催生出行动的力量，才能打破所谓的"常识"。备考期间，我总是披着朝阳、踏着星光奔波在学习的路上，期待自己可以顺利通过，晚上做的梦都是沐浴着山海间的风在海大的教室里学习。从早到晚的高强度、跨专业的学习让我苦不堪言，但从未想过撤退，支撑我前行的动力，一个是信念，另一个便是海大印记。每晚自习结束后,穿过熙熙攘攘的人群,一个人安静地走在路上,听着海大的广播,有校园故事,有天气变化的提示,还有考试周的督促,这些声音强烈吸引着我,短短一分钟的印记陪伴着我走过了一年的备考之路,温柔且有力量。

印记,在手中

入学后的第一件事就是拜师,非常幸运能够拜在陈同来老师的门下,不久便在导师的指导下开始了研究。我的课题方向是石墨烯的制备与应用,在确定课题一年后便以第一作者的身份发表了一篇 SCI 论文。文章发表后第一件想确认的便是 Ocean University of China 的通信地址和作者姓名,我记得那天开心了很久。写文章的同时,我也发表了一项发明专利,一种高比表面积石墨烯海底沉积层微生物燃料电池电极,CN 110867589A,我毕业后的工作也和专利有关。在学校做科研的同时,我也多次前往中国科学院苏州纳米所开展石墨烯二维膜制备技术的合作研究,其间感受到了中科院的浓厚科研氛围,着实大开眼界。为进一步响应国家的"十三五"规划,深化产学研协同创新,在王昕院长的支持和导师的带领下,我们与华高墨烯科技股份有限公司开展了科研合作交流,同时协助导师研究了石墨烯材料层数表征工作的国家标准制定事项。

2018 年 8 月的青岛湿度大、温度高,经当时的学院团委书记赵炜老师的推荐,在这个特殊的 8 月我迎来了最长行程的社会实践:作为学生骨干前往云南省昆明市开展扶贫调研。昆明团市委给我们海大 7 人团队安排了一个"浑水摸鱼"的特色农业体验活动,场地定在寻甸县一位农民伯伯自家的水田里。在此之前,我对水田印象只停留在纪录片和新闻的航拍中,虽然脑补过了画面,但是看到现实生活中水田的辽阔后,我还是感到无比震撼,远处青山环绕,身前稻穗青葱。

在工作人员的指引下,我们沿着泥泞的田埂,一步步深入水中,直到水没过大腿,地势才逐渐平坦,"摸鱼"的路上踩倒了不少水稻,大伯一边看我们"丑态百出"开心地笑,一边看着倾倒的水稻感到心疼,他在我们身后将踩倒的水稻一一扶正,这时我才真正意识到这片郁郁葱葱的水稻不仅是农民伯伯的收入来源,更是我们粮食供应的保障。随后大家一同修复"现场",将踩倒的水稻还原。通过活动,我们深刻意识到了脱贫攻坚任务的重要性,连夜研读当地的政策,阅读大量的参考文献,只为给当地的脱贫攻坚事业贡献自己的力量。最终,我们一同提出了"特色休闲农业"的脱贫方案,得到了当地党委、政府的认可。与工作人员合影时,我紧紧握住中国海大的校旗,我感到了校旗的重量,这份重量是责任,是坚守,是中国海洋大学对谋海济国的情怀担当。

印记,在心底

青春梦想不是轻舞飞扬,而是屹立不倒的责任担当。在抗击新冠肺炎疫情期间,中国海大师生毅然决然地投身到抗击疫情的战场上,奉献出属于自己的青春力量。作为海大学子,我深知肩负的社会责任,志愿加入了疫情防控队伍,主动协助政府督导企业复工复产,在凛冽的寒风中保障复工人员的健康安全。

毕业后我选择留在了红瓦绿树、碧海蓝天的青岛,在青岛市市场监督管理局(青岛市知识产权局)工作。入职后接到的最具挑战性的工作是承担机关的文化建设,从策划、设计、询价到施工、装修,每个环节都是从零开始,经常熬夜加班修改方案。文化建设中最为出彩的部分是"读书新天地",接触到这个词的瞬间想到的便是海大的树下空间,经过不断地向领导宣传树下空间的设计理念,我成功地获得了组团前往海大学习的机会。在学习过程中,我一反平日沉稳的形象,向同事兴奋地介绍海大的一草一木,学习过后,树下空间的设计理念也被成功地借鉴到机关文化建设当中。

在机关工作,我主要是和文字打交道,没承想这些在担任班长和学院研究生会副主席期间做的"副业"反而成了"主业",修图、做PPT、做视频,这些在海大读书期间所习得的技能无不助力着我现在的工作,凭借着这些本领,我成功晋升为市局办公室"90后"主力军,能够独立承担起部分重要任务。海大的每一个元素都已深深地烙在我的心底,以至于从完成的每个作品中都能找到海大的印记,随着工作要求的变化,这些印记可能会逐渐淡化,但它将永远烙在我心底。

感恩海大给予我的一切,一路经历,一路成长,未来,我将肩负使命,勇往直前。愿母校的明天更加灿烂!

勤能补拙是良训

材料科学与工程学院　朱景伟

朱景伟，男，汉族，1995年7月出生，中共预备党员，材料工程专业2018级硕士研究生。曾获研究生国家奖学金、学习奖学金、学术（实践）创新奖学金；获山东省研究生优秀成果奖二等奖、山东省第七届大学生科技创新大赛三等奖（校赛第一名）、校"五四青年奖"等；获校优秀研究生、研究生年度人物等荣誉称号。

我是朱景伟，期盼自己的人生如精卫填海一般执着，如泾渭分明一般严谨，不忘初心，方得始终。在科研的星辰大海旁，我愿像苦行僧一样，脚踏实地，不畏艰苦，不怕挫折，勇于挑战，一步一个脚印，坚定地走下去！

咬定青山不放松，立根原在破岩中

犹记得三年前考研的时候，有人说我考不上研究生，也更读不了，我不信！经过坚持学习，我有幸在中国海洋大学开始了我的硕士研究生生活。其实很少有人知道，从决定要考研的那一刻起，我便暗下决心，我一定要继续攻读博士研究生，也正是这个信念在硕士研究生三年一千多个日日夜夜中始终激励着我更加刻苦一些、更加坚定一些，而对科研的兴趣和热爱则让我在面对自我怀疑和挫折、困难和失败的时候，从未想过放弃！

在硕士研究生伊始，我才真正意识到自己的实验基础和科研习惯是多么的差，思考自己是否适合读研究生，但我不会放弃！实验基础差，我在入学后的第一个周便进入了实验室，跟在师兄师姐后面学习最基本的实验操作和科研技能,向他们请教一个又一个现在想起来都觉得有些幼稚的问题。动手能力弱,我便多做多练,当大多数同学一天只做 8 组电池的时候,我坚持每天做 20 组电池,但即便这样,我的研究课题依然没有太大的进展。后来我才意识到有时一味地埋头苦干并不一定会获得相应的结果,我们还要进行更多的思考和交流,在科研工作中更是如此。于是我便开始了白天努力做实验、晚上大量读文献这样单调而充实的生活。其间,遇到科研问题我会积极向老师、师兄师姐请教,并抓住参加线上、线下学术研讨会议的机会,去了解更优秀的人或者课题组是如何进行科研的。哪怕做到了这些,实验还是经常会失败,我也曾气馁,但从未想过放弃。三年来,基本上在晚上 12 点之前我没有上床休息过,更不会刷剧、打游戏;凌晨 2 点睡觉,早上 8 点之前到达实验室早已成为习惯。伴随着多做、多看、多想,我的实验综合技能有了很大的提升。

研一上学期的科研经历对我的影响特别大,因为当时我亲眼见证了段加龙师兄是怎样利用吃饭的空余时间看文献的,也看见过赵媛媛师姐是怎样认真严谨地做实验的,更和上一级师兄师姐一起经历了从寻找课题思路到实验成功的整个过程,是他们一直在感染、激励着我成为一个更加勤奋、优秀的人!

山重水复疑无路,柳暗花明又一村

付出不一定有收获,但不付出注定不会有收获!在导师的指导和同学们的帮助下,经过不断研究和探索后,我终于在科研上取得了一定的进步。以第一作者身份完成 SCI 一区论文 9 篇,其中三篇已经接收发表(两篇影响因子 IF 大于 10),其余皆处于投递状态;另以参与作者身份发表 SCI 一区论文 8 篇,累计发表 SCI 一区论文 11 篇,申请国家发明专利 4 项(实质性审查阶段),协助导师指导本科生课题数项,以学院答辩第一名的成绩获得了 2020 年研究生国家奖学金,并获得了中国海洋大学研究生学习奖学金和学术(实践)创新奖学金。另外,我积极创新实践,作为负责人于 2020 年 11 月参加了第七届中国海洋大学大学生科技创新比赛,获得了一等奖第一名的好成绩,作为唯一项目代表学校参加省级比赛,获得了山东省第七届大学生科技创新比赛三等奖,同时作为负责人于 2020 年 12 月获得了广东省第十届大学生材料创新大赛二等奖,科研成果也获得了 2020 年山东省研究生优秀成果二等奖以及 2021 年中国海洋大学研究生优秀成果二等奖。在探索科研的同时,我积极参加各种国内学术会议,发表会议论文摘要一篇,并获得了第八届高校材料学科研究生凌峰论坛优秀汇报奖以及第十届高校材料科学与工程学科研究生论坛优秀墙报奖。

在自己获得进步的同时,我还积极帮助同学和师弟师妹一起解决实验中遇到的各种问题,并在"青马工程"训练营上分享了自己的科研经验,希望可以帮助更多的同学。每个人都有自己的科研学习习惯,并不能保证别人的习惯一定会适合自己,但有一点对所有的人都适用,那就是勤奋努力,这是一切的基础。

路漫漫其修远兮,吾将上下而求索

"海纳百川,取则行远",中国海洋大学以淳朴的学风、宽广的胸怀始终感染、影响和激励着我不断进步,砥砺前行。在材料科学与工程学院学习的三年,对我来说是取得巨大进步和成长的三年,甚至是完成蜕变的三年。在获得进步和成长的同时,我也更加深刻地认识到自己的不足以及和优秀同学之间的差距,并且这种认知比之前任何一个阶段都更真实、更强烈。出于对科研的热爱以及心中一直所坚定的信念,我将继续攻读博士研究生,今后的科研学习中,也许还会遇到更多、更大的困难和挫折,我会初心不改、刻苦依旧,希望可以取得更大的进步。

回首过去三年的硕士研究生生活,我要感谢学校、学院对我的培养,感谢导师贺本林老师对我的指导与帮助,感谢贺老师在我亟须改变、提高自己又深感手足无措的时候,耐心地指导和帮助我,正是他的鼓励和信任,才没有让我心中的那颗科研小火苗熄灭,反而在慢慢地燃烧、扩大,亦师亦友的他一直在引导、影响着我成为一个更加自律、优秀的人!感谢410新能源与纳米器件大家庭所有成员无私的帮助,没有你们,就没有我今天的进步和成长。

我的本科来自一个大家都不熟知的院校,这始终鞭策着我更加勤奋努力。今天,我想用我的经历告诉所有的"海之子":恢宏志士之气,不宜妄自菲薄;哪怕别人都不看好你,只要你不曾放弃自己,坚持努力,就一定会有意想不到的成长和收获。

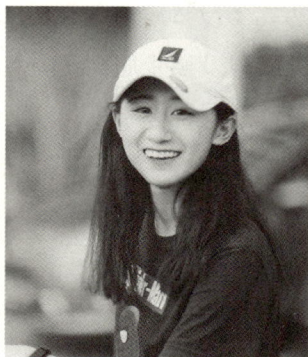

砥砺航行，初心使然

基础教学中心　胡枫仪

　　胡枫仪，女，汉族，1997 年 9 月出生，运动训练专业 2016 级本科生。曾获国家奖学金、学习优秀一等奖学金、社会实践奖学金及中国大学生帆船锦标赛第三名；获校优秀学生、优秀团员、优秀毕业生等荣誉称号。

　　海上的帆船，劈波斩浪，在万里波涛中前进。也正是海洋与帆船，令我与中国海洋大学结缘。2016 年的夏天，我以体育系帆船专项新生的身份站在中国海洋大学的校门口，拍照留下了在中国海大第一份回忆。时光飞逝犹如白驹过隙，2020 年的 4 月，即将毕业的我，在电脑前整理着自己的论文，为在本科阶段画上圆满的句号而努力着。将近四年时间，悲欢离合、成败荣辱、点点滴滴，一切的一切就像刚冲洗却未剪辑的照片一样浮现在我的眼前。

学生水手，互通互联

　　踏入校园的第一天，我和众多新生一样，带着初来乍到的懵懂，同时也对未来四年的生活充满期待。"航行于海上是专业运动员，背上书包就是新时代大学生"，从曾经的航海运动生活过渡到大学生活的我，以此要求自己，想改变大家对"体育生"的偏见。作为在校大学生，我希望通过专业知识的学习，能够更好地探索体育领域，探索帆船运动。在课堂上我紧跟老师的思路，学习体育人体科学、体育人文社会学等专业领域的课程，课前预习和课后复习帮助我理解每一个知识点，为往后的学习打下坚实的基础。除了对知识的领悟，我也不断精进自己的思维方式。将知识与曾经的运动经历联系起来思考，学着从专业的角度分析问题。所谓"笨鸟先飞"，在课余时间，我尝试从多个领域努力丰富自己的能力，确定方向和学习的小目标。从英语四六级考试和计算机二级考试的通过到获得国家奖学金，一次次的争取，让我明白了只要不断挑战，不断突破自己，认真做事，总会有拨开乌云见太阳的那一刻。这个道理不仅适用于体育运动，文化课程的学习亦是如此。

说到运动，学习帆船专项的我是中国海大帆船队的一员，这也是我初入海大时的第二角色。大学生的帆船赛事以参与团体大帆船项目为主，在海上和队友们协同驾驶大帆船，对于一直从事单人帆船项目的我来说，不仅仅是赛船形态的改变，还增加了人与人的配合，是一种全新的体验。由于是团体项目，除队伍需要不断训练外，还需要在大赛中进行实战磨合，我和队友先后代表学校参加了中国大学生帆船锦标赛和青岛市国际大学生帆船赛，在队伍中我的岗位是"战术师"，负责比赛航线的规划，与舵手合作对现场技战术打法及时做出判断。在一轮轮的比赛中，我和队友们在船上各司其职，活用以往经验的同时，也不断接受新的战术与操作方法。近四年的时间，无论是在单人项目比赛还是大帆船团体项目的比赛中，当看到学校的名字在积分榜的前列时，我感到赛场内外的每一次拼搏和努力都有了意义。

是大学生也是运动员，虽然两种生活将日常时间分割，但我通过时间周期的预估和安排，将海、陆两种身份的活动紧密联系在一起，从专业知识到运动实践我都在不断汲取新知识，并将它们互联互通。只要用心经营自己的时间，合理做好每一件事，定会碰撞出不一样的火花！

友谊协作，创新科研

作为海洋类运动专项的学生，我积极参与系里老师主持的帆船科研项目，运用自己的帆船运动经验与研究生学长学姐进行讨论，学习科研方法以及思路。老师与学长学姐的指导激发了我对科研实践的兴趣，逐渐参与了系里老师的实用新型专利开发项目，以及青岛市"帆船进校园"项目研究课题。自己也主动参加学校的寒假社会调查，主持"三下乡"社会调查活动探索淄博的齐文化以及以"滨海体育发展"为主题的国家级大学生创新创业项目并最终获得优秀结题，这些项目贯穿了我的本科生活，不断锻炼我的思维能力以及实践能力。

谈到项目不得不提到我的队友，他们来自不同专业、不同年级，在项目中各司其职。项目取得成果的喜悦，遇到"瓶颈"时的苦恼，我们都一起经历过，能与他们相识是件令人欢喜的事情。他们大多来自我参加的社团，一个我待了三年的地方——中国海洋大学"海之子"。这是学校里历史最悠久的校园媒体，我从一个社员开始做起，学习初级的校园采访、拍摄、文稿撰写以及数据收集，这些工作陆陆续续进行了两年，也正是因为一篇篇文章的发表和推送，一次次数据采集后的整齐表格，采访中接触到的老师和前辈，让我逐渐被媒体工作深深吸引。第三年的时候我作为副站长继续留在这里，和站委一起经营管理。同时，我还在基础教学中心团委协助辅导员老师进行学生工作，接触到助学公益岗的工作，我非常庆幸能为同学们做些事情。通过做各种学生工作，我感受到我是在尽自己的力量帮助同学们，并且增强了沟通能力以及做事情的严谨性。

脚踏实地，不断磨炼

我是一名土生土长于"帆船之都"的青岛青年，同时也是一位体育人。在"全民健身"逐渐成为常态的当下，我深知自己有责任向更多人分享体育知识、推广帆船文化，我深知"航行于深蓝"、乘风破浪的魅力，希望更多人能加入进来。通过代表学校参加比赛的经历，我感受到大学生群体参与帆船运动的热情，更加鼓舞了我"想要更多人了解帆船"的想法，于是我行动起来。在大二学年担任帆船协会会长的时候，我和船队的队友联合开展帆船绳结挑战活动，将帆船与日常生活联系，向同学们宣传帆船知识。

同时，我进入帆船领域的体育传媒公司进行实习，从国外的帆船技术视频翻译工作开始做起。接到第一个翻译任务的情景，我至今历历在目，那是一个六分钟的 OP 级帆船入门知识视频，画面中解说员的语句中混合着生疏的术语和俚语，播放内容我用正常倍速听，却还是"一个耳朵进，一个耳朵出"。等我回过神来，视频已经播放了三分之一。接受了现实的残酷，我默默地调低视频播放倍速，向前辈要来一份英文术语表，边翻译、边记忆，踏踏实实地校对每一句的含义。从那之后，无论是三分钟的短视频还是内容丰富的赛事资讯视频，从翻译到校对我都认真与公司前辈探讨，不断摸索其中的方法与要领。随着基础工作的熟练，我开始接触稿件原创的工作，通过请教前辈，不断查阅和研究资料，进而撰写成文。我不断磨炼自己的文笔，将原本晦涩难读的帆船术语转换成通俗易懂的语句，为的是推送出更有说服力的文章。大三学年，我在参与环海南岛大帆船赛官方媒体的工作时，看到在帆船文化园区参观的小朋友们在看我翻译的技术视频，在码头奔波的疲惫感被满满的幸福感所取代，很高兴自己做的工作对学习帆船的孩子有帮助，能够将帆船的知识传播出去，这也成为我后来继续参与赛事媒体工作的动力，脚踏实地远行，对得起别人对自己的信任与肯定。

坚守初心，逐梦扬帆

我庆幸四年来自己一直都在努力为梦想拼搏，在茫茫大海中透过风浪的噪声，听从自己内心的声音，广泛实践的同时，保持自己的初心，摆正自己的位置，对自己负责。我希望在未来的研究生阶段和人生的道路上走得更加充实且明朗，创造更多的可能性，为我国帆船运动的发展贡献微薄之力。

海水会退潮，但帆船不会就此搁浅，而是调整角度，按照预定的航线向着深水区勇往直前。只要能够"驰骋"于这蓝色海水之上，与海浪"搏斗"，不断突破，我便会继续前进。

知行合一，功不唐捐

基础教学中心　李天红

李天红，女，汉族，1997年5月出生，教育技术专业2016级本科生。曾获国家励志奖学金、社会实践奖学金、文体活动奖学金；获校优秀学生干部、优秀学生等荣誉称号。

作为一名来自云南贫困小镇的寒门学子，我深知"力尽不知热，但惜夏日长"的矛盾艰苦；我熟知"正入万山圈子里，一山放过一山拦"的与世隔绝；我相信"书山有路勤为径，学海无涯苦作舟"。"非学无以广才，非志无以成学"，我来到了中国海洋大学，开启了我的大学之旅。

立身以立学为先

"立身以立学为先"，因此，对于学习，我不敢放松一丝一毫。但我始终在思考学习的意义到底是什么。它既不为将来找一份高薪工作的利益所驱，亦不会是功成名就的发愤苦读。从我踏入学校的那天开始，到我即将离开大学校园，学习始终如影随形。学习是为了成为自己渴望成为的人，为了成为更好的自己。于是，平面设计、心理学、辩论、演讲，我广泛涉猎。

但渐渐地我发现，学习的意义远不止于此，学习并非局限于课堂，并非固着于专业，并非桎梏于学校，而是会跨越年龄，超越形式，超越地域，通过不断学习把"生存"完美提升为"生活"，学习是一种永远没有终点的进行时。真正的学习助人成长，提高问题解决能力，开发内在潜能，最终帮助我们实现自我。如果学习的意义超越了表现型的目标，把掌握知识和技能作为目标，你会发现，如有所学，皆是成长，生命两旁，繁花似锦。

于是，对于专业课老师的批评，我不再觉得忠言逆耳，知己不能则改之，通过学习改进了自己以往的不足；对于同学之间的竞争，我不再觉得技不如人是自卑，三人行必有我师，择其善者而从之，因而学到很多技能；知人者智，知己者明，学习能够让我认识自己、获得成长。

很多人认为，大学是学习的黄金时期，但就知识而言，在大学里学习的知识只是人生知识中的一部分，甚至抵不过专业知识，但是大学却是培养习惯、修养品格的重要阶段。多年以后你会发现，专业课知识你或许早已淡忘，但是大学四年好像有什么融入了你的骨子里，伴你一生。对于我们，学习是校正世界观、人生观、价值观的最佳方式，能够帮助我们看清自己，分辨是非曲直，因此，立身应以力学为先，而立学应以当下为先。

格物致知，力学笃行

学习除了读万卷书的勤奋和择善而从的谦虚，更重要的是实践，在错误中去领会和感悟，最后内化成自我习惯和控制力。

青年人不必怕犯错，对于我们更是如此。但客观的事实却是相反的，中国的青年大多害怕失败，大多数人则倾向于成绩回避，惧怕失败比趋近成功更多。所以，为了规避失败的风险，往往畏惧不前。曾经我亦是惧怕失败的，惧怕参加大型竞赛而打击自我；惧怕去尝试毫无把握的新事物；惧怕站在舞台中央出丑的尴尬。

其实，一个人最大的错误往往是放弃尝试，是害怕失败而从未出发。我很庆幸，在某些事情上，我愿意踏出第一步，正如参加 SRDP 项目。从 2017 年 11 月项目立项到 2019 年 5 月结题，我们团队经历过项目答辩的胆战心惊，体验过失望沮丧，拥抱过项目通过的欣喜若狂，从校级创新训练项目到国家级创新训练项目，一路走来，荆棘丛生。

很多事情的开始向来微不足道，和同学共同组建院辩论队便是如此，从院内选拔出新队员启程，然后和队伍参加第一次正规比赛，最终打进前八强，看到队员们一步步成长为专业的辩手，自豪油然而生。很多时候，最初的想法往往光鲜亮丽，但未曾施行的只能绽放成空中的烟火，作为院学生会的宣传部部长，我很庆幸我带部门参加了很多让我们记忆深刻的比赛，并获得了诸多荣誉。

适合自己的成功之道向来是要亲自躬行的。成功的花只有扎根进土壤里才能汲取养分,实践才能让想法扎根深种。

功不唐捐,玉汝于成

现在,功利主义越来越流行,考证热和求职导向的学习让我们更急于去寻求回报和成绩。如此一来,不乏因为一次失败就否定付出的努力,甚至否定自己的同学。我也曾失败过,质疑过,否定过。

但回首大学四年,成功和失败几乎是等价的。超级演说比赛技不如人的尴尬与朗读者比赛第三名的嘉奖,磨炼了我的胆量;爱心包裹筹不到钱的挫败和带领辩论队打进八强的自豪,增强了我的信心;熬到深夜的海报被打回和自己排版的杂志出版印刷,提升了我的多媒体技术水平;组队参加互联网+比赛落选和 SRDP 国家创新训练项目成功,让我学会合作和创新……

如果不是一点一滴地积累,不是一砖一瓦地构建,不是一分一秒地坚持,作为一个非计算机专业的本科生,建成爱彼零更年期教育培训平台将只是一种空想。搭建教育培训的平台对我来说是充满挑战的,但是以往在院宣传部的工作经验、在中国特色社会主义研究会星火编辑部杂志排版的经验、在摄影课上剪辑制作的经验、在海洋发展中心当助教的经验等都使得平台的建设成为可能。爱彼零更年期教育平台是我前几年经验的集成,也是我为所有更年期母亲努力的起点,希望通过我的努力让更年期知识进入万千家庭。

"日拱一卒无有尽,功不唐捐终入海。"其实,失败无须垂头丧气,成功不必定时前来。即便脚下的路越走越窄,失败、彷徨和忧伤,但我们总要乐观地相信,你只管努力,上天自有安排。努力是一种生活态度,与年龄无关。所以,无论什么时候,千万不可放纵自己,给自己找懒散和拖延的借口,对自己严格一点,时间长了,努力便会成为一种心理习惯、一种生活方式!

命运给你一个比别人低的起点是想告诉你,让你用你的一生去奋斗出一个绝地反击的故事。过去并不代表未来,勤奋才是真实的内涵,要相信知行合一,必定功不唐捐。

学习,是一种信仰

基础教学中心　任冰倩

任冰倩,女,汉族,2000 年 4 月出生,中共预备党员,教育技术学专业 2017级本科生。曾获国家奖学金、校学习一等奖学金;获 2019 年全国大学生数学建模竞赛省一等奖、第十届全国大学生数学竞赛一等奖;获校优秀团员、优秀学生荣誉称号。

燃糠自照,自强不息

我出生在一个农民家庭,父亲为了提供家里的生活费而外出打工,留下我和母亲在农村。我第一次接受的教育是母亲的早教,每个黄昏,我都踮起脚、伸着脖子画出一个个数字,运算出一列列等式,学习到更多的知识后,母亲带我上了一年级。在小学一年级里,每个学生都在下面仰望着老师,听老师讲新的知识。现在的我,在大学的课堂上也喜欢坐在最靠近老师的第一排,聆听老师的教诲。家乡资源匮乏,教材的数量有限,这让我养成了珍惜书籍的习惯,即使在每天都有十几张试卷的高中,我也会一张一张把它们认真做完,认真整理笔记。

家庭的贫困以及家乡教育资源的匮乏,让我更加珍惜得来不易的教育资源,不放过任何学习的机会,努力提高学习能力和学习水平。等到初中,为了给我提供更好的学习资源,父母把我接到了沿海城市学习,本就收入水平不高的一家住在一个十几平方米的房间里,每天饭菜都是咸菜和馒头。夏天天气热就在地上睡,冬天天气冷到杯中的水都结冰了,冷到裹着被子学习。在中学时,因为无法支付衣服和娱乐消费,我全身心地投入学习中。

高山仰止,景行行止

带着对学习的信仰和对知识的追求,我考上了梦寐以求的中国海洋大学,并选择了教育技术学专业。在思想上,我认真学习党的先进理论知识,并坚持以党员的标准严格要求自己,于 2020 年 9 月成为一名光荣的中共预备党员。军训时,我绷紧了在大学学习的弦,严于律己的教官以及教官在大学里出色的表现让我明白了努力奋斗与自甘堕落的区别,也是国防生这个特殊的群体教会了我拼搏和自制,为我的学习信仰灌输了新鲜的血液。于是,我学习国防生们的自律、奉献、拼搏,制定严格的要求约束自己。

我坚持每天 6 点起床,按时参加南门的升国旗仪式,在不远处注视着行远楼的升旗仪式,并在心中默唱国歌,看着五星红旗高高飘扬在空中,每天感受着浓浓的爱国情怀。每天沉浸在这种氛围中,我的学习信念变得十分坚定,我不需要付出鲜血和汗水,但学习、科研、推动科学发展便是我能够为国家做的贡献。

业精于勤,行成于思

身为基础教学中心教育技术学专业的学生,我感到无比骄傲与自豪。本科学习已经结束了,带着毕业生这个沉甸甸的身份,回忆起在中国海大的每一堂课、接触过的每一位老师和提交的每一份作业,都是美好而不留遗憾的。

我每天坚持早读一小时,结束规定的课程后,开始图书馆的晚自习。其中,早起是最困难的,尤其是在冬天,早上 6 点天还是灰蒙蒙的,冬季的寒风冷得刺骨,我只能捂紧帽子,小跑到教学区进行早读。每天在结束规定的课程后我都到图书馆上晚自习,直至闭馆音乐响起。图书馆的海量资源为我打开了新的一扇门,给我提供了零经济投资的学习内容。在三年的图书馆学习时光中,我了解了教育学家们的教育思想,梳理出自己的专业目标;完善知识架构,积累基础的数学知识和计算机知识,用数学严密的证明分析教育技术专业,用计算机操作实现专业构想。

学习是艰难的,我们要在一本本书中、一篇篇论文中提取观点,存储在记忆中。同样,学习也是有趣的,我们可以形成自己的认知图式,当新学的知识可以融入自己的图式中或者自己的图式可以解决问题的时候，我们就会收获学习带来的成就感、满足感，实现自我提升。

连续三年获得国家奖学金、蝉联班级第一名等成绩让我成为同学们眼中的优秀学生，但若问起我在大学里最自豪的是什么，我会毫不犹豫地说我找到了兴趣乃至未来教育研究的方向——数学。我真切地感受到数学的魅力，并在学习时投入了百分百的精力和热情。对数学的热情进一步实现了我的教育梦想。我带着沉甸甸的高数基础知识、学习经验和方法加入了"辅助线"公益辅导平台，辅导学校里数学学习困难的同学，分享自己的学习方法和技巧。我深入了解他们学习的困境并给予相应的帮助：收集考题、讲解试题、整理笔记……在这个过程中，我将学习的热情传递给他人，也感染了自己。

心理学是教育学的基础，为了更深入地研究教育问题，2019年8月至今，我参加了北京师范大学的访学活动。在访学期间，有了数学基础的我学习数据处理时游刃有余，我也更加明确未来研究的方向以及未来作为一个研究生所需要掌握的能力和具备的素养。2020年暑假，我顺利地通过了推免复试，获得了北京师范大学认知神经科学国家重点实验室"脑与数学"课题组研究生的录取资格。

目见之不如足践之

大学的学习与实践活动并不是相互排斥的。初入大学，我加入了院里的学生会。学生会是一个大家庭，有会各种技能的同学。在学生会里，我与其他成员一起布置舞台、举办活动，展现基础教学中心的风采。2018年，我留任自强社副部长，帮助学弟学妹解决生活和学习上的困难。大学是最有时间的，也是最没有时间的。在2018年上半年，我志愿报名了院系组织的健美操活动，在基础教学中心楼里，我们经常练习到晚上10点，在练习中场休息的时候我也会抱起书本学习，这样的时间是紧凑的，收获也同样是充足的，当我们在舞台上整装待发、在考场上运筹帷幄的时候，我知道原来的付出是值得的。在2018年寒假，我作为"海之子"宣传大使宣传学校、为学弟学妹们提供报考指导；参加红十字会组织的急救培训，不断提升自己。

法国著名数学家达朗贝尔曾经说过，前进，就会产生信念。我觉得学习就是一种信念。学习中我在不断前进，在未来的生活中，我将以百倍的信心和万分的努力去迎接更大的挑战。人生就像是一条时间有限但距离无限的跑道,每个人都在用自己的姿态奔跑。虽然不知道自己最终的目标是什么,但是只要在过程中设立一个个小目标,就可以通过达成这一个个小目标而继续奔跑下去。诚然,学习就是我在奔跑的时候的信仰,那种对知识的不懈的追求,使我达成一个又一个目标,奔向前去。

以梦为马，不负韶华

基础教学中心　　王子薇

王子薇，女，汉族，1996 年 8 月出生，中共预备党员，音乐文学专业 2018 级硕士研究生。曾获国家奖学金、研究生学习奖学金、学术创新奖学金、雅马哈亚洲音乐奖学金；所在团体获得津宝第二届国际萨克斯音乐节全国一等奖、大学生艺术展演活动二等奖；获山东省优秀毕业生以及校级优秀研究生、优秀团干部等荣誉称号。

光阴转瞬即逝，刚入学的情景恍若昨日，回首而望，感慨良多，一路上，有失去也有收获，时光与经历都万分宝贵。毕业在即，我反复回忆求学期间的点点滴滴，在中国海洋大学的七年时光里，虽然有汗水、有泪水，但与此同时我也有了一份沉甸甸的收获。

理想筑梦，用心追寻

我自幼喜爱音乐，从 12 岁开始跟随萨克斯管名家李刚及青年演奏家李晓侠老师学习萨克斯管演奏。2014 年考入中国海洋大学，师从盖尧教授，学习古典萨克斯管，2018 年以优异的成绩本科毕业，并被保送为本校硕士研究生。

回想一路音乐学习的历程，不知道是萨克斯管选择了我，还是我选择了萨克斯管。2013 年一次偶然的机会，我在青岛音乐厅观看了一场中国海洋大学萨克斯"风"乐团的音乐会，那是我第一次观看一场只由萨克斯管为单一演奏乐器的音乐会，形状各异的萨克斯管聚在一起，经过舞台灯光的照射发出金色的光泽；音调不同的乐器声音交织在一起发出的动人旋律，这些无一不让我心向往之。从那时起我在音乐上的目标就不再模糊,我有了一个明确的方向——考入中国海洋大学萨克斯"风"乐团。

经过艺考的激烈竞争,我如愿进入中国海洋大学音乐表演专业。在进入学校的很长一段时间内,我都有自己姓名之外的称呼"那个萨克斯管乐团唯一的女生",因为我是第一个以萨克斯管专业考入中国海洋大学的女生。管乐是以男性为主的专业,在大众的印象中女生会因为气息与男生差异,而被认为并不适合涉足管乐。在起初,我对这种观点不以为然,但在听过师哥和同届同学们的演奏后,我深切地感受到了自己与他人之间能力的差距。更让人沮丧的是在参加乐团排练的第一个周,我发现自己并不能跟上乐团快节奏的排练进度,一首乐曲可能会因为翻页不及时或一个节拍错位就再也跟不上指挥了,因此我陷入了深深的自我怀疑:我真的适合这个专业吗?

虽然心有疑虑,但我在行动上并没有放弃对音乐的追求。既然认识到与别人的差距,我就应付出比其他人更多的努力弥补自己的不足。排练跟不上,我就从做乐务开始,帮助大家整理乐团需要的乐谱。在整理过程中,对每个声部的乐谱都能有基本的了解,对自己声部的乐谱做到烂熟于心。非常感谢我的导师盖尧教授,他给予了我在音乐道路上继续坚持的力量。在每节专业课上,他在肯定我的努力的同时,会更加严格地要求我,注重我在表演上的每个细节,指出演奏中存在的问题。知道问题所在还是远远不够的,我仍然需要大量的练习改善提高。因此,我会坚持早起去琴房练习,保证每天练习的时间和质量,时间长了就成了习惯,坚持久了量变就成了质变。

乐团的每一次演出对于我来说都是一次锻炼,使我积累了丰富的演出经验。通过对室内乐演奏的研究和实践,我深深体会到团队的力量和团结的重要性。演奏中丰富的和声效果,勾勒出一幅幅恢宏大气的画面,令人感动和震撼。众人一心的演奏,有时高亢激越,有时深沉委婉。无论怎样都是律动之美的完美呈现。每一个人的演奏都是重奏的一部分,因此在重奏中每个人的演奏都是至关重要的。2016年暑假,乐团赴天津参加"第一届中国萨克斯艺术节"团体比赛,在比赛前我们在学校就组织了加排,力求每个细节的准确;到达天津后,我们的指挥马骥老师也没有放松对我们的要求,甚至在清晨就来敲每一个成员的房门,督促大家加紧练习。在这次比赛中,乐团最终以全场最高分获得全国萨克斯管表演组团体一等奖。这次比赛是业内对中国海洋大学"风"乐团实力的肯定。比赛的当天恰好是我的生日,对我来说,这次的比赛经历也是我20岁最好的生日礼物。

脚踏实地，践行始终

在学校中，我不仅参与演出活动，还积极参加学生工作。回顾我作为学生干部的经历，我感到既充实又欣慰。作为团支部书记，既要做好老师与同学之间沟通的纽带，时时刻刻为同学们着想，团结好全班同学，又要以身作则，以更加严格的标准要求自己。我想，做班干部最独特的意义就是看着班级在自己与同学们的共同努力下，变得越来越好，我所在的 2018 级音乐文学团支部也得到了学校团委的肯定，获得 2020 年度"先进团支部"荣誉称号。对我来说，为同学们服务的过程是快乐的，而我也将继续满怀热情地在最后的学生时光里做好自己的工作。

作为大学生，要在实践中磨炼自己，真正锻炼和提高自己的实际工作能力和适应能力，为进入社会打下坚实的基础。我个人对新媒体工作非常感兴趣，因此我不仅负责学生会的公众号维护，也积极利用课余时间参与实习工作。社会实践使我的技能、思维等方面都得到了提升，表达、沟通、组织、学习等方面的能力得到了增强，也教会了我以不同的思维去观察和思考问题。

同时，我乐于参加志愿者活动，与师姐一同设立"一米阳光，乐漾敬老"爱老助老志愿服务项目，利用假期、周末去温之馨敬老院、恒星敬老院等多家敬老院探望、照顾老人，运用我们的专业特长，以文艺演出的形式让老人们从音乐中享受乐趣、陶冶情操。每一次活动、每一场演出，我们都会悉心安排不同类别的节目，演出过后，我们带来的小型、轻巧的乐器也可以让老人互动尝试，由志愿者们教老人演奏方法。活动不仅能让老人们欣赏艺术，还能让老人们接触艺术，用音乐的方式为老人们带去爱与欢乐。

我永远都记得第一次来到老年公寓的场景，当乐器演奏出那些经典的旋律时，老人们随着《赛马》《花儿为什么这样红》的旋律，轻轻摇晃起身体，轻声哼唱，脸上洋溢的笑容是发自内心的快乐。在与老人们的接触与交流中，我们得知这些老人需要的不是物质上的帮助，而是精神上的陪伴。他们要求的并不多，只是希望子女能够经常去看看他们。大学生充满青春活力，我们的歌声、欢笑声能带给老人们更多的欢乐，但是仅靠我们的微薄之力是肯定不够的。我认为志愿者精神是一种互助精神，它提倡互相帮助、助人为乐。我们需要凭借自己的双手、头脑、知识与爱心开展志愿服务活动,给社会带去温暖。我也希望并呼吁社会各界人士伸出双手,奉献爱心,让老人们不再感到孤单,让他们能够真正地安享晚年。

回首时光,感恩于心

我始终坚信一句话,所有的经历都是学习。时光流逝,往事如烟,回首我的大学生活,无论是喜悦还是酸楚,所有经历于我都是礼物,所有相遇于我都是宝藏。大学生活中的所有经历,或许做不到一生铭记,但会成为我一生的感恩。

感谢一路与我相伴的良师益友,是大家的帮助和支持让我从一个对音乐知之甚少的学生,成长到今天对音乐稍有了解并能在专业领域发出自己声音的人。感谢我的导师盖尧教授,您用身体力行让我明白如果想做一个力争上游、不断进取的人怎能仅凭一句空话就可以,脚踏实地、一点一滴地积累才是取得成功的基石。

感谢我自己所有的坚持与付出,道阻且长,行则将至。硕士研究生阶段的学习是一个阶段的结束,更是一个新的开始,愿自己坚守初心,以梦为马,不负韶华,砥砺前行,奏出人生美妙乐章。

后　记

最近看到一句话，"什么才是最好的教育？不是给人看最好的景色，而是给人可以努力的目标。"深以为然！

学校每年都有 400 名左右优秀的本科生和研究生荣获国家奖学金，500 名左右的品学兼优的家庭经济困难本科学生荣获国家励志奖学金，他们的在校经历和成长故事，具有很好的示范和教育意义。鉴于此，为进一步鼓励和肯定他们所做出的努力和取得的优异成绩，持续、充分地发挥他们的引领、辐射和带动作用，学校坚持以两年为一时段，从国家奖学金、国家励志奖学金获得者中遴选优秀的事迹材料，连续编辑出版《海之子风采录》优秀学生事迹选编，目前已经出版四辑。《海之子风采录》（第五辑）中的优秀事迹材料是从 2020 届、2021 届国家奖学金、国家励志奖学金获奖者中遴选的，共计 87 篇。我们仔细地进行了校对和修订，并反复多次与各文稿作者进行沟通和交流，力图使这些事迹材料更加富有特色，更加真实，更有感染力、感召力，更加具有可学习性。在材料编辑的过程中，在与这些优秀学生的交流过程中，我们也时时地受感动、受教益，我们由衷地希望这些同学的事迹和经历，能够让中国海大的学子们有所参照、有所启示、有所借鉴、有所感悟，并从中汲取经验和力量，为他们的成长与发展提供切实的帮助。

本书在编辑过程中得到了学部、各学院（中心）党委的大力支持，在稿件组织、审查、修订等方面凝结了各单位辅导员们的大量心血。在此，谨对他们表示衷心的感谢！

由于入选的事迹材料时间跨度长，编辑工作量大，书中难免存在未尽人意之处，敬请读者见谅。

编　者

2022 年 11 月